践礼养德

儿童具身德育的实践探索

吉海荣◎著

新 华 出 版 社

图书在版编目（CIP）数据

践礼养德：儿童具身德育的实践探索 / 吉海荣著.
北京：新华出版社，2025. 6. -- ISBN 978-7-5166
-8017-9

Ⅰ. G621

中国国家版本馆 CIP 数据核字第 20257E9Y16 号

践礼养德：儿童具身德育的实践探索
作者： 吉海荣

责任编辑： 徐文贤　　**封面设计：** 吴　睿
出版发行： 新华出版社有限责任公司
（北京市石景山区京原路 8 号　邮编：100040）
印刷： 天津和萱印刷有限公司

成品尺寸： 170mm×240mm　1/16　　**印张：** 18　　**字数：** 322 千字
版次： 2025 年 6 月第 1 版　　**印次：** 2025 年 6 月第 1 次印刷
书号： ISBN 978-7-5166-8017-9　　**定价：** 78.00 元

序　言

践礼养德　幸福成长

在山海形胜、人文荟萃的连云港市，吉海荣老师领衔的道德与法治研究团队以“礼仪育人”为切入点，经长期理论探索与实践验证，系统提出“践礼养德”教学主张，并基于具身认知理论，构建起“灵动、情动、互动”的素养培育教学样态。通过创新教学模式、优化实施路径，团队将德育理论转化为可操作的实践方案，不仅助力学生在具身体验中实现道德认知与行为的统一，更形成示范性成果，为新时代德育教学改革提供了重要参考与借鉴。

一

中华礼德文化，作为镌刻在民族基因中的精神密码，历经数千年传承，构筑起中华文明的精神脊梁。孔子以“人无礼，则不立”道破礼仪对个体立身的根本意义，老子“尊道贵德”的哲学思辨揭示道德与自然法则的共生关系，荀子“人无礼则不生，事无礼则不成，国无礼则不宁”的论断更将礼德的价值从个人修养延伸至社会治理与国家安定。从历史长河中走来，礼德文化始终以开放包容的姿态与时俱进，既沉淀着中华民族的集体记忆，又不断焕发新时代的生命力；于社会层面，它是维系人际和谐、促进文明互鉴的黏合剂；在文化维度，其内核凝聚着自我约束与仁爱精神的辩证统一；而从教育视角审视，礼德教育更是塑造完整人格、培育家国情怀的核心路径，堪称个体成长为“大写的人”的必修课程。书中深入挖掘“践礼养德”教育理念的文化根系，同时结合道德与法治新课标，系统阐释五大核心素养与礼德文化的深层关联，展现传统智慧与现代教育理念的有机融合。

立足深厚的文化沃土与教育变革的时代需求，吉老师创造性地提出“践礼养德”教学主张。这一主张以具身认知理论为基石，强调通过引导小学生参与实践性学德活动，将道德核心素养的培育融入礼仪规范的躬身践行之中。在“践礼”的过程中，儿童不再是被动的知识接受者，而是以身体为媒介主动感知、探究与创造的主体。他们在真实情境的浸润中激活情感共鸣，在知行合一的实践中实现道德认知的内化与外化，逐步完成从“小我”到“大我”的精神蜕变，构建起德福相依的生命价值链条。这一教学主张不仅是对中华优秀传统文化的创造性转化，更是对新时代德育使命的主动回应，为培养德才兼备、知行合一的时代新人提供了创新路径与实践范式。

二

具身认知理论打破身心二元对立的传统认知，强调身体与认知的深度交融，为德育教学革新提供了全新视角。“践礼养德”德育教学主张正是这一理论的实践化延伸，其本质在于推动德育从单纯的理性认知灌输，向具身化、情境化的整体育人模式转变。依据“三重脑理论”，人类脑进化遵循从爬行脑（本能反应）、情绪脑（情感体验）到理性脑（逻辑思维）的演进路径，这一过程揭示了道德发展“行 — 情 — 知”的核心规律。传统德育因过度依赖理性脑，忽视爬行脑与情绪脑在道德形成中的奠基作用，导致“知行不一”的教育困境。而“践礼养德”德育课堂创造性地激活全脑协同机制，通过情境化、体验式活动唤醒爬行脑的本能反应与情绪脑的情感共鸣，推动左右脑互动协作，让学生在身体力行中深化道德感知，实现认知与行为的深度统一，充分释放德育的育人效能。

教学资源开发是连接理论与实践的关键桥梁，更是实现高质量德育的重要支撑。吉老师团队基于具身认知理论，创新性地构建“具身微认知资源”体系。该体系通过具身活动与“微视频”创设沉浸式“微情境”，引导学生开展“微体验”与“微经历”，以具象化、碎片化的资源形态，快速唤醒儿童道德情感，强化道德体验，驱动道德行为转化。在实践探索中，团队系统构建了“具身微认知资源”的全流程开发范式：精准锚定可视化学习目标，以即时性“微情景”映射道德认知；设计 3D 全景“微体验”，将抽象道德思维转化为具象思维图谱；开展动态化“微经历”，让道德情感在互动体验中清晰可感；整合多元教学要素，实现道德践行的可视化评价与反馈。书中丰富的教学案例，全方位展现了从资源开发到教学实施的完整路径，为新时代德育资源建设与课堂创新提供了可复制、可推广的实践样本，推动德育教学向精准化、高效化方向迈进。

三

教育理念是指引教学实践变革的灯塔。吉老师深耕德育领域，历经多年教学实践的反复打磨与教育理论的深度钻研，构建起“践礼养德”教学理念。这一理念突破传统德育的思维定式，以其前瞻性和系统性，为新时代德育课程改革搭建起创新框架。在育人维度，它推动德育从抽象说教的“坐而论道”转向躬身实践的“做而论道”，让学生在行动中内化道德认知；在教学层面，它促使学习方式从浮于表面的“浅尝辄止”进阶为深度思考的“探究实践”；在学科发展视角下，更实现了从单纯“品德知识”传授向“核心素养”培育的跨越，全面提升德育的育人价值与时代意义。

基于“践礼养德”教学理念的核心要义，吉老师带领团队深入教育一线，将理论转化为可操作的实践范式，创造性地提出“践礼养德”具身德育课堂八种教学模式——游戏化教学以趣味激发参与，故事讲述借叙事传递价值，情境体验用沉浸深化感悟，议题式教学以思辨培育能力，思维导图助思维可视化，项目化教学促综合实践，案例导学引自主探究，支架助学保学习成效。团队结合丰富的教学案例，对每种模式的结构设计、实施流程及关键要点进行细致拆解，形成一套完整且极具实操性的德育教学方案。从理论创新到实践落地，“践礼养德”教学主张不仅扎根于教育沃土，更以蓬勃的生命力，绽放为新时代德育改革进程中极具影响力的创新硕果，为推动德育高质量发展注入强劲动力。

本书的出版，不仅是“践礼养德”具身德育理论与实践探索的阶段性成果呈现，更是打开新时代德育创新的一扇窗。我们期待，它能为深耕德育一线的教育工作者提供新思路与新方法，助力构建更具生命力的具身德育课堂。通过沉浸式、体验式的德育活动，让学生在躬身实践中感悟道德力量，在知行合一中收获成长的喜悦，真正实现“以礼润心、以德树人”的教育目标。同时，也希望借此激发教师的教育热情与创新活力，让德育探索从追求结果的“彼岸”，转变为享受过程的“海洋”，使每一次课堂实践都成为师生共同成长的幸福旅程，让育德过程本身成为滋养教育生命的不竭源泉。

顾润生

（作者系江苏省教育科学研究院德育与心理健康教育研究所所长、教授、特级教师）

2025 年 6 月于南京

三

前 言

在这个快速变迁的时代，物质丰富与技术革新为儿童成长提供了前所未有的便利，却也带来了道德认知与行为实践脱节的新挑战。传统的德育模式往往侧重于道德知识的灌输，而忽视了儿童作为道德主体的身体体验与情感参与。“知而不行”成为当前德育工作面临的普遍困境，如何让道德教育真正“落地生根”，成为教育工作者亟需思考的重要课题。

本书《践礼养德：儿童具身德育的实践探索》正是基于对这一问题的深刻反思而诞生。我们尝试突破传统德育的认知范式，引入“具身认知”这一前沿理论视角，探索道德教育中具身体验与道德认知的辩证关系。具身德育理论认为，道德发展不仅仅是头脑中的概念建构，更是通过身体与环境的互动中逐步形成的整体性经验。儿童在礼仪实践中感知规则，在角色扮演中体验共情，在具身活动中培养德育核心素养——这些具身化的道德实践，远比抽象的说教更能促进道德品质的内化与稳固。

从2014年江苏省提出“八礼四仪”要求，我们开始了三轮省课题研究《基于叶圣陶教育思想的小学生文明礼仪教育实践研究》《微认知资源在道德与法治可视化教学的开发与运用》《具身向度下“践礼养德”德育实践范式研究》，十年来，一个课题接着一个课题，多次省名师课堂研讨与市级专题研讨，市“青蓝工程”与“三百活动”，市乡村培育站活动与市德法共同体活动，我们互相鼓励、互相支持、互相帮助，我们不停地探索、研究，感受着“践礼养德”德育课堂教学与课题研究苦中之乐。

本书的结构安排体现了理论与实践相结合的探索路径。前面部分系统梳理礼德教育与具身德育的理论基础，从传统文化哲学渊源到心理学机制，为读者提供清晰的概念框架；阐述具身认知理念下“践礼养德”教学主张及其实践建构，探究了小学道德与法治“践礼养德”德育的文化渊源、研究背景与理论建构基础。中间部分聚焦“践礼养德”的传统智慧与现代转化，探讨礼仪教育如何成为连接身体规范与道德内化的有效桥梁。寻绎了践礼养德礼仪素养教育的教学内容与课堂实践样态，摸索出了八种践礼养德德育教学模式、实施步骤环节与典型案例；展示了具身微认知资源的开发与运用；探寻了 AI 背景下践礼养德教学评一体化的体系建构与实践；后边部分则呈现了丰富多样的实践案例，涵盖家庭、学校、社区不同场域中的具身德育创新尝试，探索 AI 赋能践礼养德课堂观察教学研究的样态，建构了德育课程与其他学科课程相融合的路径以及践礼养德的综合实践实施案例，为教育工作者提供可资借鉴的操作模式，希冀给予广大德育教师在新课标下的小学道德与法治教学中提供帮助与启迪。

在研究方法上，采用了行动研究的范式，是一线教师与专家共同设计、实施并反思具身德育实践活动。书中的案例均来自真实的教育场景，既有成功的经验分享，也有失败的教训总结，力求呈现德育探索过程的复杂性与真实性。我们特别关注不同年龄段儿童的身心发展特点，强调具身德育活动设计的适切性与渐进性。促进学生的德育成长与教师的专业化发展。

道德教育是一项“慢艺术”，需要教育者摒弃急功近利的心态，尊重儿童道德发展的内在规律。“践礼养德”具身德育不是标新立异的口号，而是对教育本质的回归——承认儿童是完整的人，其道德成长必须通过全身心的参与和体验才能实现。我们期待本书能够为德育工作者提供新的视角与方法，更希望通过这些实践探索，唤起社会对儿童道德培养方式的深层思考。践礼养德，幸福成长，与各位德育工作者共勉。

吉海荣

2025 年 5 月 5 日

目　录

第一章　礼德的源起与概述 …………………………………………… 1

第一节　寻根——“礼德”教育的“文化渊源” ……………………… 1
第二节　溯源——“礼德”教育与核心素养 …………………………… 5
第三节　探索——“践礼养德”的幸福教育追求 ……………………… 11

第二章　践礼养德：儿童具身德育课堂的研究背景 ………………… 18

第一节　“践礼养德”教学主张提出的背景 …………………………… 18
第二节　“践礼养德”教学主张的研究基础 …………………………… 20
第三节　具身向度下“践礼养德”德育教学范式研究文献综述 ……… 25

第三章　践礼养德：儿童具身德育课堂的理论建构 ………………… 30

第一节　具身向度下“践礼养德”德育教学主张的内涵与建构基础…… 30
第二节　具身向度下“践礼养德”德育教学主张的本质探究 ………… 34
第三节　具身向度下“践礼养德”德育课堂的价值探寻与教学原则…… 35
第四节　具身向度下“践礼养德”德育教学范式与实践路径 ………… 38
第五节　具身向度下“践礼养德”德育的教学策略 …………………… 42

第四章　践礼养德：儿童具身德育教学内容寻绎 …………………… 44

第一节　自我修养礼仪：在尊重、沟通、宽容中促进儿童成长 ……… 44
第二节　家庭生活礼仪：在关心、参与、担当中促进儿童成熟 ……… 47
第三节　社会公共礼仪：在守规、礼让、维护中促进儿童成人 ……… 48
第四节　践礼养德：用好统编道德与法治教材的平衡之道 …………… 50

第五章　践礼养德：儿童具身德育教学模式与典型案例 …………………… 55

第一节　“践礼养德”游戏化教学模式与典型案例 ………………………… 55
第二节　“践礼养德”故事讲述教学模式与典型案例 ……………………… 60
第三节　“践礼养德”情境体验教学模式与典型案例 ……………………… 64
第四节　“践礼养德”议题式教学模式与典型案例 ………………………… 71
第五节　“践礼养德”思维导图教学模式与典型案例 ……………………… 77
第六节　“践礼养德”支架助学教学模式与典型案例 ……………………… 85
第七节　“践礼养德”项目化教学模式与典型案例 ………………………… 92
第八节　“践礼养德”案例导学教学模式与典型案例 ……………………… 100

第六章　AI 赋能践礼养德：具身德育教学评价体系建构与实践 ……… 108

第一节　AI 赋能“践礼养德”具身德育教学评价体系建构 ……………… 108
第二节　AI 赋能“践礼养德”具身德育“教—学—评”一体化评价实践
　　　　——以教学《传统美德 源远流长》一课为例 ……………………… 120
第三节“践礼养德”学期项目化评价实践探索 …………………………… 127

第七章　践礼养德：德育课堂具身“微认知资源”开发与运用 ……… 149

第一节　践礼养德具身“微认知资源”的内涵与分类 ……………………… 149
第二节　践礼养德具身“微认知资源”的开发 ……………………………… 151
第三节　践礼养德具身“微认知资源”的运用 ……………………………… 156
第四节　践礼养德具身“微认知资源”开发与运用的学习范式 …… 161

第八章　践礼养德：儿童具身德育课堂观察教学研究 ……………………… 170

第一节　关于“践礼养德”具身德育课堂观察概述 ………………………… 170
第二节　建立“践礼养德”具身德育课堂观察机制 ………………………… 174
第三节　AI 赋能“践礼养德”具身德育课堂观察教研实践 ……………… 177

第九章　践礼养德：德育课程与课程思政融合建构与实践 ………………… 193

第一节　“践礼养德”德育课程与课程思政融合建构 ……………………… 193
第二节　体悟礼——在语文、心理健康等学科课程思政融合实践 …… 195

第三节　美艺礼——在音乐、美术、舞蹈等学科开展课程思政融合实践 …… 204
第四节　实践礼——在劳动、体育、综合实践等学科课程思政融合实践 …… 208

第十章　践礼养德：儿童具身德育多彩综合实践探索 …… 215

第一节　“践礼养德”具身德育红色礼仪综合实践 …… 217
第二节　“践礼养德”具身德育金色法治综合实践 …… 225
第三节　“践礼养德”具身德育绿色环保综合实践 …… 236
第四节　“践礼养德”具身德育蓝色安全综合实践 …… 252
第五节　“践礼养德”具身德育五彩礼仪综合实践 …… 255

参考文献 …… 270

后　记 …… 274

第一章　礼德的源起与概述

第一节　寻根——“礼德”教育的“文化渊源”

中华素有“礼仪之邦”之称。习近平总书记在党的二十大中明确指出，推进文化自信自强，铸就社会主义文化新辉煌。坚守中华文化立场，提炼展示中华文明的精神标识和文化精髓。钱穆先生曾强调“礼是中国文化之心。”① “礼德”文化无疑是中华优秀文化的重要内容之一。小学道德与法治课程作为德育的重要载体，“践礼养德”是以注重行为实践为目标的品德养成教学理念，不仅是革新德育教学方法的重要路径，也是对优秀传统文化的传承。本文拟从教育理念和教学方法等方面探寻小学道德与法治“践礼养德”的文化渊源。

一、“践礼养德”教育理念的文化渊源

中国文化中，礼德思想是扎根在我们血脉中的文化根基。孔子“人无礼，则不立”的观点，老子“尊道贵德”的思想，礼也是一种道，老子思想是礼德思想的淳朴表达。荀子“人无礼则不生，事无礼则不成，国无礼则不宁”的处事原则，从历史、社会、文化和教育的角度都在述说着“践礼养德”教育理念的文化源头。

1. 从历史的角度看，礼德文化是与时俱进的中华民族文化基因

孔子认为，不管朝代如何变更，礼的根本不会变更，外表的制度形式可以根据现实社会的实际情况变动。《论语》中子曰：“殷因于夏礼，所损益，可知也。周因于殷礼，所损益，可知也。其或继周者，虽百世，可知也。”纵观历史，夏朝后，商汤继承大统。商代的礼法，如修人纪以正万邦，还有在继承夏代“奉天罚罪”思想的基础上，商代的法律得以形成，这些都继

① 钱穆．中华文化丛谈［M］．长沙：岳麓书社，2023.

承沿袭了夏朝的制度。夏朝的制度形式只是或增或减，稍有不同。周朝实行的礼法，如建皇极以锡庶民，还有钟鼓乐的音乐文化，都沿袭了商朝的制度，但同时也在制度上也有所增减，如改变朝代的历法等等。秦国灭亡后，汉承秦制，沿袭了中央的三公九卿制与地方的郡县制度，把秦朝的严刑苛法和使民无度改为了用“无为而治”的思想来治理国家。这样的扬弃，包含了变与不变，即有所“损益”。再将历史往后推进，不难发现，唐朝全面继承隋朝的制度，统治者在治国理政时更为爱惜民力，实行轻徭薄赋的政策，重视“水能载舟，亦能覆舟”所揭示的民生的重要性。同样，宋朝对唐朝制度也有所继承和变革，所变的是为了解决唐朝军阀割据和宦官专权之弊而进行了一系列政治上的改革。明朝对宋朝、清朝对明朝之制，都是略加“损益”，以皇帝为首的中央集权制度、地方上的郡县制、文化上的大一统、外儒内法的政治制度，几乎都没有变动。再仔细观察从清末到民国这一段时期，礼不管是在政治、经济、文化，抑或是在社会生活的方方面面，都有“损益”的内容。如今，作为新社会，虽已经废除了等级制度的礼法，礼作为一种道德规范制度，对社会的进步和发展起到了至关重要的作用。人们遵守“礼”的规范才是有品德的人，礼德是扎根在中华民族文化血脉中的一种文化基因。

2. 从社会的角度看，礼德文化起到促进社会和谐发展的作用

《管子·牧民》中政治家管仲认为“仓廪实则知礼节，衣食足则知荣辱”。强调了物质基础对于社会礼仪和道德观念的重要性。它表达了这样一个观点：只有在基本生活需求得到满足的情况下，人们才会更加注重精神层面的追求，如礼仪、荣誉和耻辱等。在《诗经》中，人也是礼文化的存在。礼与德互为表里，德是内质，礼是外相。表里相济，完美无缺，才叫“金相玉质”。完美的人格就应该“道之以德，齐之以礼”（《论语》）。作为道德文化外相的礼本是起源于祭祀的仪式，后来经过许多先哲的努力参与而被整合成一种治理社会、规范约束人们行为的礼仪道德文化，并得到了人们的认同：“礼，经国家、定社稷、序人民、利后嗣者也。”（《左传·隐公十一年》）它不但是国之纲纪而且也是人立身之本和品评人格高低之标准。作为儒家学说集大成者孔子在《论语》开篇即讲到“礼之用，和为贵”，荀子提出“礼者，人道之极也”。可见“礼”的作用即是调节人际冲突，协调各种社会矛盾等，从而能使社会达到一种和谐稳定的局面。礼仪不仅是人的道德修养最高境界，也是维护国家秩序的治国之本。“上好礼，则民莫敢不敬。”（《论语·子路》）“上好礼，则民易使也。”（《论语·宪问》）[①] 孔子以礼治国思想中的“礼”，包括社会的道德规范、政治制度、风俗习惯等诸多方面，是社会生活中各种行为规范的总和。孔子认为“道之以政，齐之以刑，民免而无耻”。国家治保安光靠行政命令和刑罚，会让人民想方设法逃避法律的惩罚而没有羞耻心，但不能使人民心悦诚服，只有“道之以德，齐之以礼”，才能使人民“有耻且格”（《论语·为政》）。可见，以礼治国的是为了引导人们向善，从而达到稳定社会秩序的目标，是一种内在的自觉性规范方式，这是孔子所主张的社会管理手段的主要方式；而利用严格的法律、刑罚等强制手段来管理百姓，属于外在的强制性控制，只能作为治国的辅助手段。[②] 孔子所讲的“为政之道”就是“安人”“安百姓”的思想。孔子强调恢复重建“礼制”的最终目的都是为了国家的长治久安，没有“礼”，何来“和”？现代社会，礼的内涵被整合，礼大致可以概括为两部分，分别为礼仪、礼义。礼仪包括两方面，分别是礼和仪，礼便是指的礼节，仪便是仪式。礼义则是在礼仪背后所承载的道德观念。[③] 义务教育阶段道德与法治课程教材《道德与法治》，在某个意义上来说，也是以“礼德”育人为主，以“法治”为辅的治国育人思想是一脉相承的。利用传统礼仪文化培育儿童道德的自我发展与自我完善，达到去恶向善的目的，在“践礼”中“养德”，促进儿童道德素养的形成具有重要的意义。

3. 从文化的角度看，“礼德”是自我约束与仁爱精神的和谐统一

先人制礼的最终目的是提升人的理性境界培养人的仁爱之心。因此孔、孟、荀都将仁作为儒家思想的根本将礼作为通向仁的手段。“礼”在儒家思想中，是一种行为准则与道德规范，强调的是人与人之间的应有之礼。这包括了明礼、礼貌、礼让、礼节等方面。在儒家的传统礼仪体系中，人们通过遵循一定的礼节和规矩，来维护社会秩序和人际关系的和谐。通过遵循礼，人们能够在交往中保持尊重和谦逊，体现出对他人的尊重和关爱。因此，礼成为儒家文化中不可或缺的一部分，代表着中华民族的传统美德。从孔子在《论语 颜回问仁》提出“克己复礼为仁”的观点起，中华就把“礼”作为品德修养的外在精神内核而存在，作为行为的指南而遵守。孔子提及“克己复礼为仁”。孔子所说的克己，在于通过约束自我，即加强自我修养，克

① 秦尚伟．《论语》中“礼”的道德意蕴探析［J］．湖北社会科学，2009（12）：10.

② 秦尚伟．《论语》中“礼”的道德意蕴探析［J］．湖北社会科学，2009（12）：10.

③ 何浩然．孔子“礼”的思想及其当代教育意义［D］．天津师范大学，2022（05）：25.

己在于恢复礼，从而达到仁。以礼克己是实施仁的基本路径，而克己则是实施仁的必要条件。相比于礼而言，仁更具有本源的决定性，“仁者，爱人也。”仁的内涵中包括尊重、关爱他人。真正的“礼”是以道德仁义为底蕴的，即为“礼德”也。许慎在《说文解字》中指出：“礼，履也。所以事神致福也。”这是“礼”的最初含义。礼同人们所踩踏之路，是一种人们所遵循的行为规范。① 东汉郑玄《礼记》序云：“礼者，体也，履也。统之于心曰体，践而行之曰履。”也就是说“礼”是一种精神“体”，一种形式。以心来统一它叫作精神，而照着这种精神去言行叫作形式。所以“礼”是“仁”与“节制”的精神与一定的言行规范的统一。② 到宋明理学以“灭人欲（克己）”和“存天理（复礼）”这是孔子“克己复礼”思想与时俱进的心性哲学解。今天我们常常会说到“克己奉公”一词，并且作为我们共产党人的行为准则，这是对“克己复礼”的现代化道德高标准要求，也可以说是“为人民服务”的另一种诠释。新时代，习近平总书记对“礼仪是教化人民的有效方式”的深刻论断，是中国共产党对礼仪在新时代发挥教化功能的充分肯定。③ 因此，从文化的角度讲“礼”是一种“爱人”“助人”“敬人”“谦让”“推己及人”等美好品德的代名词，它代表中华优秀文化的智慧与精神的集大成者，中华“礼仪之邦”也正是由此而来。礼德正是自我约束与仁爱精神的和谐统一。

4. 从教育的角度看，礼德教育是一个人成为“成人”的必修课

“礼”是“修身”的重要载体，孔子说：“不学礼，无以立。”孟子作为孔子的得意弟子，提出“礼，门也”，即面对芸芸众生，礼是引导众人成为正人君子的修养之门，是牵引众人融入社会生活之门，也是教导其正向发展，成为完人之门。④ “礼”在人们的道德建设中有着怎样作用呢？孔子对此作出了系统的论述，即“恭而无礼则劳，慎而无礼则葸，勇而无礼则乱，直而无礼则绞。”也就是说礼乃是对于诸德的统帅，是一种保障。可见，孔子认为，礼不仅仅是得体的外在行为礼仪，其还应蕴含着伦理价值，即礼起着规范个体内心道德修养的作用。孔子还提出修身礼仪的践行原则：非礼勿视，非礼勿听，非礼勿言，非礼勿动。再看“德”字本意，“德”会意兼形声字。从甲骨文形体来看，“”它的左边是“彳”（chì），它在古文字中

① 何浩然．孔子“礼”的思想及其当代教育意义［D］．天津师范大学，2022（05）：25．

② 何浩然．孔子“礼”的思想及其当代教育意义［D］．天津师范大学，2022（05）：25．

③ 张丽．《论语》之“礼”［J］．文史天地，2023（04）：5．

④ 何浩然．孔子“礼”的思想及其当代教育意义［D］．天津师范大学，2022（05）：26．

多表示“行走”之义；右部是“直”字，其字形像一只眼睛上面有一条直线，表示眼睛要看正；二者相合就是“行得要正，看得要直”之义。“直”也有表示读音的作用。西周金文的形体与甲骨文的形体基本相似，只是有的字形在右边的眼睛下加了一颗“心”，这时的人们又给“德”字的含义加了一条标准，即除了“行正、目正”外，还要“心正”，可见人们对“德”字的含义标准要求越来越高。古人认为心是主管思维的器官，它是德之血脉所在。眼睛是心灵的窗户，两者互为表里。正因为如此，在中国古代社会中，人们对视有着特别的礼仪要求，即“非礼勿视”。而这种要求的基本点就是目光端正，合乎规范。德不仅仅是思想、目光的问题，它与行为举止也有着密切的联系。古人对行走也有种种规定。《尔雅·释宫》中说：“堂上谓之行，堂下谓之步，门外谓之趋，中庭谓之走，大路谓之奔。”行走的规范也各不相同，如果不遵守这些制约，就违反了礼法。而礼法又是衡量人们道德品行的准绳，按礼法行止，自然也就是品行端正而有德了。其实，“礼”的本质乃是道，在这社会之中，礼的践行也应遵循“道”的运行，“道”便是以一种浑然天成、自然不做作的形式存在于万物之中，天道落实到人道之上，便是个体道德。[①] 从这个意义上来说，人们在践行“礼”的时候就是在养德（仁），在践行“道”的过程中涵养美德，浸润德性。践礼养德，使人不断完善自我，由小我转化为大我，构建一种德福相依的生命精神链条。

综上从历史、社会、文化和教育几个角度阐述的礼德文化渊源，我们发现，礼德文化不仅是渗透于我们中华文化的根基，更是稳定社会进步和发展的基石，更是人们约束自我与仁爱精神的和谐体，同时还是每个儿童自我发展与自我完善的成长沃土。

第二节　溯源——“礼德”教育与核心素养

有人说现在的德育（道德与法治课程）都在提倡新课标理念下的核心素养培育，“礼德”教育和核心素养有什么关联吗？关联又有多深呢？让我们从古代先贤们那里去溯源吧。古人把“修身齐家治国平天下”作为自我完善的传统信条，它提醒人们在道德上进行自我修养，注重家庭和社会的和谐，努力实现个人价值和社会责任的统一。我们翻开小学道德与法治教材，

① 何浩然. 孔子“礼”的思想及其当代教育意义［D］. 天津师范大学，2022（05）：25.

也是以“成长的我”为主线，包括儿童与家庭、学校、社会、国家、全球关系中的“我”。教材是以儿童的自我完善与自我发展为体系来建构的，与传统文化中道德修身体系不谋而合。《义务教育阶段道德与法治课程标准（2022 年版）》（下文简称新课标）道德与法治学科要培育学生的核心素养主要包括：政治认同、道德修养、法治观念、健全人格和责任意识，[①] 这五大核心素养与传统文化中的“礼德”文化要素有没有联系呢？如果有，又有着怎样的联系呢？以下分别试论述之。

1. 礼德与政治认同

新课标核心素养之一——政治认同内涵是指具备热爱伟大祖国、中华民族、中华文化、中国共产党、中国特色社会主义的情感，以及为中华民族伟大复兴而奋斗的志向，能够自觉践行和弘扬社会主义核心价值观。政治认同的精神内核就是中华民族文化“爱国主义精神”的涵养。

礼德传统文化与爱国主义精神之间有着密切的关系。首先，礼德传统文化包括仁、义、礼、智、信、忠等核心美德，这些美德不仅是个体道德修养的基石，也是国家治理和社会和谐的重要保障。在礼德传统文化《诗经》提出了“夙夜在公”的思想，《尚书·周官》提出的“以公灭私民其允怀”，王夫之的“以身任天下”，孙中山的“天下为公”“替众人服务”，毛泽东主席提出的“为人民服务”思想，都奔涌着“国而忘家，公而忘私”，为国家、民族而献身的家国情怀。也正是在重视整体精神的大背景下，出现了“先天下之忧而忧，后天下之乐而乐”“天下兴亡，匹夫有责”的为国家、为民族、为整体的利益不息奋斗的崇高的爱国主义精神和价值取向。这些丰富的素材和鲜活的案例，帮助少年儿童理解国家利益高于个人利益的原则，培养他们的社会责任感和奉献精神。其次，礼德传统文化作为中华民族的核心价值观之一，深深植根于中国人的思想和行为中，对爱国主义精神的培育和传承起到了重要作用。礼仪不仅是宣示价值观和教化人民的有效方式，还在国家重大纪念日如阅兵、升旗仪式等活动中发挥着重要作用。这些仪式通过行为符号、物件符号、声音符号和语言符号等方式，强化民众的政治参与意识和爱国主义热忱，从古至今在规范社会秩序、凝聚社会团结方面发挥了重要作用。通过礼仪教育，可以增强民众对国家和民族的认同感，激发他们的爱国情怀。再次，礼德传统文化和爱国主义精神相互促进，共同构成了中华民族的精神支柱。礼德传统文化在个人与他人、社会、群体的关系

① 郭江翠. 初中道德与法治思维成长型课堂建设实践［J］. 基础教育论坛，2023（06）：25.

问题上，始终强调“舍己为人”“先人后己”“舍己为公”“舍生取义”。在“义”与“利”的关系上，把整体利益的“义”，放在个人利益的“利”之上，强调“先义后利”“义然后取”，主张“见得思义”“见利思义”，反对“见利忘义”。主张在个人利益与整体利益发生矛盾冲突时，应以义为重，以国家、民族之大义为先，牺牲个人的私利。这些主张和观点为爱国主义教育提供了丰富的道德资源和文化支撑，而爱国主义教育则通过弘扬民族精神和国家意识，进一步巩固了礼德传统文化的传承和发展。两者相辅相成，共同推动社会的和谐与进步。

2. 礼德与道德修养

新课标核心素养之二——道德修养是指养成良好的道德品质和行为习惯，把道德规范内化于心、外化于行。道德修养主要表现为：（1）个人品德。践行以爱国奉献、明礼遵规、勤劳善良、宽厚正直、自强自律为主要内容的道德要求，在日常生活中养成诚实守信、团结友爱、热爱劳动等个人美德和优良品行。（2）家庭美德。践行以尊老爱幼、男女平等、勤劳节俭、邻里互助为主要内容的道德要求，做家庭的好成员。（3）社会公德。践行以文明礼貌、相互尊重、助人为乐、爱护公物、保护环境、遵纪守法为主要内容的道德要求，做社会的好公民。（4）职业道德。树立劳动不分贵贱的观念，理解以爱岗敬业、诚实守信、办事公道、热情服务、奉献社会为主要内容的职业道德，做未来的好建设者。

在传统文化中，礼德内涵的细化理解——礼德的人格化是善；礼德的家庭化是孝；礼德的社会化是忠。首先，以儒家为代表的“仁爱”思想，即是“善”，是一种对于协调人际关系具有积极意义的重要道德、人文精神。“仁爱”既是一种人际关系的道德准则，又是建立和谐的人际关系的重要道德智慧。孔子说“仁者爱人”“己所不欲，勿施于人”“夫仁者，己欲立而立人，己欲达而达人”。中国传统的“仁爱”思想，即是要求人们替别人着想，同情人，敬重人，相信人，关心人帮助人，待人以诚，施人以惠。这是一种十分可贵的道德精神。我们知道，所谓道德即是要求人们在考虑自身利益的同时，考虑到他人与社会的利益。其次，要有“孝道”，上老下子，上慈下孝。孝是中华民族家庭关系特定的文化瑰宝，也是通往修德、完成修身而齐家的桥梁。西方各国文化中都没有孝道的学说和思想，仅从一个“孝”字就可以界定东方道德文化与西方文化的根本差异。家庭是社会的细胞，也是道德修身的场所，没有孝道也就无法实现真正的德治心身、德治社会。孝心、孝行是对仁德、礼德的考量，一个人如果在家庭里没有孝心孝行，就不足以讨论修身和修心。再次，社会化的忠，其范畴非常广泛。简言之，在身心之内要忠于心中的道德、身国民生的利益；在身外的环境中，要忠于家庭、忠于先祖、忠于民族、忠于国家，忠于一切生命的德道回归。如此实践了礼德文化，也就是遵守了个人品德、家庭美德、社会公德，也就具备了核心素养的道德修养，成为家庭好的成员、社会的好公民、未来好的建设者，从而实现了核心素养“道德修养”的培育。

3. 礼德与法治观念

新课标核心素养之三——法治观念是指树立宪法法律至上、法律面前人人平等、权利义务相统一的理念，使尊法学法守法用法成为人们的共同追求和自觉行为。养成守法用法意识和行为，了解以民法典为代表的、与日常生活以及未成年人保护密切相关的法律法规，树立法治意识，养成守法的思维方式和行为习惯。培育生命安全意识和自我保护能力，了解和识别可能危害自身安全的行为，具备自我保护意识，掌握基本的自我保护方法，预防和远离伤害。培育学生的法治观念，有助于他们形成法治信仰和维护公平正义的意识，做社会主义法治的忠实崇尚者、自觉遵守者、坚定捍卫者。

从礼德文化的角度来看，我国古代的“德法合治”由“行德以礼”“由礼生法”“以法护德”三个环节组成。首先是“行德以礼”：礼是道德的外在行为规范。古代德治中的“德”，与今天一样，指的也是道德、品德、德行等，是符合社会主流的正确价值取向。古人为“德”找到的现实载体便是“礼”。《论语·为政》说，“道之以德，齐之以礼，有耻且格”，意思是治国以道德为导向，施政的举措便是推行“礼治”，把作为以德治国的实践手段，人民才能知廉明耻、从善如流。其次是礼“由礼生法”：法与礼的统一、互补。礼作为道德的规则，其表现形式往往是行为规范，解决的是“该做什么”“按什么流程做”的问题。即便如此，礼也要依靠国家强制力保障实施，尤其是对违礼行为的追究惩罚，必然要诉诸具有普遍威慑力的法律，用法治来维护礼治。一般认为，从汉武帝时期开始，我国便加速“礼法合一”的进程并开始形成独特的“礼法文化”。“礼法合一”的主要路径是“由礼生法”。礼典的制作颁行也是“由礼生法”的重要形式。从《贞观礼》到《显庆礼》再到《开元礼》，礼典的颁行即是立法，礼典的损益即是变法，目的就是要让全社会遵循定礼。而律典则与礼典对接，明确对违礼行为的惩戒处罚，以保障礼的落地，最终实现礼即是法、法即是礼。从这一层面看来，法与礼以及礼背后的德是高度统一的。再次是“以法护德”：实施法律的落脚点。在我国古代，“行德以礼”“由礼生法”，将德礼与法律紧密联系起来，施行法律的目的便是维护礼制、捍卫道德。一方面，国家直接通过刑罚来惩治道德问题。另一方面，遇到道德与法律或者礼与法之间的冲突时，国家会进行权衡与调整，以期法的实施始终维系道德观念。综上，古代的德治与法治，以礼德为基础，从道德出发，通过礼仪来实践道德，同时生成、改造法律，以取得强制执行力；以法律为后盾，维护道德的行为、惩罚失德的行为，保障德与礼的实施。以此构筑起“德法合治”的完备体系：德、礼、法既统一在道德观念之下，同时又在各自领域发挥着不同功用，德礼重内修、重教化，法律重纠违、重处罚，共同推动实现国家、社会以及个人自身的和谐治理。

4. 礼德与健全人格

核心素养之四——健全人格是指具备正确的自我认知、积极的思想品质和健康的生活态度。健全人格主要表现为：(1) 自尊自信。正确认识自己，珍爱生命，能够自我调节和管理情绪，具备乐观开朗、坚韧勇毅、自立自强的健康心理素质。(2) 理性平和。开放包容，理性表达意见，树立正确的合作与竞争观念，能够换位思考，学会处理与家庭、他人、集体和社会的关系。(3) 积极向上。有效学习，能够主动适应社会环境，确立符合国家需要和自身实际的健康生活目标，热爱生活，积极进取，具有适应变化、不怕挫折、坚韧不拔的意志品质。(4) 友爱互助。真诚、友善，拥有同理心，相互支持，相互帮助，具有互助精神。培育学生的健全人格，有助于他们正确认识自我、学会学习、学会生活、学会合作，养成积极的心理品质，提高适应社会、应对挫折的能力。

在中华传统礼德文化中，中国文化的人格模式有很多种，其中“君子”是最广泛、重叠最多、渗透最深的。“君子”作为一种集体人格的雏形早已存在，但是经过儒家的选择、阐释、提升，结果成为了一种人格理想。儒家维护了君子的人格原型，并注入了自己的人格设计，达到了原型和设计之间的平衡。这种平衡符合了大多数中国人的文化基因和文化选择，因此儒家取得了“独尊”的地位。

中华礼德文化中的君子之道包含：君子怀德；君子之德风；君子成人之美；君子周而不比；君子坦荡荡；君子中庸；君子有礼；君子不器；君子知耻。“君子成人之美”体现了君子的助人美德；“君子周而不比”体现了君子以诚待人、以信取友，故能广结善缘，共谋天下之事；“君子怀德”“君子之德风”体现了君子的心怀道德，君子的品德好比是风，有垂范表率的作用。和健全人格中友爱互助要求是相对应的。“君子坦荡荡”体现了君子心胸宽广，光明磊落，无论顺境还是逆境都能保持坦荡胸怀，不因外界的变化而改变内心的平和。和核心素养健全人格理性平和要求不谋而合。“君子不器”体现了君子具备了全面的素质和能力，不只具备某一方面的才能和用途。“君子中庸”强调了君子在各种情景中都能保持适度，既不过分也不不足，达到一种平衡状态。“君子和而不同”讲究为人处世要和谐，不是无原则妥协，而是保持自己的特色的同时，与人和谐相处。君子的这些特点和健全人格中积极向上的品格要求是相适合的。“君子知耻”就是指导羞愧与荣辱，知耻是人格自尊的表现，和健全人格中“自尊自信”要求一脉相承。经过这样一梳理，大家显而易见看出核心素养中的健全人格包含了儒家思想对“君子”定义中的很多内涵。

《论语》子曰：“知者不惑，仁者不忧，勇者不惧。”孔子曾感叹说，学问修养合于君子的标准有三个必要条件：仁者不忧、知者不惑、勇者不惧。这表明仁、智、勇三者是人格修养不可或缺的要素。《论语正义》引《申鉴·杂言下》注曰：“君子乐天知命故不忧；审物明辨故不惑；定心致公故不惧。”首先是知者不惑：智慧是人格修养的重要方面。真正的智慧不仅仅是知识的积累，而是对宇宙、生命真相和规律的深刻认识。有智慧的人能够明辨前因后果，不会迷惑。智慧使人能够在复杂的选择中做出正确的判断，把握事物发展的关键，准确判断未来的走向。其次是仁者不忧：仁德是人格修养的基石。有仁德的人不会因为心虚而忧虑，内心宽厚、坦荡，能够坦然处理各种问题，不会被琐事困扰。仁德使人心中坦荡，无论顺境逆境都能欣然接受，专注于如何爱人助人。再次是勇者不惧：勇敢是人格修养的关键。勇敢的人在公义所在时，能够无所畏惧，勇往直前。勇敢使人能够在面对挫折和困境时保持坚定的信念，克服困难，坚持到底。综上所述，礼德文化中，对于健全人格典范代表——君子，就是古代先贤们给我们树立的健全人格的形象，我们一直在追求的路上。

5. 礼德与责任意识

核心素养之五——责任意识是指具备承担责任的认知、态度和情感，并能转化为实际行动。责任意识主要表现为：（1）主人翁意识。对自己负责，关心集体，关心社会，关心国家，维护祖国统一和国家安全，具备国家利益高于一切的观念。（2）担当精神。具有为人民服务的奉献精神，积极参与志愿者活动、社区服务活动，热爱自然，践行绿色生活方式。（3）有序参与。具有民主与法治意识，守规矩，重程序，能够依规依法参与公共事务，根据规则参与校园生活的民主实践。培育学生的责任意识，有助于他们提升对自己、家庭、集体、社会、国家和人类的责任感，增强担当精神和参与能力。

在中华礼德传统文化中，出自《周易·坤·象》的“地势坤，君子以厚德载物”。道出了品德与责任的深刻内涵。一方面强调了人的德行要像大地一样宽广深厚，他就能胜任重要的职责。另一方面强调一个人要不断地积累道德，提升自己的品德，只有这样，他才能承担更大的责任。《论语·泰伯》曾子曰：“士不可以不弘毅，任重而道远。仁以为己任，不亦重乎？死而后已，不亦远乎？”曾子说：“士不可以不刚强不意志坚定，因为他的责任重大，道路遥远。把实现仁作为自己的责任，难道还不重大吗？奋斗终身，死之后才结束，难道路程还不遥远吗？”道出了责任意识和品德之间的重要关联性。培养勇于负责、敢于负责的精神是中华民族的优良传统。事实上，古往今来，历代先贤们，已经给我们做出了具有责任意识的行动典范：大禹治水“三过家门而不入”；诸葛亮任事“鞠躬尽瘁，死而后已”；范仲淹挥写“先天下之忧而忧，后天下之乐而乐”；文天祥高歌“人生自古谁无死，留取丹心照汗青”；林则徐铭志“苟利国家生死以，岂因祸福避趋之”。不怕牺牲、尽忠职守、利居众后、责在人先，是志士仁人薪火相传的思想标杆，是后世子孙生生不息的精神动力。责任意识是一种自觉意识，也是一种传统美德。责任意识是一种能力，是能力的一种体现形式，责任意识是一种精神，更是一种品格；责任意识就是对自己可能并不喜欢的工作，毫无怨言地承担，并认认真真地做好，这就是责任。所谓的责任意识，就是清楚明了地知道什么是责任，并自觉、认真地履行社会职责和参加社会活动过程中责任，把责任转化到行动中去的心理特征。在古代礼德文化中，不管是理论上的责任意识表达还是先贤们责任意识的行动实践，责任意识的培育是中华文化中从根子里长出来的最鲜艳的美丽的花。

第三节　探索——“践礼养德”的幸福教育追求

苏霍姆林斯基曾经说过：“我认为教育的理想就在于使所有的儿童都成为幸福的人，使他们的心灵由于劳动的幸福而充满欢乐。”① 理想的教育就等于幸福的教育，教育的根本也是在于培育幸福的人。正如朱小蔓在《情感德育论》序言中所说：德育就是要把人引向幸福，引向希望。一个人最

① 苏霍姆林斯基．给教师的建议［M］．北京：教育科学出版社，1984.

终能够把握幸福和希望之路，要靠自己的德性。一个有德性的人，别人和社会总会需要他，也只有当别人和社会需要他时，他的身上才会放射出吸引人的力量和人生价值的光芒。

一、古代先贤们的礼德教育思想的幸福追求

细读《论语》我们就能够看到，孔子一生所求的，也和今天的我们并无太大区别，也不过是想活得明白而不断寻求答案，在知闻大道中求得一个心安。在孔子那里，实现个人的幸福，所求的就是做一个有仁心的君子；使天下人幸福，就是把这种“仁心”推广到全天下。

1. 有仁者之心的人，自己首先是幸福的

孔子在《论语》中描绘了他理想中的关于君子仁心的标准，子曰：“人而不仁，如礼何？人而不仁，如乐何？”在内自己就是有一颗温暖、明亮、宽厚爱人的仁心；其外化则为温直坦荡、文质彬彬、志坚身正的君子。《论语》首章即“子曰：学而时习之，不亦说乎？有朋自远方来，不亦乐乎？人不知而不愠，不亦君子乎？”学习是坚持着、实践着就会觉得快乐的事；新朋旧友从远处而来，是值得开怀大笑的；不因为别人的无知、无心的过错而生气，这是君子的样子。这是一个心里怀着“仁”的君子对己身、对朋友、对普通人的态度。说着很容易，如神秀般的“时时勤拂拭，勿使惹尘埃”，有些人也能做到。但真正认同这个内心的状态，并且这样做觉得快乐，就不容易了。没有一颗仁心，终日不违仁是可能的，终生不违仁就很难做到。孔子的仁心，就是自诚明的赤子之心，从《论语》及仲尼弟子之言中仍可以略见其仁即是爱人。仁心不是说教，爱也不必做作，更不需要套路，这是一种发自内心的情感。子曰：“孝悌者，仁之本欤？”仁心最牢固的本源就是父母之爱。

2. 守护好仁者之心，并推及于亲人，爱父母，爱兄弟，爱朋友，自己亲近的人都幸福了，自己才能幸福

亲情如丝织，亲善相因。身边最亲近的人即是父母、兄弟、妻子。父母之爱最无私，犹春晖之于寸草。兄弟之爱最长久，血浓于水，毕生相伴。因而孝、悌，是人人都具有的善的情感，这个情感是毫不疑虑的。孔子认为，爱有等差是人之常情。他主张首先爱自己的父母和兄弟姐妹，这是自然真挚的情感。然后推己及人，关爱他人。孝弟是仁之伊始，但不是仁的全部或根本。仁是人的类本质，是以亲爱亲人为起点的道德感，是孝敬父母等亲情的扩大，即推己及人。《中庸》引孔子的话：“仁者，人也，亲亲为大。”这里

的亲亲，也就是指爱父母。孔子多次提到子女对父母应该有爱心，例如他说："父母在，不远游，游必有方。"就是说父母活着的时候子女不能远走高飞，即使要跑出去也要有限度。这句话的实质并不是限制子女的活动，而是希望子女要懂得父母的心，不要使父母对自己过分思念和牵挂。因为子女如果远走高飞没有音讯，父母就会思念和牵挂。子女应该以父母之心为心，这就是孝。孔子又说："父母之年，不可不知也。一则以喜一则以惧。"就是说，父母的年龄，做子女的不能不常常想到，一方面为父母健康长寿而庆幸，另一方面又为父母逐渐年老体衰而忧虑。孔子这些话在今天并没有丧失它的价值，在今天父母对子女的爱"慈母手中线，游子身上衣"，依然如故，但是那些远走高飞的子女，又有几个会想到父母对自己的思念和牵挂，在今天父母总是念念不忘子女的年龄，但是又有几个子女常常想到"父母之年"，为父母的日渐年高，又喜又惧。

3. 能够推仁者之心及亲人，进而能够推及于天下人，就是天下大同，天下人就都能幸福

《论语》子曰："入则孝，出则第，谨而信，凡爱众而亲仁。"泛爱众，是对一个怀有仁心的君子的更高要求。这已经超出了人伦之常的孝悌之情的范围，超脱了个人生活与人生荣辱的范畴，已经上升到实现全人类幸福的社会理想的高度。这正是孔子的志向所在。《论语·公冶长》记载，"子路曰：愿闻子之志。子曰："老者安之，朋友信之，少者怀之。"那么在孔子的志向中，责任的主体是谁呢？正是怀有仁心的君子。是君子推仁心及老者，及少者，及朋友；是君子使老者安，使少者怀，对朋友信。这也即孔子后学孟子所谓"老吾老，以及人之老；幼吾幼，以及人之幼"。怀有仁心的君子圣王，做到推己及人，即是行仁政、行仁义。把君子仁心推及到全天下，人人都怀有君子仁心，那就是天下大同，天下人就都能够幸福了。孔子的仁，就是由"亲亲"出发，推广为普遍的爱。实现的方法就是"忠恕"之道。"忠"即：己欲立而立人，己欲达而达人。也就是说，我自己有什么欲求要想着别人也有这样的欲求。在满足自己的欲求的时候要想着，使别人这样的欲求也能被满足。"恕"即"己所不欲，勿施于人"，也就是说我自己不愿意别人这样对待我，我也不要这样对待别人，这就是推己及人，由亲及疏，由近及远，由家庭到社会，从而达到"泛爱众而亲仁"，"博施于民而能济众"的普遍的爱。后来孟子说："亲亲而仁民，仁民而爱物。"宋明道学家们则进一步将仁爱当做一种生命原则，要求人尊重、敬畏一切生命。人对自然的爱有两种情况，一是把爱自然当成人爱自己的间接方式。人不仅生存于社会中，他也是宇宙的一个成员。自然是人的“家”，是人的体外本质，对自然的恨、破坏，间接上就是对人自己的恨、破坏。近现代对自然的疯狂掠夺正是源于没有真正意识到自然是人的体外本质这个道理。

孔子相信爱和仁心，是人人必不可少的。对于仁心不显的学生如宰我，孔子虽然批评他“朽木不可雕也”，但仍坚持有教无类的原则而未放弃他。孔子心目中的仁心君子，也必须有“人不知而不愠”的包容，有“其恕乎！己所不欲，勿施于人”的胸怀，有“远人不服则修文德以来之”的化育。这就是孔子对仁心尚未生发的普通人的态度。但仁心是什么呢？孔子没有言明。直到孟子才明确提出，“恻隐之心，仁之端也”，这是人人都具有的善的情感。孟子的四端学说是他的重要思想，分别是：“恻隐之心，仁之端也；羞恶之心，义之端也；辞让之心，礼之端也；是非之心，智之端也。”孟子认为此“四端”人本来就有的，道德来源于人的本性，仁义礼智是由人的善良本心发展而来的。孟子主张“人皆可以为尧舜”，只要努力把“四端”发展到最完满的程度，每个人都可以成为有道德、有智慧的圣人。孔子怀揣着一颗仁心，在礼崩乐坏的时代里深情地活着。孔子也曾知其不可而为之，启照了几千年来谋求天下人幸福的君子仁心。孔子未完成的心愿，幸有后学孜孜以求。孔子提出“克己复礼为仁”，仁爱之心是“礼”的内涵，他提出的礼治天下的观点，孔子的思想系统是以仁为本源，以礼为表征，仁礼合一的思想系统，由此“践礼养德”，达到礼德育人。儒家特别重视自我的扩展。仁爱就是一个由内而外、由近及远的过程。以上是古代先贤们对幸福教育的理解和实施是以自我的扩展为路径做了解读的。

二、现代“践礼养德”的幸福教育追求

现代德育专家刘次林博士在他的《幸福教育论》中提出了“自我的扩展”的幸福德育观。他认为现在的德育是以三层次品德的划分为基础的。低限层次的道德要求是“禁止损害他人，更禁止以私损公”；中间层次则是提倡“国家、集体、个人三者利益一致”“公私兼顾”“公私融化”在为社会的发展中求得自己的发展，在为国家的富强中求得自己的富裕。最高层次是提倡“大公无私”“无私奉献”“全心全意为人民服务”的思想。法律只是对人的最低道德的要求，法律是防范性的，而道德是高层次的，是鼓励性的。他提出通过“自我的扩展”的“公”与“私”内在转化统一获得道德幸福感，提出了三个观点：

1. 修德不是为了别人，而是为了自己

道德从一开始，最根本的目的，就是要求个人把自己的生存、发展和完善的需要，汇入社会整体或社会大多数成员共同的生存、发展和完善的需要这个大需要系统中去。梁启超在《十种德性相反相成义》中说：“天下之道德法律，未有不利己而立者。”个人不是为了自己的更好发展，他是不会选择道德的。德行不过是利用别人的福利来使自己成为幸福的艺术。孔子说：“古之学者为己，今之学者为人。”“为己之学”是为了自己的享用，“为人”之学则是给别人看的。如果把修德看成是与己无关的事，那么德育就是让人痛苦的事。与此相反，“为己之学”首先意味着向内探索。孔子说“君子求诸己，小人求诸人”，孟子也说“行有不得，反求诸己”，都是强调向内探求。其次，“为己之学”还意味着仁者自爱。儒家主张“仁者爱人”，认为仁德的根本就是“爱人”二字，它是一种品质、一种能力，而“爱人”的前提乃是“自爱”，也就是关爱自己、提升自我。再次，“为己之学”还意味着修己安人。一个人读书为学、探索真理，首先要有益于自身，才有可能使他人受益。如果修德只是为了他人的幸福而不是为了自己的幸福，德育就会丧失其最深层、最可靠的人性根据。

2. 德行不是自我牺牲，而是自我实现

道德要以一定的自我牺牲为内容，它要求个人放弃纯主观的活动。某种程度上的个人让步可以带来更大程度上的个人进步。以退为进正是人类理性的意义。自由在于接受限制，发展在于承担牺牲。但是，当局部的、暂时的牺牲是为了带来全局的、长远的发展时，它就不叫做牺牲，而是发展的一部分内容。一个活动的性质只能以它的整体性质来确认。站在整体的立场上，田忌在赛马中用劣马败给对方的优马本身不是失败，而是胜利。只有从整体观上把遵守道德看作是自我实现才能真正把握德行的本质。牺牲是有原则的，即有利于全局的秩序（利益）。苏霍姆林斯基认为：“宗教式的弃绝私利和盲目的舍己精神是跟道德格格不入的。”德是一种意志，但却是一种理性的意志。当我们在每次德行中总是体验到被掠夺、被折磨和对自己人性的压制时，这种德行是注定缺乏生命力的。

3. 德育不是灭私，而是肯定私又超越私，在于改变私的表现形式：让私从小我之私扩展为大我之私

德育过程是鼓励学生不断将非我的对象纳入小我之中，以实现自我的扩展。爱是学生扩展自我的情感动力，没有爱，仅凭反复灌输和说教，个体不会扩展自己。而利益又是爱得以产生的客观基础，自我只爱对自己“有用”

的对象，这个“有用”既可指物质的，也可指精神的。婴儿爱他的乳母和保姆是“因为他需要她们，找到她们就可以得到益处。”人恋家是因为家是他的精神“港湾”。所以要想使学生扩展自己，教师就应着力建设一个对学生“有用”的客体对象。这对于培养学生集体主义意识是很有帮助的。只有集体对他有用，他才会爱这个集体，才会把自己融入集体之中，使集体变成“我的”集体。在扩展之前，集体是我的外在异己；在扩展之后，集体便成了大我的有机构成部分，与我形成了心理上的全息同构，成了我的化身，此时，集体就成了“我的集体”；只有当集体变成了“我的集体”时，我才会像热爱自己的眼睛、自己的父母、自己的孩子一样对它充满爱心，并可不惜为它奉献自己的一切，乃至生命。为“我的集体”奉献自己正是肯定自我、实现自我价值的过程；为自己所至爱者作出牺牲就是我的最大幸福。

4. “践礼养德”德育课堂是与学生“自我扩展”的幸福教育理念相契合

檀传宝认为，道德教育的本质，就是对个体在社会生活中追求其属人的精神性和精神生活的一种有意识的帮助。从社会和个人的关系角度，德育的本质在于使个人完成道德上的社会化。[①] 鲁洁教授认为德育的“享用功能”在于促进学生健康成长中体验到满足、快乐、幸福。幸福教育观认为，德育就是要把学生带进人的世界，让他学会如何处理公私关系，社会与个人的关系。要想完成人的社会化，需要自我的扩展。自我扩展即指“自我”把周遭环境中与他亲近的人或事物看作“我的”过程。我们把扩展之前的“自我”叫做“小我”，把扩展之后的“自我”叫做“大我”，自我扩展就是小我和大我不断转化演进的过程。自我扩展后的人又变成“公”的了，把“我的”利益变成“我们的”利益，因此自我扩展的人性观由于坚持“超出又不超越”的超越观，真正实现了公与私的内在统一。[②] 从这个意义上来说，修德不是为了别人，而是为了自己。德育不是灭私，而是肯定私又超越私。德育的过程就是鼓励学生将非我的对象纳入小我之中，以实现自我的扩展。爱是学生扩展自我的情感动力，没有爱，尽管反复灌输和说教，个体不会扩展自己。在自我之内，为了整体的利益，舍弃个人的利益。[③] 此时的我舍弃了小我，成就了大我，获得了自我实现的过程也获得幸福感。因此，德

① 杨国富．如何提高文化生活教学的德育功能［J］．新课程（中），2014（12）：18.
② 刘次林．自我扩展的德育［J］．华东师范大学学报（教育科学版），2000（08）：15.
③ 刘次林．自我扩展的德育［J］．华东师范大学学报（教育科学版），2000（08）：15.

行不是自我牺牲，而是自我实现。那么，人如何由小我转化为大我呢？中国儒家特别重视自我的扩展，“克己复礼为仁”。仁即爱人，通过仁爱由内而外，由近及远，爱人首先是爱亲人，以此为出发点，经过中间若干环节，人们最终可以爱相隔万里、素不相识的人。① 人们通过一系列的行为实现自我的扩展：乐于助人、与人为善、关爱集体、关爱家人、尊敬老师、友爱同学、爱护公物、遵守公德、解危济困、见义勇为、热爱祖国、胸怀天下……映射到小学德育教学中，学生正是在这一个个“践礼”的行为中由从小我转化大我，达到自我实现“（涵）养（仁）德”的幸福感，完成人的社会化过程。

① 刘次林．自我扩展的德育［J］．华东师范大学学报（教育科学版），2000（08）：15．

第二章　践礼养德：儿童具身德育课堂的研究背景

第一节　“践礼养德”教学主张提出的背景

当下，在新课标核心素养培育观念大行其道的情况下，全国各地的小学考试科目主要是语文、数学和英语，小学道德与法治学科大多为主课老师兼职代课。为了保证语数外老师的教学质量，道德与法治课程经常出现“吃课”、上“白课”现象，教学得不到保障，原因无非如下：一是师资配置不合理，主课老师兼任，给“吃课”等不良现象提供了便利。二是受应试教育影响，道德与法治课不作为考核学科，难免被忽视。三是缺乏教研团队建设，无“群”发声，道德与法治课最终形同虚设。德育课堂教学形成了“坐而论道，一听就烦，知而不行、知行不一”等现象。除了以上几点原因，现对“践礼养德”教学主张提出的背景作一阐述。

一、基于解决德育教学中重坐而论道轻体验践行的现状

当前道德与法治课教学中，由于是兼职教师缘故，许多教师很难充分研究教材，也很少分析学生的实际情况，往往注重说教，是师生“脖子以上”的“坐而论道”。学生实践较少，很少带领学生具身实践体验，教师往往是满堂灌，老师让学生做这做那，而这些空洞的说教难以让学生理解思想品德的重要性。没有亲身实践，学生在认知上就无法理解行为准则的深刻含义，更不可能完全按照老师的要求去做。缺乏学生躬身践行的实践与探究，缺乏情感的激发、思维的辨识与文化的熏陶。导致很多时候学生讲起来头头是道，做起来知行脱节。新课标下的道德与法治教学急需要改变教学模式，在富有情境的道德践行中锻炼道德行为践行力，提高道德目标达成度，不断提升学生的道德素养，从而实现“做而得道”践礼养德。

二、基于破解德育教学中重道德认知轻素养培育的不足

儿童的道德认知是自我建构的过程，德育教学如果只注重道德认知，往往会造成学生知而不行的现象。阅读教材多，走进生活少。在道德与法治课程的教学过程中，许多教师就是让学去生阅读教材中的一些案例，然后让学生分组讨论交流这些案例的内容和表层含义，最后形成统一的结论。这样的教学模式几乎脱离了学生的实际生活，很难有身临其境的实践体悟，很难激发儿童情感震撼与道德思维的碰撞，学生无法将课本知识与生活实践联系到一起，这样的教学方式是不可能达到好的教学效果的。德育课堂的教学必须让学生明白教学的实际意义，理解优良品德的真正内涵。把学生看成是道德知识的“美德袋”，以为道德知识装进儿童脑袋里了，儿童就能够去做了，实际的效果却并非如此。由于对学生面对不同生活情境中的品德问题缺乏分析问题和解决问题能力的指导和培养，德育造成了重道德认知轻视道德素养培育的现象，亟需我们在德育实践中改革。

三、基于改变德育教学中重课堂教学轻课外实践的弊端

德育是一个系统工程，是家庭学校社会三位一体协同培育的过程，需要通过序列化活动实现“身心统一”“知行合一”的效果。教教材较多，用教材教的较少，创造性运用教材就更难。在日常的道德与法治教学中，很多教师很少有刻意引导的意识，往往只是以教材为基础，带着学生进行教材学习。老师很少结合学生的实际情况，带领学生走出教室，走进社会，开展参观寻访调查等活动，很难联系学生的家庭和社会形成一个成长链的闭环，更难以让学生在有广阔的环境中进行学习。这样的结果是，一堂案例课下来，学生只记住了书本中的案例，却不知道该案例和自己有什么关系，这样的教学根本无法达到道德与法治课堂的真正目的。在实际教学往往只关注课堂，背后的家庭与社会支持系统跟不上，或者说很少参与，造成在校辛辛苦苦教育，抵不上家庭与社会坏的行为侵染。只有建立一套“校家社一体化”育人机制，才能实现道德素养培育的真正提升。

四、基于教师专业自主发展与学生终身发展和合共生的时代呼唤

教育的本质是人的发展，是师生的共同成长。学生的成长离不开教师的专业发展，教师的专业发展是为了学生更好地成长与发展。德育是“为己”为自己享用的，如果把修德看成“为人”，是与己无关的事，那么德育就是

让人痛苦的事。遗憾的是，我们当前的德育工作并没有完全从“为人”中走出来。德育仍然经常是做给人看的，很多德育教学活动考虑得更多的并不是如何对形成学生的主体性人格发生影响，而是如何真正起到宣传效果。人们不是把德育看成是完善品德、获得幸福生活的过程，而多是把修德作为一种市场交易的活动，是为了在“重要他人”面前争得表现，让家长放心，让教师高兴，或当做求取功名的工具。我们强调得较多的是将学生的修德与他人、社会、国家的需要相联系，而忽略了修德与学生自己的物质、精神的幸福的关系。通过本项目研究，引领儿童在具身实践体验中做自己品德建构的主体，教师通过“践礼养德”教学研究，自主发展专业素养，引领儿童具身实践、知行合一，共同成长，实现幸福生长。

基于以上情况，我们提出了用“践礼养德”儿童德育教学主张，即在具身认知理念的引导下，研究梳理基于“践礼养德”的儿童德育理论、符合儿童学习现状的“践礼养德”具身德育学习样态，全力打造触发儿童德育实践体验的情境，激发学习兴趣和儿童道德情感，启迪儿童道德思维的“践礼养德”儿童具身德育课堂。

第二节 “践礼养德”教学主张的研究基础

一、理论基础

具身向度下“践礼养德”教学主张的研究理论基础从古今中外哲学中的具身认知理论，现代具身德育理论以及当今倡导的道德与法治新课标中溯源。

1. 我国古代哲学中的具身认知思想

我国春秋战国时期儒家的《论语》与《孟子》，墨家的《墨经·经上》，法家的《管子》，道家的《老子》与《庄子》等典籍中均论及了身心关系，体现了一定的具身认知思想，而明代王阳明的“知行合一”思想则是具身认知观的最集中体现。身体在德育中的重要性最集中有经典体现在儒家文化的“修身”思想里。修身，即“修礼仪以正身”。反过来，具体的礼仪活动又会加深我们对于“礼”的认知。可以说，没有身体参与的礼仪活动显然是不成立。知行合一是中国古典哲学的核心理念，最早可追溯至春秋时期的孔子，他将言行一致作为判断“君子”与“小人”的重要标准之一，奠定了实践与知识统一的基础。随后荀子提倡重行的知行统一说，强调行动的重要性。到了明代，思想家王阳明原创性地提出“知行合一”的理论，这种知行互动的认知方式，主张“知行不可分作两事”，强调知与行应该互相依存，彼此共同构成一个完整的认知结构。

小学道德与法治倡导的“践礼养德”学习以学生的真实生活为基础，鼓励学生在学习中实践，在实践中学习。比如，有意义的游戏活动、有意思地角色扮演、有目的地搜集信息、有指导地调查采访、有准备地参观访问、有计划地考察研学、情境化的体验活动、小实验活动、社会公益志愿服务等实践性活动，侧重于切身体验与亲身经历把道德素养要求内外互化，在践行“礼”的时候就是在养德，在践行“道”的过程中涵养德性，使人不断发展自我，完善自我，由小我转化为大我，促进德行的长远发展。

2. 国外哲学中的具身认知理论

在对笛卡尔“身心二元论”和康德“先验论”思想的反思和批判的基础上，胡塞尔提出了基于肉身的具身认知思想。胡塞尔对笛卡尔“身心二元论”的反思，初步显露了具身认知的思想。梅洛庞蒂在《知觉现象学》中对笛卡尔的“身心二元论”展开了猛烈的批判，认为二元论是一切传统哲学各种问题的症结所在。梅洛庞蒂提出了他的“一元论”观点。他认为，经验世界是主客体不可分割的统一，不论是缺少主体，还是缺少客体，都将导致作为现象的“知觉世界”不复存在。在“一元论”的基础上，梅洛庞蒂的知觉现象学彻底打破了身体与意识二元对立的观点，认为身体与意识是统一的，并且主体对世界的认识是通过身体才得以实现的。杜威认为“从做中学”让儿童多参加社会实践、调查研究和各种活动，激发学习兴趣，有助于他们的生长和发展，这是具身认知理念的生动表达与运用。

“践礼养德”教学理念从具身认知理论中生发出来，在德育活动中“践礼养德”主要体现在用学生具身体验获得感受激活道德情感，促进道德思维的深度和道德践行的实施。学生在多样化的具身情境中，开展丰富多彩的具身体验活动，获得新的道德认知体系的建构。

3. 现代的具身德育理论

具身德育（Embodied Moral Education）是为破解知行脱节的世界难题而提出的一种具体化到身心深处和言行习惯的德育新体系。[①] 其重心是立德树人，重点是身体力行、身教言传，其要义是正心立德、劳动树人，其动力是

① 孟万金，张冲．具身德育：立德树人新视野［M］．济南：山东人民出版社．

厚德载福，其追求是知行合一。具身德育思想既古老又年轻，既是中国的也是世界的。说它古老，是因为它伴随着人类身体的进化而进化，具有悠久的历史，有深邃的历史文化遗产值得挖掘和批判地继承；说它年轻，是因为具身德育这一专门术语在2016年才正式问世，代表人物是孟万金，张冲在《具身德育：立德树人新视野》一书，具体阐述具身德育的理念与实践探索。具身德育是时代的新生事物，说它是中国的，是因为它扎根于中国优秀的“修身”传统，彰显了中国智慧；说它是世界的，是因为它吸收借鉴了世界新兴的具身认知观的合理成分，兼具了世界视野。

4.《义务教育道德与法治课程标准》（2022年版）

新课标的实施是践礼养德教学主张的重要政策依据。此标准强调了在设定教学目标时要明确知行要求，并根据学生年龄特征和不同学段特点对观念认知与道德品行进行科学设计。在课程实施教学建议中指出“丰富学生实践体验，促进知行合一”并做了具体建议：

（1）教学要与社会实践活动相结合，加强课内课外联结，实现隐性课程与显性课程相配合。

（2）注重案例教学，要积极探索议题式、体验式、项目式等多种教学方法，引导学生参与体验，促进感悟与建构。要采取热点分析、角色扮演、情境体验、模拟活动等方式，引导学生开展自主探究与合作探究，让学生认识社会。

（3）通过参观访问、现场观摩、志愿服务、生产劳动、研学旅行等方式走向社会，增进学生对国情、社情、民情的了解，增强爱国情感。鼓励学生在社会实践中扩展自己的视野，提升自己的能力，学以致用，知行合一。

以上几点教学建议都旨在指导教师们要用具身认知理念开展道德与法治课堂活动，引导学生开展具身体验活动和具身实践活动，践礼养德，促进知行合一。

二、团队基础

“践礼养德”教学团队成立于2014年，以连云港市小学道德与法治学校发展共同体为平台，共同体从4个发展到8个，来自连云港市各城乡小学65个共同体成员学校，研究老师由64名发展到260名，每年活动两次，城乡合作，团队成员都是共同体主持人。工作室秉承“教研评思写”的研训理念，共同体形成了“践礼养德：儿童具身德育课堂”教学理念，做到“践礼养德”具身德育教学研讨课程化、常态化。在教学实践、理论研究、沙龙研讨、团队建设、人才培养等方面开展了形式多样的教研和培育工作。团队先后 7 次在省教学新时空．名师课堂执教展示课并参与主题研讨，市级专题活动 60 多次，共同体目前有 11 名港城名师，4 名正高级教师，省基本功一等奖 5 人。省优秀课一等奖 6 人。

团队研究形成了省级—市级—县区级—校级阶梯式教研体系，带领团队成果辐射到苏州、淮安、扬州、徐州、无锡、常州、盐城以及新疆等地，为连云港市道德与法治教学树立了一面旗帜。

团队成员为连云港市道德与法治带头人培育站导师，团队成员多次领衔市“三百活动”“青蓝课程”等项目，多次辅导市青年教师获省、市基本功和优秀课一二等奖。多名团队成员获得市“优秀指导教师”。

连云港师专三附小道德与法治教研组在 2023 年获得连云港市“工人先锋号”称号。

三、文化基础

在教室文化中引导儿童讲礼仪。连云港师专三附小打造了礼仪教室。礼仪教室，顾名思义，是创设学生学礼、讲礼、尊礼、用礼良好氛围的教室；是能够让学生讲文明、懂礼仪，形成良好品德的教室。在礼仪教室中，学生学习做人、做事，学习与他人及自己共处。礼仪教室是学生践行文明礼仪的场所。同学之间的交往礼仪、课堂学习礼仪、课间活动礼仪等在反复实践中能得以不断调整、完善，进而促进个体自我行为的良性发展。

礼仪教室是评价学生文明礼仪的场所。师生以班级为单位，共同商讨适合自己班级的文明礼仪评价标准。基于标准，教师评价、学生互评。这种评价讲究即时性，发现问题，立马指出，当即纠偏。这种评价也注重持续性，对已经改正的行为会进行持续关注。教育需要合力。利用微信沟通，指导礼仪学习家校一体化运作。我校构建了“校家社”一体化践礼养德体系，共同推进学生文明礼仪素养培养。以“践礼养德：儿童具身生长德育课堂的实践”主题连云港师专三附小在 2023 年被评为江苏省思政育人特色学校。

四、环境基础

校园礼仪环境的打造是一所学校整体的文化走向。连云港师专三附小把学生学习、活动、生活的区域进行有效划分，让不同的文明礼仪在不同的场域中彰显、扎根。如“小螺号广场”是我校重要的活动场域，每天广场上都会准时吹响运动的号角，号角的响起不仅提醒学生要加强运动、强身健体，也提醒学生要遵守运动礼仪，所以这既是运动的号角，也是遵守运动礼仪的号角。“盐韵长廊”是学校的学习场域之一，它记录着学校发展和变化的历史，学生驻足长廊、学习思考时，长廊中的标志也在无声地提醒学生践行游览之礼、观赏之礼、言谈之礼……

学校通过微信沟通，指导礼仪学习家校一体化运作。我校一直注重通过微信公众号发布信息，家长可以通过微信公众号及时了解学校各年级礼仪实践的任务。如一年级“成长小盐豆”、二年级“吹响小螺号”、三年级“生长小盐娃”、四年级“绽放小盐花”、五年级“飞翔小海燕”、六年级“远航大盐河”。每一个阶段，学生都有具体的礼仪养成连续性任务，学生的文明礼仪素养培养也具有连续性。各班级也可以利用班级微信群营造学礼养德的氛围，普及礼仪知识，讲好礼仪故事。班级微信推送“我来学礼仪”系列活动，小手拉大手，家长参与孩子的文明礼仪学习，感受孩子的变化。

五、实践基础

1. 2016 年在“十三五”期间，主持江苏省规划重点自筹课题《基于叶圣陶教育思想的小学生文明礼仪养成教育研究》为研究重点；（课题批准号：YZ-b/2016/11）

2. 2017 年主持连云港市重大调研课题《连云港市小学生“八礼四仪”实施情况调查与研究》为研究重点。

3. 2019 年主持江苏省教学研究第十三期课题《践礼养德：微认知资源在道德与法治可视化教学中的开发与运用研究》（课题编号：2019JK13-L227）获得省课题成果二等奖。

4. 2018 年吉海荣所主编的文明礼仪读本《小学生文明礼仪》（三册）获得江苏省文明礼仪校园读本编写评比二等奖。

5. 2022 年 4 月吉海荣作为专题主持人，在《江苏教育》发表一组专题《践礼养德：小学生文明礼仪教育探索》发表五篇文章，其中南京师范大学章乐教授给予课题研究组点评。

6. 2022 年参与江苏省“十三五”规划重点自筹课题《小学省责任担当意识德育实践研究》已结题。

7. 2023 年主持江苏省教学研究第十五期重点课题《具身向度下“践礼养德”德育教学范式研究》为研究主题已结题。(课题编号：2023JY15-ZA121)

8. 2023 年主持连云港“十四五”规划课题《基于学业质量的“践礼养

德”具身德育范式研究》为研究主题已结题。

9. 2024 年主持江苏省“十四五”规划重点课题《“大思政课”视域下具身德育教学模式研究》立项并实施研究规划（课题编号：JS/2024/ZD0108-00558）

六、成果基础

2016 年成果《小学道德与法治生态德育理论与实践研究》获得连云港市教学成果二等奖。

2017 年成果《和雅教育的创新实践》获得江苏省教学成果二等奖。

2020 年成果《小学生文明礼仪教育理论与实践研究》获得连云港市教科研成果一等奖。

2021 年成果《践礼养德：小学生文明礼仪育人的创新实践》获得江苏省教育研究成果三等奖。

2023 年课题成果《践礼养德：微认知资源在小学道德与法治可视化教学中开发与运用研究》获得省课题成果二等奖。

2021 年成果《践礼养德：小学生文明礼仪育人的创新实践》获得连云港市教学成果一等奖。

研究成果《“践礼养德”教学主张的诠释与实践建构》在 2024 年 4 月发表，研究成果《基于学业质量标准的具身德育教学评价体系设计》发表于《中小学德育》2023 年 11 月，并于 2024 年 3 月转载于人大报刊复印资料《素质教育》转载。成果《具身向度下“践礼养德”德育课堂教学范式探索》发表于 2024 年 4 月《中小学班主任》成果《践礼养德：小学生礼仪素养教育调查实施情况实证研究》发表于 2024 年 4 月《教育》。前期的研究为本项目建设的深入开展奠定了基础。

第三节　具身向度下“践礼养德”德育教学范式研究文献综述

2023 年江苏省中小学教学研究第十五期重点课题《具身向度下“践礼养德”德育实践范式研究》已立项，其中文献综述如下：

一、国内外相关研究领域现状述评

课题组成员共阅读践礼养德、具身德育专著 20 余本，通过知网检索相关论文 117 篇。为后期的研究提供指导，奠定坚实的理论基础。

教学范式（teaching paradigm）是 2013 年公布的教育学名词。是对教学所作的最基本的界定或基本的解释，出自《教育学名词》第一版。是指教师的教学方法和教学风格，教学范式研究就是对教学具体方法的研究，从中提炼出同类的教学方法的共性的东西，形成教学范式，它属于教学实践方法的范畴。它将学习内容分解成一系列的模式，以便学生能够更好地理解和掌握学习内容。范式教学法的优点在于能够有效地帮助学生掌握学习内容，并且更好地激发学生的学习兴趣。

1. 关于“践礼养德”

笔者以“践礼养德”为检索词，在中国知网（CNKI）中检索了 2013 年至 2023 年 8 月，有关国外“践礼养德”研究的文献有 6 篇相关期刊论文，关于“文明礼仪教育”的内容很多，主要观点论述如下：

目前已有几篇硕士或教育硕士论文对“践礼养德”内涵做了论述，关注儿童文明礼仪教育的实施途径与策略问题。

李寿利的论文《由“礼”走近立德树人》提出“以礼养德”培养学生高尚品德，以礼规行，提升学生自主管理能力，以礼塑人，奠定持续发展基石。

王燕的论文《以礼养德 以德育人》一文中从学校的育人层面，探索在德化中感知礼仪、在礼仪中修习品德，以礼仪滋养美德，以美德塑造人格，形成了具有特色的“德礼育人”模式。

“八礼四仪”课题组撰写的论文《以礼养德 践礼成德》探索了江苏未成年人文明礼仪养成教育的实践路径，指出了文明礼仪教育是培育核心价值观的重要载体。

吉海荣的论文《践礼养德：文明礼仪素养教育的实践探索》一组文章指出文明礼仪教育表面是学礼，根子是学做人。指出在小学道德与法治教学中培养学生的文明礼仪素养旨在弘扬中华民族的优秀礼仪文化，为儿童成长为优秀公民打下坚实的基础。

康桥的论文《践礼修德当从小抓起》从家庭、学校、社会三个方面阐述了“文明礼仪教育”的重要性。

梅萍的论文《以礼养德，以礼规行》从班级管理的角度，阐述了如何开展培养学生的文明礼仪教育活动。

牟兰的《家庭学校社会礼仪教育不可缺少的三维空间》谭泽晶的《论礼仪教育与和谐社会之建构》方娟，张莉萍的《儿童礼仪之心理学分析》韩志生《浅谈小学生文明礼仪教育之策略》李涛的《中小学礼仪教育中存在的问题与对策》等论文都对文明礼仪教育的多种渠道作了阐释。

其中刘汉生发表的《当代社会青少年礼仪教育的缺失及重构》较为深入，该文强调礼仪教育是学校德育的重要内容，从不断革新德育的内容和形式的角度倡导开展青少年礼仪教育，号召学校、社会和家庭在礼仪教育中应在各自发挥积极作用的同时，相互配合，使青少年德育提升一个新的水平。

综上所述：以上关于“践礼养德”的文章大多从课程思政或班级管理、学校育人层面等德育途径阐述了文明礼仪教育的重要性、途径、渠道、策略、方法等，而从小学道德与法治课程教学角度阐述的内容较少，或者说根本没有。这就为本课题研究提供了很大的研究空间和拓展的余地。同时，关于“践礼养德”教育的内涵、教学内容的梳理，教学范式的建构、教学策略的设计、教学评价的搭建、教学资源的开发等都有你很大的研究空间。这就为后期的研究提供了很大的研究机会和研究的路径。相信通过本课题的研究能够激发儿童学习道德与法治的热情，带领学生真正开展实践体验活动，引导学生在“践礼”实践中“养德”，完善自我，发展自我，涵养德性。

2. 关于“具身德育”

具身认知创始人法国梅洛·庞蒂著《知觉现象学》认为身体也是心身统一的身体，人的认知与学习都是具身的，就是使身体与认知对象、环境发生有效的互动并达到动态平衡的过程。

盖伊．克莱斯顿著《具身认知：身体是如何影响心智》一书中它表明身体的智慧被忽略了，身体和心智是交互影响的，为个体认知外部世界提供了智能媒介。

孟万金，张冲著《具身德育：立德树人新视野》一本中，阐述具身德育的核心理念就是一种基于道德实践的道德认知过程，坚持“正心立德，劳动树人，德福人生”三个要义。“具身德育”主张“德之根在心，人之本在劳，二者合起来即立德树人的根本”。从中国儒家经典里提出的“修身”思想，修身即“修礼仪以正身”，具身德育与“大思政课”一脉相承。

王锃，张盼，岳晓东等著《儿童认知发展与具身教育》一书中专门论述了具身德育的理论，论述了具身德育的实施策略：感知觉参与、情感体验、心理模拟、动作模拟和身体参与、多感觉通道参与、遵循德育对象的成长规律等理论。

万代红著《具身认知视野下小学德法教学的探索与实践》一书中运用具身德育的理论论述了小学道德与法治教学中“身体”转向的基本特征为身心自由、身临其境和身体力行。并探究德法教学中“身体”转向的实践策略，但明显在教学操作中缺乏教学评价与学生评价的支持，有一定的局限性。

孟万金在他的五论具身德育的《具身德育：背景、内涵、创新》《具身德育：源泉、体系、模式》《具身德育：机制、精髓、课程》《具身德育：原则、课堂、课外》《具身德育：纲领、实效、评价》系列论文中提出“具身德育”的时代背景、内涵，课程体系、模式、实施机制，实施原则、纲领、实效、评价原则和方法。具身德育最大创新之处就是针对传统德育身心脱离的“离身”性，肯定了德育的“具身”性，为纠正“知行不一”德育难题指明了方向。更符合脑力劳动与体力劳动和谐发展的马克思主义关于人的全面发展学说。

杨静的《从“离身”到“具身”：学校德育的困境与转向》一文指出应树立具身德育理念，让学生的身体和生活经验回归道德教育，采用动态生成的德育方法，创设贴合学生经验与实际生活的德育情境，提高德育的实效性。

王健敏的《具身德育：立德树人背景下德育新理念与新路径》一文提出具身德育的实施路径有三个：基础路径是建构有道德感的校园生活；直接路径是让学生经历刻骨铭心的劳动实践；渗透路径是让学生在学科学习中，通过真实任务的跨学科、长周期学习来实现。

王黎涛，万春萍的《具身德育：德育实践创新的积极路径》一文指出融身于丰富多彩的校园生活，融入有声有色的校外实践，融通应知应会的课程学习，引导学生在真实具体的生活情境和生活实践中涵养德性。

苗小燕的《具身德育学习科学证据及应用》一文梳理了具身德育知情行合一观点的心理学、教育学、神经科学等证据，建议在今后德育工作中将知情行三要素作为一个整体的架构进行设计和实施。

陈天辉的《思想政治理论课具身化转向》一文运用具身认知理论视域下思政课的意蕴体现为身体主体、价值认同与行动塑造相统一。思政课应通过行动与体知，实现知识在身体间传递，在言传身教共同体引导与具体情境学习中，生成并传递个性鲜活的具身化知识，实现具身化转向。

二、文献检索与文献综述

除了认真阅读关于“践礼养德”具身德育理论的相关书籍，课题组成员于 2023 年 8 月在中国基础教育期刊全文数据库和优秀博硕论文数据库进行了相关文献检索，检索结果如下：

发表时间	检索匹配	检索词	检索结果	
			期刊论文数	博硕论文数
发表时间	检索匹配	具身德育	93	4
		践礼养德　小学道德与法治	17	0
		具身德育　小学道德与法治	16	1
		践礼养德	3	0

从检索数量看，教育研究者和一线教师对于“践礼养德”“具身德育”已经有所关注，但是对于小学道德与法治学科中的“践礼养德”“具身德育”研究关注还不够；从发表的期刊质量看，17 篇关于“小学道德与法治践礼养德”研究的论文无一篇发表在核心期刊上；16 篇关于“小学道德与法治具身德育”研究的论文主要内容都是阐述小学道德与法治教学的现状及教学策略（如：浙江师范大学王佳鹭的硕士论文《具身德育视野下的农村小学劳动教育优化研究》、王丽环在《基础教育》发表的《北京市西城区育民小学：立德润无声，树人细无痕—具身德育新理念的实践探索》等），论文内容多为经验介绍，理论思辨和建构较少。以“践礼养德”“具身德育”为理念进行小学道德与法治教学范式研究，目前尚无，亟待探究。

综上所述：实践出真知，一切道德价值的存在，都要靠道德行为来证明。“践礼养德”与“具身德育”在育人理念是相辅相成的，“实践活动育人”就必须身体参与与投入，二者都是强调躬身践行，具身体验，激情启思，促进德育知行合一的教学理念。“践礼养德”是“具身德育”重视践行的教育理念在小学道德与法治教学中的具体化实践。“践礼养德”具身德育从理论上讲更符合马克思主义关于脑力劳动与体力劳动和谐发展的人的全面发展构想，是中国特色社会主义新时代德育的新样态，非常具有研究价值。以上学者专家在“践礼养德”具身德育方面均从理论方面提出了其内涵、实施路径、课程体系的建构，而缺乏具体的德育课程实践体系的构建，这正是我们具身向度下“践礼养德”教学范式以后研究的方向。具身德育理论不仅从教学理念上给予了“践礼养德”小学道德与法治教学指明了方向，还为实际教学活动的实施提供了路径指导，因此，具身向度下“践礼养德”德育实践范式研究，更要从“践礼养德”的“具身性”“情境性”“实践性”“生成性”特点出发，注重不同学段学生的认知与心理发展规律，在教学中帮助学生在知的基础上去亲自实践道德生活的过程，实践道德生活既是道德教育的手段和途径，也是道德教育的最终目的。

第三章　践礼养德：儿童具身德育课堂的理论建构

第一节　具身向度下“践礼养德”德育教学主张的内涵与建构基础

德育的根本任务是促进人与社会的和谐发展，发展的最大目标就是人与社会的幸福。德育课程内容不仅包括道德知识和道德情感，还包括道德思维和道德践行。然而，德育课堂教学如何在润物无声中一改过去“坐而论道，一听就烦，知而不行、知行不一”的印象，变成“主动参与，乐于探究，勇于践行，知行合一”的形象，这就急需我们倡导和拥有“践礼养德”德育课堂的教学主张。因为，人的品德是其行为的总和，践礼养德是以注重行为实践为目标的品德养成教学理念，人们通过道德修养和实践能够促进人的不断完善，实现“德”与“福”（得到的）一体性，获得自我实现的幸福感。

一、“践礼养德”德育课堂教学主张内涵与建构基础

1.“践礼养德”德育课堂的内涵解读

践礼养德：“践”主要是指可观性强的学德活动，比如有意义的游戏活动、有意思的角色扮演、有目的地搜集信息、有意识地观察、有指导地调查采访、有准备地参观访问、有计划地考察研学、情境化的体验活动、小实验活动、社会公益志愿服务、生产劳动与体育竞赛等实践性活动，侧重于切身体验与亲身经历。[①]“礼”是自我约束与仁爱精神和合为一的文化，内核是仁，“仁者，爱人也”。“礼”的本质为“道”，包含礼义精神，礼仪素养和礼法规范等素养要求。道德与法治新课标要培育的核心素养包括：政治认

---

① 吉海荣．“践礼养德”教学主张的诠释与实践建构［J］．江苏教育，2024（04）：10.

同、道德修养、法治观念、健全人格和责任意识，其实都有“礼”的意蕴内涵。健全人格中的理性平和、友爱互助就是典型的“克己复礼为仁”的表现，政治认同和责任意识更是一种礼义（克己奉公）精神的表达；而道德修养需要一种礼仪素养的培育；法治观念和责任意识要有礼法精神的涵养。“养”是养成，涵养、浸润。每个人都是塑造自己的工程师，涵养是对行为品性养成的均衡把持，恰到好处的把握。涵养，不是束缚，而是解放。“德”意为德性、美德，是指人们在实践过程中正心修德，获得自我肯定、自我完善、自我发展所达到的品德修养。“践礼养德”是指小学生通过切身参与的实践性学德活动，把核心素养要求内外互化，在践行“礼”的时候就是在养德（仁），在践行“道”的过程中涵养、浸润德性，使人不断发展自我，完善自我，由小我转化为大我，构建一种德福相依的生命精神链条。（图 3-1）

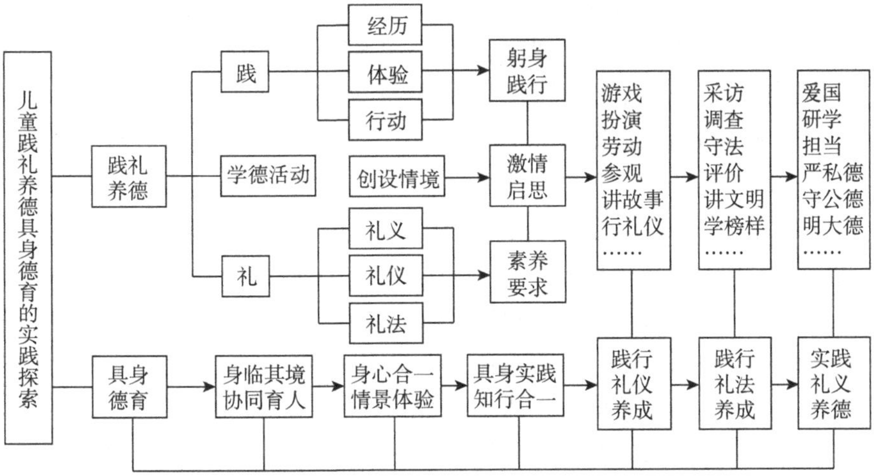

图 3-1 “践礼养德”教学主张内涵图

2. “践礼养德”德育课堂的建构基础

“践礼养德”德育教学的理论基础主要有三个方面，一是认知发展的“具身协同论”是德育自主建构的基础，二是对“学科的素养转向”的适应与提升，三是与“自我扩展”的幸福教育理念相契合。

（1）从认知发展角度看，“践礼养德”德育课堂是完成“具身协同”的道德自主建构的基础

人类的认知发展，经历了从身心二元论到身心一体论的发展演化过程。传统认知主义视身体仅仅为刺激的感受器和行为的效应器来对待，把身心割

裂开来，最终导向不彻底的唯心主义。在哲学上被称为具身认知理论最主要的哲学基础：梅洛庞蒂的知觉现象学认为，人以“体认”的方式认识世界的。[①] 身心是一体的，学习是认知主体的身体、对象与环境交织在一起的整体性实践活动。学习是基于身体的，通过学习者身体的运动与“复演”塑造知识的认知。在这里，身体在认知的塑造中被赋予了枢轴的作用和决定性意义。身体不仅参与了认知，还影响了情绪、态度、思维和判断等心智过程，而且，身体的活动影响着关于客观世界表象的形成。身体的不同造就了不同的思维和认知方式。身体的认知活动是“具身协同”的，反映到德育活动中体现为通过协同将心理、体力、脑力以及产生心理的客观现实、体力脑力劳动的情境等各相关系统有机结合起来。[②] 用身体动作发展带动品德发展的特殊作用，在双向协同中促进品德发展。“礼”规范着人的身体行为与感官经验，这种规范并不只是外显的行为塑造，实际上是一种道德意识转换成道德身体的过程，揭示出礼塑造身心的本质。[③] 映射到德育学科教学中，体现为儿童在身体参与“践礼”活动中涵养德性，促进道德自主建构；儿童在德性涵养中不断完善“践礼”活动的发展。

（2）从学科转向角度看，“践礼养德”德育课堂是学生对“学科素养转向”的适应与提升

纵观德育学科教学的内涵演替过程，我们发现，德育课程从新中国成立之初的小学政治课出现内容“政治口号化”，反映儿童社会生活的内容太少，对儿童要求过高的特点。到后来的思想品德课，虽提出了“明理、激情、导行”的教学要求，而重点还是在提高道德认识上，用说理贯穿全教学过程。再到后来的品德与生活（社会）课程，以此制定了课程标准，教学内容体现了开放性和贴近儿童生活的特点，并积极倡导围绕“知识与技能，过程与方法，情感、态度与价值观”等三维目标来实施教学，其中最为重视的是“情感、态度与价值观”中“情”与“知”的教学。而从德育教材更名为《道德与法治》并于2022年颁布了《义务教育阶段道德与法治课程标准》后，新课标明确提出了道德与法治课程的五大核心素养要求，并以学业质量要求的形式规定了德育“践行”的具体要求。课程坚持素养

---

① 叶浩生，黎晓丹．礼与身体：中国礼文化的具身认知观及其启示［J］．华中师范大学学报（人文社会科学版），2016（05）：27.

② 叶浩生，黎晓丹．礼与身体：中国礼文化的具身认知观及其启示［J］．华中师范大学学报（人文社会科学版），2016（05）：27.

③ 刘次林．自我扩展的德育［J］．华东师范大学学报（教育科学版）2000（08）：1.

导向，将课程内容与学生真实生活相融合、强化实践性，引导学生自主、合作和探究学习，在具身体验感悟中发展学生核心素养。映射到小学德育课程就是在真实情境与任务“践礼”中“涵养德性”，借助实践体验的“学德活动”中实现“践礼养德”，知行合一，完成了德育学科的核心素养转向。

（3）从德育本质角度看，“践礼养德”德育课堂是与学生“自我扩展”的幸福教育理念相契合

檀传宝认为，道德教育的本质，就是对个体在社会生活中追求其属人的精神性和精神生活的一种有意识的帮助。从社会和个人的关系角度，德育的本质在于使个人完成道德上的社会化。鲁洁教授认为德育的“享用功能”在于促进学生健康成长中体验到满足、快乐、幸福。幸福教育观认为，德育就是要把学生带进人的世界，让他学会如何处理公私关系，社会与个人的关系。[①] 要想完成人的社会化，需要自我的扩展。自我扩展即指“自我”把周遭环境中与他亲近的人或事物看做“我的”过程。我们把扩展之前的“自我”叫做“小我”，把扩展之后的“自我”叫做“大我”，自我扩展就是小我和大我不断转化演进的过程。自我扩展后的人又变成“公”的了，把“我的”利益变成“我们的”利益，因此自我扩展的人性观由于坚持“超出又不超越”的超越观，真正实现了公与私的内在统一。从这个意义上来说，修德不是为了别人，而是为了自己。德育不是灭私，而是肯定私又超越私。德育的过程就是鼓励学生将非我的对象纳入小我之中，以实现自我的扩展。爱是学生扩展自我的情感动力，没有爱，尽管反复灌输和说教，个体不会扩展自己。在自我之内，为了整体的利益，舍弃个人的利益。[②] 此时的我舍弃了小我，成就了大我，获得了自我实现的过程也获得幸福感。因此，德行不是自我牺牲，而是自我实现。那么，人如何由小我转化为大我呢？礼是通过“仁”，也就是通过仁爱由内而外，由近及远，爱人首先是爱亲人，以此为出发点，经过中间若干环节，人们最终可以爱相隔万里、素不相识的人。人们通过一系列的行为实现自我的扩展：乐于助人、与人为善、关爱集体、关爱家人、尊敬老师、友爱同学、爱护公物、遵守公德、解危济困、见义勇为、热爱祖国、胸怀天下……映射到小学德育教学中，学生正是在这一个个“践礼”的行为中由从小我转化大我，达到自我实现“（涵）养（仁）德”的幸福感，完成人的社会化过程。

---

① 刘次林．自我扩展的德育［J］．华东师范大学学报（教育科学版），2000（08）：1.
② 刘次林．自我扩展的德育［J］．华东师范大学学报（教育科学版），2000（08）：15.

第二节 具身向度下“践礼养德”德育教学主张的本质探究

在具身认知理念下的“践礼养德”德育教学主张的本质是什么呢？我们不妨从人类大脑的功能、进化，从神经学的角度一探究竟。

一、人的行为和内心活动是一体的

传统神经学认为，人类感知过程、认知加工和行为反应是三个独立的单位，三者之间存在因果互动，但是其功能是独立的，他们认为身体和心理是相互独立的二元。具身认知学派认为身心是一体的，意大利科学家贾科莫·里佐拉蒂等人通过电生理和脑成像技术，研究发现人类大脑额下回前部和运动前皮层、顶下小叶后部具有镜像神经功能。不论是自己做出动作，还是看到别人做出同样的动作，大脑中的镜像神经元都会被激活，这一研究印证了具身认知强调的是知觉和动作从运作上讲是彼此交织在一起的观点。镜像神经元的发现为认知的具身性提供了神经生物学的证据。比如，人们常说的“身临其境”“切身体会”，从道德践行的角度，证实了“践礼养德”德育的本质特征。在大脑皮层上，镜像神经系统与大脑的“边缘系统”是相连的。边缘系统（情绪脑）是与产生情感及记忆紧密相关的区域。当人经历某种情绪，或者看到别人表现出这种情绪时，他们脑岛中的镜像神经元都会活跃起来。镜像神经元把他人的情绪表现与自己的内在体验进行匹配，从而达到了解他人情感体验的目的。比如人们常说的“设身处地”“感同身受”，也为“践礼养德”德育实施获得了情感支持的依据。人类的镜像神经系统给个体编码他人的行为意愿、情绪体验提供了便利，让个体感觉这些意愿和体验似乎是自己的，消除了自己和他人之间存在的那种心理隔离。① 使道德行为的实施，道德情感的激发，社会沟通变成现实。

二、根据脑科学研究成果正确认识“践礼养德”

从大脑进化的阶段性道德取向“里程碑”可以揭示出“知行合一”的神经科学依据。美国神经学专家保罗·麦克里恩提出，人类颅腔内的脑有三个：爬行动物脑、情绪脑和理性脑，按照出现的顺序，依次覆盖在已有的脑

① 叶浩生．镜像神经元：认知具身性的神经生物学证据［J］．心理学探新，2012（02）：1.

层之上，共同构成完整的人类大脑。“人脑的三位一体”，每一段进化历程都在人脑内刻下时光记忆，蕴藏着道德的内心密码。爬行动物脑负责处理身体活动和最原始的身体生理反应等，在知情行“三位一体”品德心理结构中，它更偏重“行”。情绪脑所包括的下丘脑、海马体以及杏仁核，主管人的情绪情感，在知情行“三位一体”品德心理结构中，它更偏重“情”。理性脑包括额叶、顶叶等脑区，在知情行“三位一体”品德心理结构中，它更偏重“知”。上述“三重脑理论”提供了人类脑进化过程中由行到情再到知的演进过程，揭示了道德发生发展的三大核心要素——“行—情—知”的发展过程。传统德育观之所以对“知行不一”束手无策，主要是停留在当前人脑的最高水平理性脑阶段来认识问题，而忽视了依然发挥重大作用的爬行动物脑和情绪脑的道德功能。[①] 人的脑皮质分为左右半球，即左右脑。脑科学研究证明，左右脑分工不同，如果左右脑协同互动，效果会“1 + 1 ≥5”（左脑加右脑学习效率会提高 5 倍以上）。[②] “践礼养德”德育课堂即是充分发挥爬行脑和情绪脑的功能，促进脑的三位一体，通过激活右脑实现左右脑互动，让学生在活动中通过直接接触情境、亲身体验获得直接感知来让德育课堂生动活泼，轻负高质，最大限度发挥德育的最大效能。

第三节　具身向度下“践礼养德”德育课堂的价值探寻与教学原则

一、具身向度下“践礼养德”德育课堂的价值探寻

具身向度下“践礼养德”道德与法治教学，不仅在育人价值上有其独特的作用，在教学价值和学科价值中也有不可估量的意义。

1. 育人价值：从“坐而论道”走向“做而得道”

传统德育往往注重说教，是师生“脖子以上”的“坐而论道”。具身向度下“践礼养德”德育教学是以“做”为支架的活动方式，唤醒“身体发现”，实现教育的“身体回归”。从身体出发，通过身体力行、实践体验、激情启思等方式进行教学，促进身体与道德认知的有效联结，从而重建身体与教学的教育关联，进而实现身心的和谐发展。中国文化就是礼的文化，德育的终极目标是促进儿童由自然人到社会人的不断成长，这种成长需要儿童

---

① 孟万金，张冲．具身德育：立德树人新视野［M］．济南：山东人民出版，2019：45.

② 孟万金，张冲．具身德育：立德树人新视野［M］．济南：山东人民出版，2019：45.

身心合一，知行合一地参与。儿童在身心参与的学德过程中学会发现问题、分析问题和解决问题，在“践礼”中“养德”，给儿童带来成长，从而实现由“要我学德”到“需要学德”的嬗变。

2. 教学价值：从“浅尝辄止”走向“深度探究”

道德与法治学业质量标准通过描述学生学习课程后的具体表现的关键特征，反映课程目标和课程内容的达成度，即：在什么情境条件下，学生能够做什么，完成什么，表现出什么核心素养。“践礼养德”的道德与法治课堂，是在问题情境的导引下，学生开展学德活动，通过调查、采访、角色扮演、体验活动、榜样引领等实践活动，在思维、情感参与下进行的一种道德自主建构的过程。这些活动体现了学生主动探索的经历，比“师讲生听”这种浅尝辄止的学习模式更加丰富和深入。学生在“践礼”的过程中，道德认知不仅需要经历与探索，而且需要不断地更新和完善。儿童身体通过亲身实践、体验，亲临教学发生的现场，参与道德知情意行的深度探究过程，体现了教学的情境性、实践性、具身性和探究性特点，实现由“践礼”到“养德”，由“身”到“心”的发展路径。

3. 学科价值：从“品德知识”走向“核心素养”

具身认知下的“践礼养德”道德与法治学科教学不再是着眼于道德知识掌握了多少，而是着眼于核心素养的培育。由于核心素养不能直接观测，只能直接观测核心素养的行为表现，而是以学业质量标准由学科知识转变为真实情境下的行为表现。“践礼”是“养德”的原点和途径，“养德”是“践礼”的着力点和目标。道德与法治课程要培养的五大核心素养要求，在小学阶段需要通过具体化实践活动，在现实生活与具体情境中展开。学生在探究学“党史”的实践活动中才能实培育爱党爱国的政治认同。学生在践行文明礼仪的行为实践中构建守公德、严私德的道德素养；学生在知法学法和用法的活动中才能健全法治观念；健全的人格和责任意识的培育需要参与家庭劳动、构建有道德的校园生活，参与社会活动，通过真实任务的跨学科、长周期学习来实现。在这一系列的培育活动中，学生不断发展和提高关键能力，树立正确价值观，逐渐养成必备品格，从而实现核心素养的培育。

二、“践礼养德”德育课堂的教学原则

1. 具身浸润原则

“人与道德教育最直接、最自然的接触方式就是用身体感官去接触、凝视、言说道德，通过身体与世界打交道，获得对外部世界的刺激，进而形成

关于道德的感觉和体验。”[①] 学生品德的形成是其在身体实践中积久熏染，逐渐渗透内化而成。行为习惯的养成不是一朝一夕就可以促就，是在儿童的最近发展区创设情境，在游戏化、角色扮演中开展“践礼”活动，具身体验和行为实践中促进学生浸润式的道德自主建构。

2. 情境体验原则

身体力行离不开情境，道德行为和德育也都是在特定的情境中发生。情境不同，所产生的学习方式不同，其学习结果和效果也不同。情境分为真实情境和虚拟情境。在“践礼养德”的课堂中适宜创设真实情境、当事人情境和生活情境可以促进儿童身体直接卷入，因其自然和真实的特点，对儿童会触景生情，可以直接产生“养德”替代强化作用。德育课堂中如果创设的是虚拟情境，应尽可能选择与生活真实接近的、尽可能促成当事人体验共鸣的情境，从而提高知行合一的实效性。[②]

3. 激情启思原则

道德情感是道德认知转向道德行为之间的桥梁，通过一定的实践体验活动激发正向的道德情感可以促进儿童由“知”到“行”。激情是为了促进“践礼”行动实施，反之，“践礼”又可进一步强化儿童的道德情感。道德认知中思维判断的提升起到了至关重要的作用，创设情境或借助案例组织学生开展道德两难讨论、换位思考讨论、议题式等学习方式，使同学间相互讨论与交流，思想碰撞，产生一种探究欲望，在寻求新的认知平衡的过程中，提升儿童道德思维的深刻性与批判性，促进道德认知的内外互化，这又是“养德”的过程。

4. 生活探究原则

生活是德育的原点和基点。德育是儿童在教师指导下真实体验生活、主动参与生活、创造生活的过程。教师以儿童生活中的需要和问题为出发点，鼓励儿童开展互动体验学习，在参与广阔的社会生活的活动中“践礼”探究，什么行为是合适的，什么行为是不合适的，不仅知其然还应知其所以然。在不同的生活情境中，走进家庭、社会、深入生活实际如何践行，用正确的价值观引导儿童在生活中发展、在发展中生活，帮助学生学会自主探索、分析判断、合作交流，又能培养学生的探究能力，提升核心素养。

---

① 杨静．从“离身”到“具身”：学校德育的困境与转向［J］．教育探索，2021（01）：25.

② 孟万金．具身德育：原则、课堂、课外——四论新时代具身德育［J］．中国德育，2019（03）：8.

5. 实践内化原则

德育课堂中为了实现学生的社会化发展，这就必须参加社会实践。有的是课堂之内的实践，有的是课前课后的延伸践行，这都是活动“践礼”的过程。而活动后获得的直接经验、反思与感悟、反馈与行动、调查采访研究报告等一系列语言文字，以及增强的实践能力，发展的关键能力，增强的社会责任感等是内化的过程，也是“养德”的过程。只有通过亲身的社会实践，亲力亲为，学生才能真正地获得生活的智慧，从而获得新的实践经验，成为一个真正的具有社会意义和社会价值的有用人才。①

第四节 具身向度下“践礼养德”德育教学范式与实践路径

一、“践礼养德”德育课堂教学的教学范式

“践礼养德”德育课堂教学需要在教育者的不断尝试、实践、反思与改进中逐步建构。利用思政教学文本，依据新课标内容和素养要求，根据学生的初始行为及特征，制订教学目标，设置以问题为导向的具身任务，创设情境体验引发道德冲突，在互动合作探究中激情启思，不断调整教学策略，开发教学资源，利用支架助学开展教学与评价活动，促进道德规范的内外互化，构建家、校、社一体化育人机制，借助持续性多维评价，引导学生在生活中拓展践行，涵养德性，培育学生的核心素养。

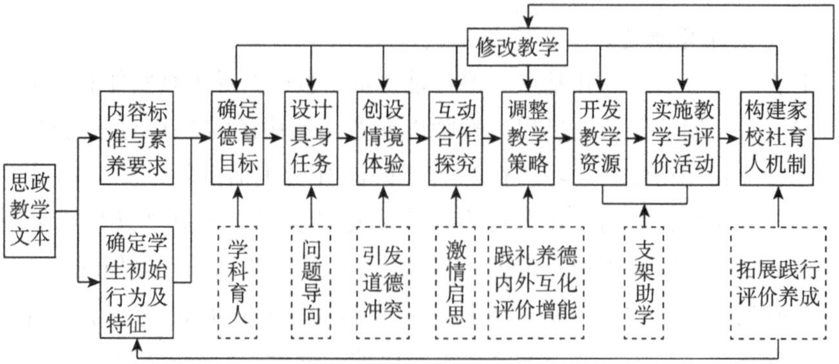

图 3-2 “践礼养德”德育课堂教学范式图

① 孟万金．具身德育：原则、课堂、课外——四论新时代具身德育［J］．中国德育，2019（03）：8.

具身理念下“践礼养德”道德与法治课堂范式包含理论研究与实践探索两个方面。理论上，试图探寻“践礼”与“养德”在融合、转化和共促方面的表现形式与共生机制，及其实施原则和教学范式。实践上，通过课堂观察与典型课例分析，着力探索道德与法治学习活动中“践礼”与“养德”互为表里，同向共促，协同发展的路径。教学实践中需要在教学环节的研讨与改进、范式与模型、评估与策略三个方面加以谋划，以促进教师教学水平的专业发展。学生学习层面，要注重实践活动的情境体验、情感激发、思辨表达和评价践行。以此，建构具身理念下的“践礼养德”德育课堂教学范式与模型。

二、“践礼养德”德育课堂的实践路径探索

现实中，我们德育的最大问题之一就是，不论什么内容、也不顾德育活动指向，预期达成什么目标，机械套用“行—知—情”统一的教学模式，一刀切，效果低下。“践礼养德”德育课堂是针对不同的道德内容、任务和环境，选取不同的突破口和科学路径。

1. 践行规范养行：“行—知—情”类在具身浸润中知行合一践礼养德

针对日常行为规范、行为习惯、安全、学习、劳动、法纪等礼法规范性质的内容，重在引导为什么做，怎样做。只要是按规则执行，重在不出过失不出差错。这种范畴的德育主要是法治观念、道德修养等自我保护主义道德取向为主，匹配的模式最好是从“行”入手，并统领“情”“知”。[①] 比如，过马路遵守交通规则，排好队不许插队，上学不要迟到、打扫卫生要干干净净等，通过行为训练，重复养成习惯，否则就要受到处罚。为了避免惩罚，不去冒险，学生在言行中采取自我保护主义道德取向。例如教材中《大家排好队》《安全记心上》《网络新世界》《建立良好的公共秩序》《公民意味着什么》《知法守法依法维权》《我们不乱扔》《大家小点声》等一类课例。适合用角色扮演、游戏化、故事讲述、案例导学等具身浸润式学习范式进行，实施模式为“行—知—情”。

例如在教学统编德法教材二年级《大家排好队》一课，教师创设了带领学生去游乐中心玩、排队上公交、排队上下电梯、排队玩等一系列真实情境，贯穿整个课堂。在诸多情境中，学生在一系列排队“行为”的具身沉浸式演练活动中开始，在真实的排队实践中感悟并获得了一系列排队方法的

---

① 孟万金，张冲．具身德育：立德树人新视野［M］．济南：山东人民出版社，2019：182.

“知”，从中感受到了一些和谐的和不和谐的情感和情绪体验，有效实现“情”的激发，浸润了“还是排队好”“排队要守规则，懂礼让”的美德。“懂礼让”的本质是有爱心，通过“爱”，儿童实现了自我的扩展，获得了“守规则、懂礼让”使生活更文明、更和谐、更美好的幸福感。在以上“践礼”活动中，学生的动作思维，道德思维和逻辑思维实现了合理地对接和转换，在礼法养行中促进了知行合一。（见图 3–3）

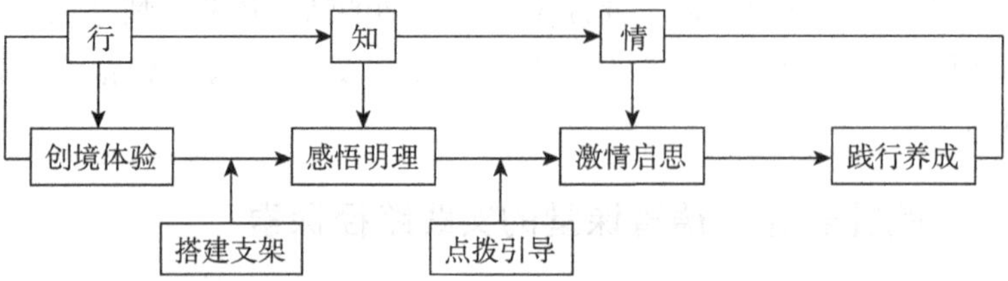

图 3–3 践礼养德“行—知—情”类教学模型图

2. 践行礼仪养成：“情—知—行”类在情境体验中身心合一践礼养德

针对人际互动，社会交往等性质的德育内容，重在体验人与人之间的感情交流，心灵互动等礼仪待人方式。重在激发情感，学会如何做人，如何相处这种范畴的德育，主要是健全人格、道德修养、责任意识等社会参与道德取向为主导，匹配模式最好从“情”入手，并统领“知”“行”。[①] 比如，友好合作、团结同学、助人为乐、诚实友善、感恩敬老等，不能停留在口头上和认识上，要在实际与人互动中，与人相处、与人打交道中体验心灵的震撼、感情的温度、喜悦的力量。例如教材中《我们的好朋友》《当冲突发生》《同学相伴》《学会尊重》《少让父母为我操心》《读懂彼此的心》《做个“开心果”》《说话要算数》《我很诚实》《大家一起来合作》《家人的爱》《可亲可敬的家乡人》《我爱我们班》等一类课例。适合用情境体验、思维导图、议题式等体验式学习范式，实施模式为“情—知—行”。

例如在教学统编德法教材四年级《当冲突发生》一课，开始创设“冲突”情境，体验激发情感。先感受正面的和谐愉快的情感体验，然后在情境表演中感受生活中难免会出现的一些小冲突，感受不和谐的情感体验，形成了“情”的失衡。再分小组扮演情景剧，探寻发生冲突的原因是什么，丰富了道德认知。在情境体验角色表演中寻找解决冲突的方法，尤其是换位思考的方法，只有学生走到对方的视角来看待冲突和矛盾，才会发现这些冲

① 孟万金，张冲．具身德育：立德树人新视野［M］．济南：山东人民出版社，2019：183.

突是正常的。"换位思考"的本质就是自我的扩展。学生在"体验演练"中换位思考才能找解决冲突的方法，实现了"行"的改变和提升。延伸到课外实践中不管是助人还是自助，都是在"践礼"中"养德"，"情"又重新获得了平衡。在以上情境体验活动中，学生是身心一体的，学生的道德情感与道德认知和道德行为实现有效的链接。(见图 3-4)

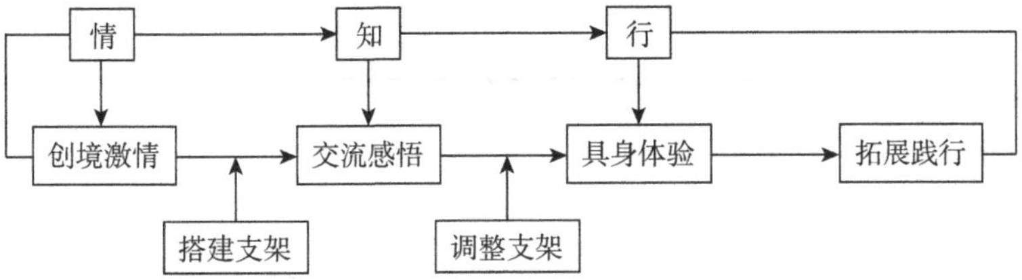

图 3-4　践礼养德"情—知—行"类教学模型图

3. 实践礼义养德："知—行—情"类在身临其境中合作探究践礼养德

针对理想信念、价值观、人生观、世界观、真善美等体现礼义精神的德育内容，主要靠高级思维活动，重点在行动中建构认知，激发情感，坚定信念。这种范畴的德育主要是以政治认同、责任意识等道德素养为主导。匹配的模式最好是从"知"入手，并统领"情""行"。① 比如热爱中国共产党，愿意跟党走的信仰教育，要从认识共产党好在哪里，给人们带来了什么等认知发现中，塑造爱党信心和热爱党的情怀，还包括坚定的信念和积极的行动。例如教材中《日益重要的国际组织》《富起来到强起来》《中国有了共产党》《我们爱和平》《不甘屈辱奋勇抗争》《传统美德源远流长》《我们神圣的国土》《探访古代文明》等一类课例。课前要通过一系列身临其境的实践探究活动深化认知，课上汇报激发情感，坚定信念，拓展践行。此类教学内容适合用案例导学、议题式和项目化等学习范式，实施模式为"知—行—情"。

例如在教学德法五年级《富起来到强起来》一课，为了树立爱党爱国的政治认同以及复兴民族大任的责任意识，要从党的改革开放史认知研究入手。课前深入查阅资料了解党的改革开放史，开展"祖孙三代比童年"活动，寻访家乡改革创新力度大的厂矿企业，开发家庭与社会资源促进家校社育人一体化。学生在合作探究"践礼"中对改革开放史的"知"才有了深刻印象。在实际德育活动中，"知—行—情"的教学过程不可能只是一个轮回的迭代，而是不断循环螺旋上升的过程。在本课"知"这一环节，

① 孟万金，张冲．具身德育：立德树人新视野［M］．济南：山东人民出版社，2019：183.

运用问题任务驱动的方式把道德知识问题化，不仅充分发挥了学生的主体作用，也为下面学生合作展示汇报奠定基础，而且有助于提高学生学习积极性和探究意识，提高解决问题的能力，更有助于形成核心素养。学生在合作展示中表现内容的丰富性和形式的多样化，涵养了爱党爱国的“大德”。情感得到充分的激发，随着评价的贯穿始终而得到检验，由此真正实现了教—学—评育人一体化。此类课型教学体现了学生本体、知识本质、探究本性的有机统一。（见图 3–5）

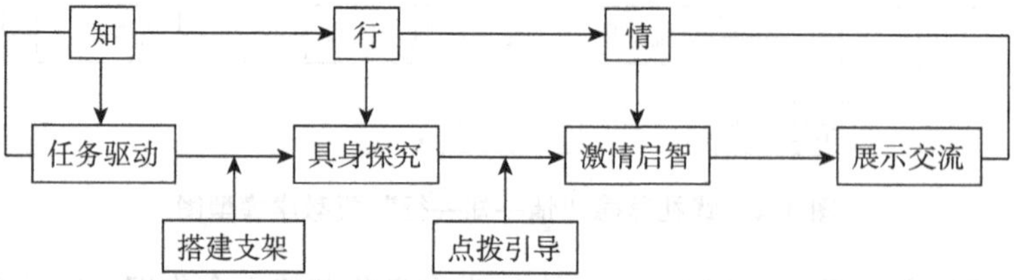

图 3–5　践礼养德“知—行—情”类教学模型图

亚里士多德有句名言：“行道德之事，享幸福之源。”作为知识的道德可能会被遗忘，而通过“践礼养德”所形成与积淀的礼义精神、道德思想、礼仪行为与探究方法等将持久地发挥作用，使学生终身受益。“践礼养德”德育教学理念的提出，是德育教学中学生主体意识的觉醒，是德育学科本质的回归，是道德素养与关键能力的指向。“践礼养德”是生态的，在“践礼养德”的教与学上，动作思维、道德思维与逻辑思维将实现合理地对接与转换；“践礼养德”是和谐的，在“践礼养德”的课堂上，学生本体、知识本质、探究本性将得到有机统一；“践礼养德”是生动的，在“践礼养德”的教学中，德育的实践性、综合性、体验性等将得到有效彰显；“践礼养德”又是幸福的，追寻至真、至善、至美，是一种道德与幸福（得到）的和谐共生，是一种德育教学的本真返璞。

第五节　具身向度下“践礼养德”德育的教学策略

一、具身向度下“践礼养德”德育的教学策略

“践礼养德”道德与法治教学在新课标教学理念的指引下，开展多元化教学，引导学生具身体验，激情启思，设计“校家社”一体化教学评价，促进学生道德素养的提升。

1. 创设多样化情境与开展多元化教学

德育离不开情境，创设贴近学生生活实际的教学情境，让学生在具体情境中体验道德情感，增强道德认知。通过角色扮演、模拟游戏、实践体验、案例分析、项目化等多元化教学，学生在实践中感受道德的力量，形成正确的道德观念。教师应创设多元化的学习资源，满足不同学生的学习需求和兴趣。努力创设积极的课堂氛围，让学生在轻松愉快的环境中学习。确保实践活动安全有序，尊重每位学生的参与意愿。

2. 教师点拨助学与引导具身实践活动

教师发挥点拨助学作用，引导鼓励学生参与各种实践活动，如参观访问、现场观摩、志愿服务、生产劳动、研学旅行等活动，增进学生对国情、社情、民情的了解，学生在实践中磨炼道德意志，扩展自己的视野，提升自己的能力，在社会实践中学以致用，促进知行合一。注重引导学生从多角度思考问题，避免单一的道德判断。并进行定期追踪评估，以便及时了解学生的学习进度和问题，调整教学策略。

3. 提升道德高阶思维与情感价值引领

通过议题式、思维导图式教学培育学生的道德高阶思维，促进儿童道德认知的智慧建构。加强情感体验与价值引领，通过情感共鸣来激发学生的道德情感，利用正面的情感体验来促进学生道德践行，达到启智增慧，培根铸魂。强调反思的重要性，鼓励学生在日常生活中养成良好的行为习惯。注重培养学生的道德品质和社会责任感，让他们成为有理想、有本领、有担当的时代新人。

4. 设计多维度评价与校家社育人一体化

道德与法治新课标教学评价理念指出，一方面从教师角度提出的“教—学—导—评”四位一体化评价，另一方面基于学生角度提出“教—学—做—评”四位一体评价，开展课堂活动评价、学期评价、档案袋等多种形式评价，以及家长、教师、学生、社会等多主体评价，加强学校与家庭、社区之间的合作与联动，共同营造良好的德育环境，学生在家庭和社会中得到良好的道德教育和实践机会，由此实现“践礼养德”。

第四章　践礼养德：儿童具身德育教学内容寻绎

礼仪素养是学生品德修养教育的关键所在。统编小学《道德与法治》里关于儿童礼仪素养教育的内容呈现出细致化、操作化、针对性强的特点。我们在道德与法治教材中寻找礼仪素养教育的因素，把儿童的自我修养礼仪、家庭生活礼仪和社会公共场所礼仪培养到位，对于促进儿童从成长、成熟到成人有着不可估量的作用。

第一节　自我修养礼仪：在尊重、沟通、宽容中促进儿童成长

荀子说："国无礼而不宁，事无礼而不成，人无礼而不生。"小学阶段是儿童自我修养礼仪培养的关键时期，培养儿童做一个文明人，不仅是践行社会主义核心价值观的重要内容，也是为儿童的一生成长奠基。让他们养成尊重自己和别人，学会沟通交流，培养宽容大度之气，才能在继承和发扬中华优秀传统美德过程中，成为优秀的小公民。翻开统编小学《道德与法治》教材，关于儿童自我修养礼仪的教育内容特别多。从低年级教材一上的《拉拉手交朋友》《老师，您好！》《课间十分钟》《上课了，好好学》，一下的《我们爱整洁》《我们有精神》《我想和你们一起玩》《大家一起来合作》；到中年级教材三下的《我很诚实》，四下的《我们的好朋友》《说话要算数》《当冲突发生时》；再到高年级教材五上的《学会沟通交流》；六下的《学会尊重》《学会宽容》等课文，教材从低到高，螺旋上升式地给儿童自我修养礼仪安排了阶梯化的培养教育体系。老师要能解读好教材中儿童自我修养礼仪的内容，才能让教材更好地服务儿童品德成长。

一、学会尊重自己和他人

朱熹说："自敬，则人敬之，自慢，则人慢之。"[①] 礼仪最基本的原则就是尊重，尊重自己和他人是儿童自我修养礼仪最重要的核心要素。尊重自己要从维护自己的形象开始，首先要从儿童的仪表礼仪进行引导。统编小学《道德与法治》一下教材的《我们爱整洁》《我们有精神》两课就从儿童的仪表礼仪开始细致指导：洗脸时要记得洗眼角和脖子，照镜子整理衣领子，会系红领巾，会整理桌面和书包，坐立走有精神，精神面貌好等方面来引导儿童维护自己的形象；教材还用绘本的形式引导儿童，爱整洁的孩子才能受到大家的欢迎；坐立走行姿势好，有精神不骄傲才能得到大家的赞赏。这不仅仅是在维护自己形象，也是形成良好生活习惯的开始。其次，尊重自己要爱惜自己的名誉，信守自己的承诺。比如中年级教材三下的《我很诚实》，四下的《说话要算数》就对儿童的诚信品德进行引导。《说话要算数》一课就开宗明义地指出：说话算数是一个人重要的品质，说话不算数不仅会对别人造成伤害，也会对自己造成伤害。通过去帮一帮那些说话做不到的人学会控制自己，提醒自己忘记，事先告知等行为，逐渐养成说到做到的好习惯。教材对儿童诚信品质的引导可谓用心良苦，细心周到，不得不说这是一本儿童实用性极强的成长手册。

尊重他人也是一个人文明素养的体现，是儿童自我修养礼仪的重要部分。首先，尊重他人体现在语言文明上。儿童要学会使用礼貌用语，文质彬彬然后有礼也。低年级教材一上的《拉拉手交朋友》《老师，您好！》《上课了，好好学》这几课体现在与老师、同学相处的礼仪。课堂上抢着大声说什么听不清，要发言先举手，别人发言要倾听。见到老师同学问个好，学会使用"请""你好""对不起"等文明用语。在教材中都通过创设情境的方式进行了引导。其次，尊重他人更应该落实在行动上。与人交往时谦虚有礼，平等友善都是尊重他人的体现。一上的《课间十分钟》，一下的《我想和你们一起玩》《大家一起来合作》等几课，从课间做文明游戏，交朋友过程中有礼貌，无意打扰了别人要及时道歉。课堂上师生问好，行鞠躬礼。上课时认真听讲，积极举手发言，这既是一种尊重他人的表现，也是良好学习习惯的养成。再次，尊重他人还表现在能够维护他人自尊心，推己及人，让别人觉得舒服。六下教材《学会尊重》一课，通过《小小的善》这一故事

---

① 孔凡青．朱熹家礼制度伦理研究［M］北京：人民出版社，2019：35.

引导儿童怎样尊重他人自尊心。并说明宪法明确规定，公民的人格尊严不受侵犯。由此看来，尊重他人既是道德要求，也是法律要求。如果教师好好利用《道德与法治》教材引导儿童去尊重自己和他人，不仅可以赢得他人的尊重，还能形成良好的自我修养礼仪。

二、学会沟通和宽容

由于生活环境的不同，每个人的生活方式、行为习惯和对待问题的看法就会有差异，这些差异使得学生在学校与老师、同学相处过程中常常会发生这样或那样的冲突和矛盾。那么学会沟通和交流就显得非常重要，选择何种沟通和交流的方式方法是体现一个人文明礼仪修养的重要表现。在统编《道德与法治》教材中四下的《当冲突发生时》和五上的《学会沟通交流》以及六下的《学会宽容》这几课就对儿童的沟通交流礼仪做了很好的指导。

教材《当冲突发生时》一课先从儿童身边经常发生的冲突情景中寻找发生冲突的原因，然后列举解决冲突的诸多方法，引导儿童在探究中选择出一种既能避免冲突发生又不让自己委屈的合适办法，体现了儿童学习主动性又进行了辩证道德思维的训练。接着指出冲突并不可怕，并指导化解冲突的系列具体办法：从控制情绪——交换意见——换位思考——商议办法——请人调解等五步冲突化解法。行为指导不仅细致到位，而且礼仪操作性强。在《学会沟通和交流》一课中提出了沟通应有的心态——真诚坦率；要做到真诚坦率还需要换位思考三部曲：稳定情绪——冷静思考——寻找合理点。在此基础上引导“沟通会表达”“倾听有耐心”的方法，教材从情绪调理、语言表达、礼貌回应等多角度充满了人性化的引导，体现了沟通礼仪教育的实操性和针对性。我们老师在教学中可以从儿童的生活中选取一个情景，通过分小组运用五步调解法模拟表演等形式达到实践运用，儿童实实在在地对交往礼仪掌握。

当人与人之间的差异引发的矛盾和冲突没法调和时，就需要有一种宽容的态度来对待。六下《学会宽容》一课是对四五年级礼仪教育的进一步提升。教材带领儿童走进“静心泉”“包容镜”“礼让亭”感受宽容给人们生活带来了和谐与健康；请啄木鸟医生走进“计较城”人的心中找出三条小虫子：心中有怒气——想要报复对方——不愿原谅对方。通过换位思考发现，“以牙还牙”解决冲突的方式可能会造成更大的冲突，得到了“学会原谅他人，其实也是原谅可能犯错的自己”这一重要启示。当然对待冒犯人格和尊严的行为是不能宽容的，这就给宽容做了底线的标识。统编《道德与法治》教材对儿童的礼仪教育既形象生动，又从儿童的心理情绪、交流方法、礼仪指导以及法律告知多方面做了细致入微的指导，称得上贴心的人际交往礼仪指导课。儿童只有在享有真性情、真心情、才能够行真礼，在礼仪交往中逐渐养成内在的德性。[①]

第二节　家庭生活礼仪：在关心、参与、担当中促进儿童成熟

家庭是儿童放松身心的地方，同时也是礼仪教育的原生地。家庭中讲礼仪，才能造就良好的家庭氛围，使人感受到家庭的幸福和温馨。家庭礼仪的关键是关心，关爱。对于儿童来说接受爱很容易，感受爱的能力还很有限。这就需要儿童学会去爱别人，只有在参与中体会，在参与中学会担当，才能逐渐感受到父母的爱。统编小学《道德与法治》教材，关于儿童家庭生活礼仪的教育内容低年级比高年级相对多一些。如低年级教材一上的《吃饭有讲究》《早睡早起》一下的《让我自己来整理》《干点家务活》，到中年级教材三上的《父母多爱我》《爸爸妈妈在我心中》四上的《少让父母为我操心》《这些事我来做》《我的家庭贡献与责任》；再到高年级教材的五下《读懂彼此的心》《让我们的家更美好》《弘扬优秀家风》等课。都在循序渐进地教育孩子家庭中的礼仪素养，都在强调儿童在参与中感受父母的爱，学会去关心家人。

一、关心家人更有爱

儿童的家庭礼仪素养体现在学会关心家人。家庭中亲密关系相处之间的礼仪，按照“礼仁合一”的理念，亲密关系采用关切爱的道德，把握适度就是礼。比如《道德与法治》一下《家人的爱》一课第三个板块，出现了《弟子规》的礼仪要求“出必告反必面”，这个板块的话题是：“让家人感受到我的爱。”这个家庭礼仪的德育目标定位很准，要孩子出门前要和家人具体告知你的去向，并且能告知具体时间为宜，不要让大人着急；回来了要及时向父母告知，这是亲子之间最起码的礼仪。奶奶一个人很孤单，孩子陪着奶奶说说话，聊聊天，捶捶背等；看到爸爸妈妈在忙，我放下手中的事情去帮助爸妈。记住家人的生日，给他们带来惊喜等等，都是在关心家人中表达

---

① 黄正平．文明礼仪教育：为学生成长奠基［J］．人民教育，2011（18）：24-27.

自己的爱。再如，一上《吃饭有讲究》就是对儿童餐饮礼仪的培养，吃饭老人先上桌，体现了尊老和爱老。吃饭时摆碗筷，不乱翻盘中的菜，体现了心中有他人的敬人理念。四上《少让父母为我操心》让孩子了解体谅父母的辛劳，管理好自己，用自己的行动体贴父母，引导学生体谅父母的辛劳，激发感恩父母的意识和情感，在实际行动中去体现关心家人。

二、参与家务有担当

道德是实践性的，礼仪教育也是实践性的。家庭礼仪素养的培养只有儿童在家庭参与中才能逐渐养成习惯。《道德与法治》教材中在礼仪教育就多处有层次地安排了家务劳动，在儿童参与劳动中学会担当，当然还要指导安全知识，做家务要量力而行。如《道德与法治》二上的《干点家务活》，教材不仅指导儿童学会干家务活，更重要的是引导儿童为什么要做家务活，从责任担当的角度，说明了承担家庭劳动是作为家庭一员的重要责任。教材中还提示了罗列干家务的时间、事项、家务时间表，表明做家务要持之以恒，长期坚持做家务付出对家庭的爱。四上《这些事我来做》《我的家庭贡献与责任》等课文，就引导孩子明白家庭的幸福需要每个人作出贡献，作为孩子，我们不仅相互关心支持，遇到事情，还要学会动脑筋，坚持负责到底。如，家庭任务单：照料金鱼责任单，如何让父母和好，如何照顾离家远的外婆等话题。像“有客来我家”活动，实践待客的礼仪，儿童在家庭礼仪实践活动中体验着一份担当，培养了儿童以礼待人的能力，才能在家庭礼仪行动中逐渐成熟起来。

第三节 社会公共礼仪：在守规、礼让、维护中促进儿童成人

马克思说过，人是一切社会关系的总和。每一个人都生活于社会中，在社会公共场所讲礼仪是尊重社会的表现。对儿童进行社会礼仪的培养是促进儿童从自然人到社会人的有效方法。在统编小学《道德与法治》教材中，关于公共场所礼仪的教育内容低年级比高年级内容更多更细致一些。如低年级教材一上的《上学路上》，一下的《花儿草儿真美丽》《可爱的动物》《谢谢你大自然》；二上的《这些是大家的》《我们不乱扔》《大家排好队》《我们小点声》，二下的《空气清新是个宝》《我是一张纸》《我是环保小搭档》；到中年级教材三上的《心中的110》，三下的《大家的朋友》，四上的

《我们所了解的环境污染》《变废为宝有妙招》《低碳生活每一天》；再到高年级教材的五下《我们的公共生活》《建立良好的公共秩序》《我参与 我奉献》等课，从培养小公民的意识开始，教材对公共场所礼仪作了深入浅出的诠释，促进儿童在学会共建中实现共享。

一、遵守规则懂礼让

儿童要成为合格的小公民，公共场所礼仪首先要遵守规则讲究公德；其次要学会礼让维护秩序；再次，要保护环境维护公共利益；最后要爱国守法。遵守规则是最低要求，懂得礼让是道德高要求，两者结合相辅相成。在《道德与法治》教材一上《上学路上》展示了不同儿童上学路上可能遇到的危险和障碍引导儿童了解礼仪认知，交通信号要知道，通过角色扮演“我是小交警活动”，同时渗透安全教育，这就是行走之礼。引导儿童体会在上学路上，有多少人为了我的安全保驾护航，在他们身上体现了社会的温暖与关爱。二下《大家排好队》不仅指导了排队的方法等文明礼仪知识，还渗透了文明礼仪情感，引导儿童明白，排队是一种文明的表现，讲礼仪可以带来安全。同时提出生活中的德性要求：尊老爱幼、紧急情况等特殊情况，我们也要给予帮助和谦让。通过情感的引导，我们就很能理解守规矩，懂礼让是一个文明的而又温暖的社会要求。创设需要排队的情景，指导孩子进行排队，在生活中能实实在在地运用了，这才是我们有效的礼仪教育。

二、学会维护更美好

随着社会的发展，公共生活越来越丰富多彩，人们常参与的看电影、逛公园、博物馆、图书馆、各类体育比赛、社会服务等公共空间中的活动，更应该注重公共场所礼仪。三下《大家的朋友》从什么是公用设施，公用设施有哪些，调查了解公物受损情况入手引导儿童学会爱护公共设施。《我和公物的故事》一课从公物的角度换位思考来感受被伤害的心情，深入体验公物的内心情感，激发儿童爱护公物的礼仪情感。再从“大家一起来爱护”引导了具体维护公共设施的行为，用实际行动来践行爱护公物的礼仪。四上《低碳生活每一天》从维护环境的角度引导儿童如何做一个爱护地球的小公民。从地球发烧引出碳排放过量造成的温室效应，砍伐树木造成吸收碳量的减少。通过算一算我们身边的碳排放，感受多碳从哪儿产生的，为进一步引导儿童低碳生活每一天做准备。学会维护公共利益，维护公共秩序，维护残疾人的权益，在社会公共礼仪中只有进行共建才能实现共享。

总之，在统编小学《道德与法治》教材中寻找礼仪素养教育的因素，抓住礼仪知识，激发礼仪情感，践行礼仪行为，在自我礼仪的养成中促进儿童成长，在家庭生活礼仪养成中促进儿童成熟，在社会公共场所礼仪培养中促进儿童成长为合格的小公民。儿童不仅是文明礼貌的践行者，也是和谐美好的受益者。

第四节　践礼养德：用好统编道德与法治教材的平衡之道

在全国全面实施统编《道德与法治》新教材的今天，目前担任小学《道德与法治》课程的老师大部分都是兼职教师，很难有时间深入钻研教材，加之新教材前人可以借鉴的东西很少。笔者常常参与赛课评委或公开课听课活动，觉得不少道法老师不知道如何上好道德与法治课。作为道德与法治兼职教师怎样快速解读教材，促进学生在品德课堂上向深处探究呢？笔者认为教学小学统编《道德与法治》教材，我们要平衡好规则与德性的关系；道德问题与心理问题的关系；活动组织与智慧生活引导的关系；规范训练与习惯养成的关系，让教材有效服务于儿童的品德成长。

一、把握好教材中规则与德性的平衡之道

统编《道德与法治》教材非常注重对法治、规则教育的倾斜，这既是当前国情教育的需要，也是实现依法治国理念的基础。那么，是不是我们在教学中就只讲规则不讲道德了？还是既讲规则又讲道德呢？他们之间又怎样去把握规则与德性的平衡呢？这是我们用好教材的关键。

在一次省级教学研讨时，针对统编教材《道德与法治》二上第 11 课《大家排好队》一课，大家针对教材上一幅图片发生了激烈的争论：一位上班人员因害怕赶不上班车上班而欲插队的状况，后边的乘客该让还是不该让呢？有的教师认为，既然教材指出公共场所要求排好队，每个人都不例外，就不该让。如果要让的话，他要和后面的人商量，后面的人还要和后面的人商量，等你商量完了，班车也开走了，所以不如不让。有的教师认为在现实生活中就有这样的实际情况，谁没有个特殊情况，如果能在遵守规则的情况下与人方便，谦让一些又何妨？有的老师又拿出游玩的某个景点规则之严厉举例说明，还是不应该让，要遵守排好队的规则。只要我们细读教材，其实不难发现，本课的副教材就明明白白给出了建议，这一课的副教材故事绘本《讲规则 懂礼让》罗列了生活中排队过程中很多的特殊情况，遇到老人、小

孩，尿急等情况要尊老爱幼，懂礼让。主教材和副教材的编写意图是相辅相成的。

既然是要我们讲规则排好队，为什么还要我们破坏规则，不按规则排队呢？这不是自相矛盾了吗？其实这就是我们的教材定名为《道德与法治》的根本。法治就是规则的代表，道德是德性的代表，法律、规则教育是底线要求，德性教育是崇高要求，弘扬了我们道德人性的光芒。理论上讲，二者缺一不可，如果我们的生活只是一味地强调遵守规则而缺少德性的滋养，那么助人为乐、无私奉献、见义勇为、舍己为人等词语就显得苍白而无力。显然片面地关注德性而忽略规则，德育就是成了空中楼阁，成了无源之水；反之，片面强调规则教育，忽视德性教育，德育会失去了震撼人心的力量。道德的基础是美好情感而不是理性规范，道德是为了让人们生活更美好。正是因为有了德性的闪耀，我们的社会才充满了无限的温情。像二三年级教材中《说话小点声》《我们不乱扔》《大家的“朋友”》《我们班级有规则》等一类教材的教学时，就需要我们关注遵守规则的同时，还要进行心中有他人，讲文明懂礼让，和他人（环境）友好相处的德性教育。唯有如此，我们道法老师才能把握好教材中规则与德性的平衡之道，方能培育出一个个充满正能量的富有人格魅力的人。

二、把握好儿童品德问题与心理问题的平衡之道

有专家认为，教师缺乏对学生真实道德需求和道德困惑的诊断，是造成《道德与法治》课程实效性偏低的关键因素。我们在使用小学统编《道德与法治》教材这一反映儿童生活的“显微镜”时，一定要对好焦距才能了解儿童真实的道德需求。教材在这一点上作了重大的尝试，对儿童的不良行为不再是从成人的角度简单地“扣帽子”，而是遵循儿童身心特点出发注重儿童心理成因的剖析，引导儿童有意识地在自己心中“过电影”一样反思自己的言行，推动儿童尝试过内在生活，有效关照儿童的内心世界。

例如，在三年级下册第 3 课《我很诚实》中，教材从儿童心理入手，把诚实教育由品质问题转变为心理问题，精准聚焦儿童的恐惧和虚荣心理。把儿童谎称自己的作业没有带归因为恐惧心理，把谎称家中有事实上并没有的东西归因为虚荣心理，以撒谎心理的视角切入，准确把握儿童不诚实的真实原因，真正观照了儿童的内心世界。再如二上第 11 课《大家排好队》一课，在第二板块里安排了哪些地方需要排队，不排队的坏处，尤其是校园踩踏事故，映照出了孩子们玩楼梯的贪玩心理、急躁心理和无知心理，给孩子

们敲响了一个“安全”的警钟。孩子们在“排好队”这个“显微镜”前可以照出在公共场所不排队是“不文明”“不公平”“无序”“危险”的“影像”。这些心理层面的剖析深入孩子的心理成因，挖掘儿童的内心需求，不是从成人的角度“美德袋”式的说教，而是深入儿童内心，有效解决儿童的真实需求，能起到良好的育人效果。只有在那些反复引导提醒后仍然不愿改变的情况下，我们才能把儿童的问题上升为品德问题。比如不断地抄袭、偷窃等行为，其实这些问题也是可以通过心理疏导的方式加以引导解决的。

三、把握好组织活动与智慧生活引导的平衡之道

从儿童的个人发展来说，道德教育的主要目的在于，引导儿童去选择过一种有意义和价值的生活，并通过这种“好”的生活方式来涵养其德性。① 一言以蔽之，我们的道德与法治课程的主要任务就是引导儿童学会一种生活的智慧。道德知识的学习不是教学的根本目的，引导孩子智慧地生活才是教学的出发点。

比如统编教材《道德与法治》一下《大家一起来》这一课说的是“合作”的话题。一个老师执教这一课时，对“怎样合作”这一环节设置了多个游戏活动：一会儿是“车轮滚滚”游戏，一会儿是“过山车”游戏，一会儿又是“抱团取暖”游戏，学生热热闹闹地活动过后，至于“怎样好好地合作”老师就没有引导孩子去感悟，待到课尾老师问孩子们玩得是否开心，竟有两个学生说不开心（这两个孩子没参加）。整节课只是停留在合作可以带来快乐和进步这个层面上，儿童没有通过活动形成自己对“怎样合作”意义的建构，不懂得生活中不同场合如何“合作”，这样的德育的目标显然是低效的。

细读文本，一下统编《道德与法治》教材《大家一起来》版块三告诉我们怎样成功地合作，展示了合作中的矛盾如何解决（不埋怨，听从指挥，互相商量）；用从玻璃瓶里把数个小球提出来的游戏，引导儿童构建怎样成功地合作。在这一环节里可以把班级同学分成若干个组，先让孩子们在没有引导的条件下小组合作探究，然后采访游戏成功的合作者经验，讨论如何成功地合作。然后再进行一次游戏，用亲身体验来验证这种经验的可行性。这样每个学生都参与活动，大家集思广益积极构建“合作”的内涵，孩子们

---

① 高德胜．以学习活动为核心建构小学《道德与法治》教材［J］．中国教育学刊，2018（1）：2-3.

在探究中感悟到的独特体验才更有说服力。我们的教学不应该片面追求活动形式多样，而是要关注儿童通过活动体验到了什么，是否有新的意义在生成，这才是品德教学的精髓所在。在生活的情景里引导儿童怎么做，怎么应付各种场合，细致入微地引导儿童解决问题，源于生活，又超越了生活。

四、把握好规范训练与习惯养成的平衡之道

课程标准强调，《道德与法治》课程是一门活动型综合课程，主要关注儿童良好品德和行为习惯的养成。学生在教材这个“穿衣镜”前每天都来“照一照”，通过“照镜”美化自身形象，改正不良行为，培养良好行为习惯，为儿童的成长成才打下坚实的基础。由此来看，小学统编《道德与法治》教材在立足服务儿童当下道德习惯养成的同时，也着眼于指导学生未来选择更好的生活，体现了超越生活的德育目标。

比如一位教师执教统编教材《道德与法治》一下《学做家务活》一课时，老师通过图片引导学生说出有哪些家务活，帮助孩子理解做家务的好处。紧接着按教材教给孩子们做家务（叠衣服）的方法，老师示范，小组练习，上台上展示，孩子们基本上学会了叠衣服。在引导学生践行时，针对家长说：“别浪费水了，还是我来洗碗吧。”学生就说：“好吧。”这时候，老师就让孩子坐下了，对孩子的反应没做任何的指导。老师自己课后反思时也说对学生这部分的引导不到位，不知道怎么引导。

为什么，我们辛辛苦苦上了一堂课，教给孩子那么多做家务活本领，当家长一句“还是我来洗碗吧”。孩子就乖乖听话放弃了做家务呢？我们的教学有效吗？该老师看似已经给孩子找出了为什么做家务活：获得快乐，有能力、更聪明。这些做家务活的好处都是从自我的角度引导孩子的，为什么做家务活，其实还要从他人的角度来引导：做家务既是家庭里每一位成员的责任，同时也是孩子良好行为习惯的重要组成部分。教材第三板块中一个孩子说，有时候会忘了做家务，怎么办呢？另一个孩子拿出做家务的记录表，上边标着：做家务的时间、事项、完成情况。教材进一步明确了儿童做家务活的必要性，让孩子明白家务劳动本身就是日常生活的一部分，要从培养良好习惯的角度来理解家务劳动。当我们有这种责任意识和习惯培养的意识时，我们的教学就不仅仅只是教会学生叠衣服一种本领，而是要从孩子习惯培养的角度，设置评价机制，列出做家务活的系列评价表，延伸到家庭和课外，指导每个孩子“会做的家务帮着做，不会做的家务学着做”。学生家务活才做得理直气壮，心甘情愿，这样才能达到“教是为了不教”

的德育目标。

我们在解读道德与法治教材时，除了要从孩子自身发展需要的角度出发，从孩子的“私德”着眼，同时也要关注培养孩子的公德意识、责任意识。不单单要从一堂课来解读，还要从整册教材的德育主题来考察。德育不仅是引导孩子学会一种知识和方法，遵守规则和法律，还要着眼于倾听儿童内心的声音，从习惯养成、人性的美好的角度把课堂所学迁移到在生活中，指导孩子未来的生活与成长，这样的德育课堂才有价值和力量。

第五章 践礼养德：儿童具身德育教学模式与典型案例

在长期的教学实践中，经过不断地摸索与实践，我们探究出了“践礼养德”具身德育课堂八种教学模式，分别是：游戏化教学模式、故事讲述教学模式、情境体验教学模式、议题式教学模式、思维导图教学模式、项目化教学模式、案例导学教学模式和支架助学教学模式等八种。下面结合具体案例讲解八种模式教学结构、实施流程以及注意事项。

第一节 “践礼养德”游戏化教学模式与典型案例

我国著名教育家陈鹤琴先生曾经说过：“小孩子生来是好动的，视游戏为生命。”[①] 游戏能满足儿童好奇好动的天性，激发他们的思维，是儿童最愿意接受的学习方式。游戏化教学有利于解决儿童学与玩的矛盾，不仅可以满足学生的表现欲，还可以激发儿童的探索欲望，儿童在游戏活动中春风化雨般地接受教育，获得成长。基于此，在道德与法治“践礼养德”教学中采用游戏这种有效的学习方式，可以唤醒学习热情，运用游戏思维，创设游戏闯关活动，在执行游戏规则中及时反馈，纠正指导，通过“玩中激情”“玩中启思”“玩中启智”“做中养德”的形式促进儿童文明礼仪的养成，浸润儿童的品德修养成长，为儿童未来做一个好公民打下坚实的基础。

一、游戏化教学模式基本结构

优秀的游戏是建构体验，唤醒积极情绪的独特方式。在文明礼仪教育过程中，通过游戏方式很好地营造良好师生交往的氛围，化形式死板的说教为活跃的活动，激发儿童参与活动的兴趣，便于儿童主动积极愉快地学习礼仪

---

① 陈鹤琴．家庭教育［M］上海：华东师范大学出版社，2013：35.

活动，内化于行。游戏化教学模式的基本结构与步骤如下

第一步：创设情境，游戏导入 ：

巧妙的游戏创设情境，引导学生入情入境是教学成功的一半。创设有趣的情境，激发儿童参与活动的热情，引导儿童在真实的情境中开展游戏，展露真实感受。

第二步：游戏体验，引导探究：

运用游戏思维将非游戏的礼仪学习活动设计成“游戏”，将学习礼仪的目标转化为游戏闯关目标。儿童参与游戏体验，在体验中引导感悟礼仪规则的重要，探究遵守礼仪需要注意哪些规则。创设游戏场景在简单的游戏规则中，及时进行文明礼仪游戏学习反馈，激发儿童主动探究的积极性，让礼仪学习在主动探索中变得有意义，更有意思。

第三步：游戏启智，体验感悟

当儿童在践行文明礼仪时如果体验无法深入，他的感悟与行动力就无法达成。此时我们就需要运用心理游戏来化解难点，通过游戏活动来开启智慧，变换情境，变换游戏方式，在不同的情境中感悟采用不同礼仪方式来对待的生活智慧。

第四步：回顾总结，拓展实践

儿童文明礼仪习惯的养成不是一朝一夕之功，在反复变化的情境中不断实践才能形成。引导回顾本节课内容，布置课外拓展延伸实践作业，同时感受游戏带来的心理体验，激发了儿童的学习幸福感，延续课内习得，践行礼仪，涵养德性。

二、游戏化教学模式流程图

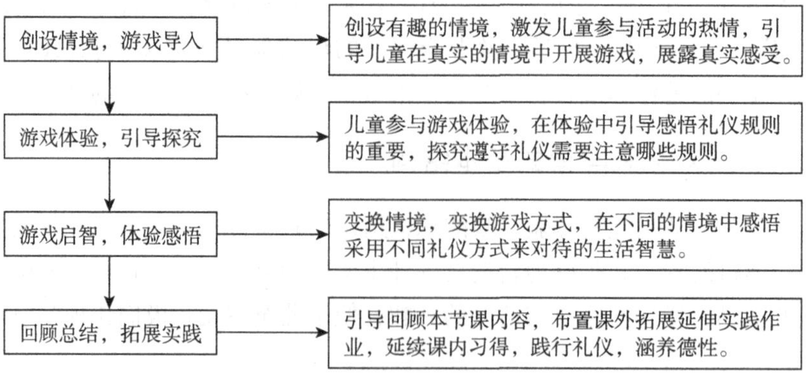

图 5-1 “践礼养德”游戏化教学模式流程图

三、游戏化教学典型案例

小学道德与法治课游戏化教学的实践探索
——以“吃饭有讲究”一课为例

雅斯贝尔斯认为，教育的过程应该是让受教育的人在实践中，进行自我的练习、学习与成长，以此来提升自己的能力。而实践的特性是自由游戏和不断尝试的游戏。[①] 在小学道德与法治课教学中，教师通过设置一系列游戏活动，促使学生在对比游戏中激发学习兴趣，在闯关游戏中培养探究精神，在扮演游戏中践行文明行为，在竞赛游戏中进一步形成用餐礼仪的习惯，让学生在参与、实践、体验的游戏过程中习得用餐文明礼仪，实现自我学习与成长，进而提升教学实效性。本文以道德与法治一年级上册“吃饭有讲究”一课教学为例，探索小学道德与法治文明礼仪游戏化教学的方法与途径。

1. 对比游戏：学生认识餐前洗手的重要性

游戏化教学与单纯做游戏是不一样的，它具有明确的目的。课堂活动目标是一节课的灵魂，是教学活动的方向。在设置游戏的过程中，教师心中一定要有目标，明确所设置的游戏要达到怎样的教学效果，避免为游戏而游戏。“吃饭有讲究”一课的一个重要活动目标是：引导学生认识饭前洗手对健康的重要性，学会洗手六步法。笔者通过观察了解到，一年级的学生虽然知道洗手六步法，但在洗手时并没有按照步骤去洗手，还没有养成良好的卫生习惯，主要原因是学生觉得按照六步洗手法太麻烦了。可见，学生缺少对饮食安全卫生的认识，需要让学生认识到洗手的重要性。为此，教师设置了一个对比游戏，先让学生在没有指导的情况下自己洗手，然后让学生把洗过的手放在显微镜下观察，通过希沃授课助手设备连接到电脑上，使学生能清清楚楚地看到手的清洁程度。紧接着，教师播放六步洗手法的视频并做示范，让学生按照六步洗手法进行游戏活动，然后再次让学生把手放在显微镜底下观看手的清洁程度。通过比较，学生洗手前后的干净程度清楚分明。与此同时，学生认识到餐前认真洗手是很重要的一件事情，原来觉得洗手六步法太麻烦的思想是错误的，进而心悦诚服地接受了洗手六步法。游戏之前教师要注意做好准备。一方面，让学生了解游戏规则，从而更有秩序地参与游戏；另一方面，要准备好充足的游戏道具，既可以是现有的教学工具，也可

① 雅斯贝尔斯．什么是教育［M］上海：三联书店，2021：145.

以由学生动手准备有关道具，比如水盆、毛巾、肥皂、餐巾纸、头饰等。小学道德与法治课教学活动必须从儿童的实际生活出发，用儿童的眼睛去观察世界，用儿童的方式去探究世界。

2. 闯关游戏：学生充分探索用餐礼仪

低年级的学生好动好奇，教师采用闯关游戏的形式可以提高学生参与课堂的积极性，给予学生充分的探索机会，这比起单纯的教师问、学生答要有趣得多，学生也更加喜欢。教师设定简单的游戏规则，创设丰富的游戏场景，并及时给予学生学习反馈，激发学生主动探究的积极性，让用餐礼仪学习活动变得更有意义，更有意思。

教学“吃饭有讲究”一课中的用餐礼仪学习内容时，教师把礼仪学习的目标转化为闯关游戏目标，设计了小组用餐礼仪闯关游戏。在教室前面摆上桌子，设置饭前洗手礼仪、摆碗筷礼仪、尊老礼仪、吃饭时如何应对打喷嚏的礼仪、饭后离席的礼仪等多个闯关游戏。组织学生以小组合作、组外求助的方式进行，每一个关口有志愿者提醒规则，与大家商定分值，评定星级。学生在闯关游戏中，通过比一比、赛一赛、辨一辨等方式对某一礼仪内容进行讨论，在讨论的过程中实现自我教育。由于闯关游戏中有即时反馈评价，使学生能够及时改进自己的行为，同时也避免陷入思辨和行动的茫然中。

3. 扮演游戏：学生践行用餐礼仪

角色扮演可以将现实的生活情境通过想象迁移到课堂中，让学生沉浸其中，进行模拟练习，激发学生学习兴趣，让学生在轻松愉快的气氛中领悟道德观点，激发道德情感，提高道德判断能力。“吃饭有讲究”一课的活动目标不仅要培养学生勤洗手、讲卫生的习惯，还要引导学生懂得餐桌礼仪，吃得文明，吃得有礼貌、有教养。为此，教学本课时，教师与学生通过扮演不同角色体会用餐文明礼仪。师生进行餐前家务劳动扮演活动，如，教师演家长，学生演孩子。家长在厨房忙碌，呼唤家人吃饭。此时出示问题“吃饭前你能帮妈妈做什么呢?”学生思考并表演擦桌子、端菜、拿筷子、盛饭、摆凳子等一系列饭前准备活动。教师扮演老人，学生主动礼让老人上桌用餐，教师适时总结提升：尊敬长辈是中华民族的传统美德。“长者先，幼者后。”我们要让长辈先入座，先动筷子，我们再动筷子。吃完饭以后离开桌子时要对大家说一声：请大家慢用。这些都是用餐礼仪中不可缺少的一部分。

扮演游戏活动的设计旨在引导学生学习讲究卫生、轻拿轻放、互相合作，在家里做些力所能及的家务。用餐时做家务看似是一件不起眼的小事，但能够培养学生的家庭责任感、实践能力以及关爱他人的美德。扮演游戏让学生乐于分享自己的生活经验，激发了他们参与游戏的积极性和兴趣。学生通过亲身体验习得了用餐文明礼仪，提升了教学实效性，让教学来源于生活，回归生活。

4. 竞赛游戏：学生巩固用餐礼仪习惯

竞赛式的游戏能够激发学生的好胜心，学生在竞赛游戏中可以练习与巩固用餐文明礼仪，而且不会感觉枯燥无味，乐于参与。教师设计了《用餐礼仪家校评价表》（见表5-1），每天最多可以获得两颗星。在课后延伸评价活动中，教师请家长根据评价细则打分，促使学生把课堂所学延伸到家庭生活中去，养成文明就餐好习惯。

表5-1 用餐礼仪家校评价细则

评价内容	周一	周二	周三	周四	周五	周六	周日
饭前洗手很重要，碗筷佳肴摆放好。							
长辈先坐先动筷，安静吃饭不乱跑。							
长辈夹菜要道谢，不往别人面前挑。							
咳嗽喷嚏转头快，饭后收拾少不了。							

用餐文明礼仪习惯的养成不是一朝一夕之功，必须通过家校协同育人才能取得更好的成效，通过实践巩固才能形成习惯，进而把学生用餐礼仪习惯养成落到实处。

5. 开展游戏化教学的注意事项

（1）要注意游戏目标与教学目标的紧密结合，注意设计游戏为教学目标服务。游戏化教学不是为了娱乐，学生在游戏中没有启发、没有发现、没有生成，这样的游戏活动是无效的。需要教师精心设计游戏，要确保游戏内容与教学目标高度相关，避免单纯为了游戏而游戏。在游戏结束后，教师应预留时间让学生反思和总结所学内容，巩固学习效果。

（2）游戏化教学要注意游戏活动的安全，学生游戏规则的制定要简单明了。必要时可以制作视频让学生一目了然游戏的方式，活动时可以设置游戏安全员，游戏观察员、游戏评价员等，确保所有学生都能理解并参与。游戏设计需要根据学生的年龄和认知水平进行调整，复杂的规则会降低学生的参与度，影响教学效果。

(3) 保持公平性与参与度平衡，游戏中需要确保每个学生都有参与的机会。避免某些学生因为规则不公而失去兴趣。教师应关注每个学生的参与情况，确保游戏的公平性。游戏化教学需要合理安排时间，避免游戏时间过长影响课程进度。教师需要控制游戏的时长，确保在规定的时间内完成教学任务。

第二节 “践礼养德”故事讲述教学模式与典型案例

习近平总书记指出：“深刻道理要通过讲故事来打动人、说服人。”故事是人类最古老的思想传播与传承形式，讲故事是一种最简单却最有凝聚力的教学方式。“故事讲述”包含了“故事”和“讲述”两方面的内容，前者是一种重要的学习资源，后者是一种重要的教学方式。“故事讲述”就是在道德与法治课堂教学中，教育者利用故事这一重要资源，借助对故事的呈现、讲述、分析、感悟等方式，促进受教育者道德品质成长、发展的一种教学方式。故事的讲述者可以是教师，可以是学生，也可以由课堂以外的第三者进行讲述。“故事讲述”教学改变了传统的以学科知识为中心的格局，建立了师生互动的开放整合式课程。我们运用践礼养德“故事讲述”教学模式是指运用具身认知理念，教师关注学生需求，通过营造具身情境，构建具身体验活动，优化故事载体，加强主体间交互，把德育故事巧妙融合于教学中的教学模式，以此推进思政教育教学落地生根

一、故事讲述教学模式基本结构

小学道德与法治教材中含有大量的中国故事。通过对这些中国故事的收集整理、讲述传播，不仅能陶冶学生的思想情操，更能培育学生的礼仪精神，家国情怀。这也是我们中华民族文化中的一部分，故事中每一个历史事件，每一个英雄人物，都是我们对学生进行爱国主义教育的生动素材。教师在课堂教学中有意识地讲述中国故事，让学生在故事中深切触摸国家和民族的历史，对于根植家国情怀有着重要的价值。

第一步：营造“故事讲述”具身情境

借助场馆、媒体等手段，营造“故事讲述”具身情境，激发儿童听故事兴趣，导入新课。在故事讲述中，教师应为学生营造身临其境的故事情

境，能够丰富学生的体验，带动学生的想象与思考，深化学生的认识。将情境变成沟通道德认知和道德情感的桥梁。

第二步：开展“故事讲述”具身活动

开展实践寻访、角色扮演等具身活动，沉浸式参与，深化情感体验和道德认知。“听过了，我就忘记了；说过了，我就记住了；做过了，我就理解了。”故事讲述不应该是“我讲你听”，更应该是学生主动参与，主动探索，主动体验的过程。教师优化故事讲述路径，创设各种主题活动，使学生沉浸式参与其中，更深入地理解故事讲述内容。

第三步：感悟“故事讲述”礼义精神

抓细节、恰逢其时的“故事讲述”激发感悟礼义精神，拓展道德思维深度。故事细节是具体、形象、生动的，更是典型的，教师在“故事讲述”的过程中应突出故事核心细节，以核心细节为抓手，引导学生追寻故事具体细节，它可以帮助学生感受历史或生活的真实，拨动他们的心弦。不仅陶冶学生的思想情操，更能让学生在故事中深切触摸国家和民族的历史，培育学生的礼义精神，家国情怀。

第四步：拓展“故事讲述”礼仪实践

联系学生生活，倡议行动、志愿服务拓展礼仪实践活动，内化故事精神，涵养德性。学生从故事讲述中获得精神滋养，要在现实生活中践行才有更深的意义，带领学生在学校、家庭和社会上拓展实践，把故事讲述的精神融入生活中才完成“践礼养德”的德育闭环。

二、故事讲述教学模式流程图

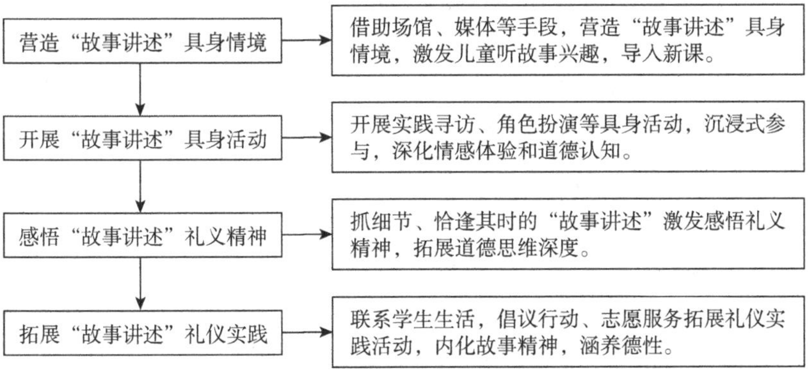

图 5–2 “践礼养德”故事讲述教学模式流程图

三、故事讲述教学模式典型案例

在“践礼养德”故事讲述中感悟爱国情怀
——以《传统美德 源远流长》一课为例

故事讲述是以教学活动为载体的，在活动中深化学生对道德情感的认知和理解。教师在进行故事讲述中可以以时间为维度，主题为经度，设计主题故事会等项目化学习活动，拓展故事讲述的空间，引导学生在项目化故事学习中自主深入探究，深化道德认知和道德情感。《传统美德源远流长》是道德与法治五年级上册第四单元内容。本课是第三个板块内容“天下兴亡、匹夫有责的爱国情怀”，这个板块选取了忧国忧民、心怀天下方面的故事及相关传统美德格言，旨在引导学生通过探究活动，认识到个人与国家命运与共，继承和发扬“天下兴亡、匹夫有责”的中华传统美德，投身到建设中华民族伟大复兴的事业之中。

1. 情景化表演，营造“故事讲述”具身情境

为了吸引儿童对故事讲述的兴趣，从暑假旅游苏州园入手，出示苏州昆山市亭林园顾炎武纪念馆图片中“天下兴亡，匹夫有责”的内涵解读开始，从而揭示课题《传统美德，源远流长》“天下兴亡匹夫有责”的爱国情怀。通过学生表演情景剧《鲁女爱国》故事引发。当邻家女笑话鲁女：国家的安危是那些当官的该担心的事，与我们妇女有什么关系呢？鲁女慷慨激昂地说：不然，一旦鲁国有难，君臣上下都会受辱，还会牵连到我们老百姓，怎么能说和我们妇女没有关系呢？通过旁白讲述了鲁女后来装扮成一名歌女，用自己的美貌和智慧诱惑敌军将领，获得重要情报，秘密传递给鲁国，为鲁国的防御提供重要的支持。被发现后被将领处死之前，鲁女毫不畏惧，她大声地说：“我虽为一名女子，但我深爱我的国家，为了国家的利益，我愿意付出一切。”通过情景剧表演形象化地把“天下兴亡，匹夫有责”爱国情怀这一抽象的道理生动地诠释出来，引起学生很大震撼，这是老师死板的讲解所无法比拟的。

2. 项目化探究，开展“故事讲述”具身体验

项目化探究是引导学生主动学习的路径，在“传统美德，源远流长”这一课中，老师以学校要展出一组关于“爱国”话题的展板为任务驱动，请大家分组探寻古代、近代、现代、身边发生的典型爱国人物及故事，完成以下任务。①华夏忧患组通过情景剧《典籍里的故事》，学生通过表演把范仲淹的“先天下之忧而忧，后天下之乐而乐”忧患意识，陆游的“位卑未敢忘忧国”忧国忧民情怀演绎出来。②九州英雄组通过思维导图和手抄报把近代爱国人物故事，如林则徐的“苟利国家生死以，岂因祸福避趋之”的豪情，抗日英雄杨靖宇牺牲后的解剖发现，董存瑞舍身炸碉堡，邱少云的舍身为胜利等英雄壮举演绎出来。③感动中国组通过 PPT + 视频把和平年代建设祖国的科学家杂家水稻之父袁隆平，药学家屠呦呦，感动中国人物张桂梅这些先锋人物的爱国故事展现出来。④爱岗敬业组的调查采访视频，他们采访了警察爸爸、医生妈妈、清洁工阿姨、保安叔叔、班主任老师等身边人物，生动地演绎了爱岗敬业、默默奉献也是爱国的表现。这一个个具身体验活动，深深地改变了学生的学习方式，通过故事讲述打动了学生的爱国情弦。

3. 抓细节交流，感悟“故事讲述”礼义精神

故事最感人处往往由细节描述生发出来的，通过以上项目化学习探究，还需要引导学生抓住细节交流讨论自己的所感所悟，在故事讲述教学中，教师可以借助具体的实境资源，将学生置身于可触可感的爱国主义教育故事场域中，触摸历史烙印。很多地方都有独特的爱国主义场馆、遗址等实境资源。学生亲身经历和所见所闻的影响，这些真实的情境会在他们的记忆中留下深刻的印象，对于爱国情怀和礼义精神就有了实实在在的感悟。有条件的可以组织线上“云参观”，如组织学生到当地的革命纪念馆和烈士陵园进行红色研学活动。伴随着革命先烈的感人故事，那一件件实物，一张张照片，都带领学生重回那段峥嵘的革命岁月，学生们犹如触摸到一个个真实画面，沉浸革命先辈不怕强敌、不怕牺牲、顽强奋斗的革命精神中。实境走入为故事讲述带来了沉浸式的感受，更为故事讲述打开了一扇新的窗口。此时此刻，引导学生联系这些具身的体验与感悟会深化学生的道德情感，为爱国情怀的积淀打开另一扇窗户，触发他们真实爱国情感的喷发。

4. 拓展与实践，践行“故事讲述”礼仪实践

爱国情感的激发最终的落地需要在学生的平时行为中践行，在故事讲述教学中，要引导学生扎根身边小事做起，在课外拓展实践中而不是空洞地喊喊口号就完事的。在教学“传统美德源远流长”中，鲲鹏展翅组通过图片展示学生的实践成果，有的说爱国就是平时做好环保小达人，绿色出行，平时不乱扔垃圾，做好垃圾分类、节约用水、用电等，尽量不使用一次性物品，低碳生活每一天。我们小组成立了环保志愿服务团队，我们建议大家人人做环保的主人，我们小组会监督大家，这样我们的祖国才能天更蓝、山更绿、水更清。有的学生说遵纪守法就是爱国的体现，我们成立了爱国守法小组，参加法律实践，对依法治国有了更多的理解。有的学生说我知道了好好学习，锻炼自己的各项本领，长大为祖国的建设贡献自己的力量，就是爱国。最后通过快板的形式，把爱国故事串联演绎，把爱国情怀总体抒发，祝愿我们的祖国繁荣昌盛，抒发学生的爱国之情。学生品德的学习就是在故事讲述中化学生学习“被动式”听讲化为“主动式”研究，充分体现和展示学习者自主建构的过程，这也是故事讲述的魅力。

5. 开展故事讲述教学的注意事项

（1）注意选择合适的故事，注意节奏的掌控、情感的投入。根据学生的年龄、年段的特点、兴趣和场合选择合适的故事。教师在讲述故事时要注意节奏的掌控，避免讲述过快或太慢，影响学生听取。同时要注意故事的情感表达，引导学生情感共鸣，加深对故事的理解。传递故事中的情感，让听众产生共鸣。

（2）故事讲述注意采用多样化的方式，可以是老师、学生、邀请的德育指导老师、社会专业人士等。学生准备充分，可以采用情景剧表演，以及一些体验活动来演绎故事。必要时根据故事情节发展和角色特点，准备好必要的道具或图片等，增加真实感和趣味性。控制故事讲述的时间，避免过长导致听众疲劳。

（3）在故事讲述时注意与教学目标相契合，在故事中融入积极向上的教育意义。引导学生树立正确的价值观。根据实际情况，可以对故事进行适当改编，使其更贴近学生生活。故事讲述时设置互动环节，适时提问或邀请听众参与，增加互动性和趣味性。

第三节 “践礼养德”情境体验教学模式与典型案例

2022版《义务教育道德与法治课程标准》指出：“要积极探索体验式教学方法，引导学生参与体验，促进感悟与建构。要采取角色扮演、情境体验、模拟活动等方式，引导学生开展自主探究与合作探究，让学生认识社会。”践礼养德是以注重行为实践为目标的品德养成教学理念，该教学主张更加注重儿童德育过程的“身心一体”“知行合一”。“礼仪礼节是道德素养的体现，也是道德实践的载体。”① 在道德与法治教学中，创设真实而又生动的情境，引导学生开展情境体验式学习，从而践行礼仪礼节规范，涵养德

① 吉海荣.“践礼养德”教学主张的诠释与实践建构［J］. 江苏教育，2024（04）：10.

行，发展核心素养。

一、情境体验教学模式基本结构

基于道德知识的教学是离身的，而基于素养的道德教学却是具身性的。“践礼养德”情境体验式教学不仅深刻认识到身体作为认知与情感、意志转化为实际行动的关键桥梁。同时，它倡导通过持续的习惯养成来稳固德育成果，这是一种以学生为主体，注重实践和体验的教学方式，提倡情境感悟、躬身践行、反思自我、习惯养成。主要教学结构包括“创设情境——具身体验——激情启思——践行养成——一体化评价”五个步骤。旨在让学生在实践活动参与中理解和掌握道德规范，激发道德情感，形成良好的道德品质。这种教学模式不仅有助于提高学生的道德素养，还能够培养他们的实践能力和创新精神。具体流程实施步骤如下：

第一步：创设情境

情境体验式教学能够营造良好的课堂氛围，激发学生参与“践礼”德育活动的积极性。尤其是巧妙创设问题情境，可以提高学生的主体意识，变被动学习为主动探究，促进“养德”建构。创设趣味情境，激发“养德”情感共鸣性创设思辨情境，提升“养德”思维深刻性；创设实践情境，促进“践礼”行动持续性。创设具体、直观和吸引学生的活动情境，唤醒学生新的情感领悟，导入新课。

第二步：具身体验

具身体验是“践礼养德”情境化教学中的一项重要策略，旨在通过学生的亲身参与和感官体验，深刻理解礼仪明理中促进行为的养成。如模拟社交场景、举行庄重的仪式等，让学生亲自参与其中，学生能够感受到言行举止的重要性以及礼貌和尊重的实际应用。开展具身体验活动，身临其境参与礼仪实践，感悟礼仪规范，深化道德认知。

第三步：激情启思

“践礼养德”情景体验式教学中道德情感的激发是核心步骤，其次引发儿童高阶道德思维，学生在思维碰撞中，产生探究欲望，并在寻求新的认知平衡的过程中提升道德思维的深刻性与批判性，这是“养德”的过程。在旨在引发情境“议题”引导学生产生新的道德情感，激发道德情感体验，开展道德思辨，生成道德智慧。

第四步：践行养成

良好道德的形成主要依赖儿童有道德意义的践行，在践行中，儿童获得道德情感和体验，强化对道德的认识，促成下一次的道德行为，经过一定的积累逐渐内化为自觉的道德行为习惯。当然这种习惯的养成最好是在各种情境下的变式，避免封闭僵化教条。变换情境，开展道德实践，在真实的道德践行中，内化道德认知，涵养德行。

第五步：一体化评价

新课标提倡"教学评一体化"教学。"践礼养德"情景体验式教学则要建立更为完善的评价体系，在整个教学过程中，评价的贯穿非常重要。通过整合课程内容、教学方法与评价体系，形成闭环的教育生态。评价贯穿于教学的每一个环节，评价体系不仅关注学生的学业成绩，更重视其道德表现和综合素质的提升。通过行为观察、同伴评价、教师评价、自我反思等多维度评价方式，全面客观地反映学生的道德成长，促进其自我完善。设置多元一体化教学评价，贯穿教学始终，形成道德反思，促进儿童道德生长。

二、情境体验教学模式流程图

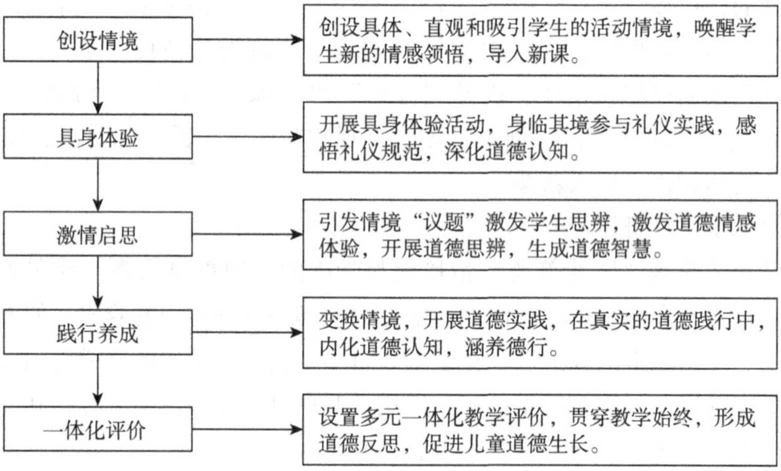

图 5-3

三、情境体验教学模式典型案例

在情境体验中涵养儿童文明礼仪的德性
——以道德与法治《大家排好队》教学为例

小学道德与法治教材中含有丰富而又生动的文明礼仪养成内容，一种德行的养成离不开生活情境的依托，单一零散化的生活情境很难给孩子完整的

"图式化"建构。而创设生活大情境，引导儿童在整合的系列化生活情境中学习，不仅可以唤醒学习热情，激发情感，还通过"境中激情""境中启思""境中启智""境中养德"的形式促进儿童精神力量的成长，养成儿童文明礼仪，浸润儿童的品德修养成长。本文以统编道德与法治一年级上册《大家排好队》这一课为例，阐释教师引导儿童在生活大情境中"串珠式"学习，变成情境"局中人"多样化演绎礼仪智慧，在"玩中学"践礼养德，非常有学习借鉴的意义。

1. 创设生活大情境：化"散珠式"教学为"串珠式"学习文明礼仪

德育活动必须贴近儿童现实生活与内在需求，必须从儿童自己的世界出发，用儿童自己的眼睛去观察世界，用儿童自己的心灵来感受生活，用儿童自己的方式去探究社会。对儿童进行社会文明礼仪的培养是促进儿童从自然人到社会人的有效方法。《大家排好队》这一课涉及了很多文明礼仪常识，它们犹如一把散乱的"珠子"。如果老师们按照教材的三个活动板块把这些知识点和能力训练放在一个个相关的活动中进行。下课后，孩子们人人握了一把"珠子"下课，一不小心，这些"珠子"就会掉落，我们暂且称这种教学叫做"散珠式教学"。

笔者创设了一个大的生活情境，以"康康熊体育活动中心马上就要开业，想邀请全班去参加开业典礼"这一事件为线，把教材进行整合或替换，精心选择了几个生活场景把它组合成连贯的一个大的生活情境：课始，大家在校门口等车时，老师带领学生做"钻山洞游戏"，接着大家"排队上大巴车""大巴车上闲聊""排队乘电梯""排队领免费体验券""排队参加体验活动"，课尾大家自觉地排着队、有秩序地乘车回学校。形成一个有始有终整体的真实生活大情境，把一个个文明礼仪"珠子"串起来，营造了一个生活在群体中的生活大环境。

老师这种化"散珠式"教学为"串珠式"教学的"生活大情境"，设计可谓匠心独运。不仅整合排队的有关知识，充分调动学生的知识背景、相关生活经验等，帮助学生自主构建排队的文明礼仪体系。还促进"前习俗水平"的儿童在群体生活中从独立个体变成群体中的人，引导儿童走向社会化，将公共场所生活的文明礼仪教育落到实处。

2. 体验生活大情境：化"局外人"看客为"局中人"感悟文明礼仪

小学道德与法治课程的核心是"做人"。而文明礼仪教育的核心就是引导儿童学会如何做人。学做人是实践的，而不只是知识与观念的。常规课堂上，绝大多数时候，绝大多数孩子只是课堂学习中的"被迫者"和演练场上的“局外人”看客，实践机会很少，这样的德育课堂容易造成儿童文明礼仪“知行”脱节，教学实效偏低。

笔者在生活大情境中带领孩子们等大巴车时组织的“钻山洞游戏”时，孩子们先是一窝蜂似的抢着去玩，导致游戏进行不下去，此时老师叫停，学生纷纷说出不排队玩游戏的感受：太乱了，好挤啊，玩得一点也不快乐。“怎么解决这个问题呢?”老师一点拨，学生马上提议“排队玩吧”，学生再排队玩游戏秩序井然。通过这样前后情境游戏活动情形的对比，学生立刻明白还是排队好！体悟到文明排队的重要性。

整堂课老师仅仅借助几张桌子，几个套圈，一个小熊玩具，一个呼啦圈等简单道具辅以一个多媒体课件就构建出了一个的简易却充满生活气息的“演练场”，孩子们在这个“演练场上”人人是“局中人”，且个个是“活动主角”，每个孩子的学习都是在真实的经历中进行，孩子们都积极参与，小脸上都发射出快乐的光芒。老师采用“先玩后导”“边玩边导”的方式，放手让孩子参与活动，学生在真实经历中学习，孩子是课堂的主人，体验着文明礼仪，教师在学生需要处点拨，“教”与“学”水乳交融，有实效。

3. 探究生活大情景：化“单一化”角色为“多样化”演绎礼让智慧

从儿童的个人发展来说，道德教育的主要目的在于引导儿童去选择过一种有意义和价值的生活，并通过这种“好”的生活方式来涵养其德性。[①] 我们的道德与法治课程的主要任务就是引导儿童学会一种生活的智慧。生活是千变万化的，在多变的生活情境中该如何实施文明礼仪，过一种有智慧的生活呢?老师要善于创设不同的生活场景，引导儿童探究在不同的情境中实施不同的文明排队方式，学会灵活对待和运用。

本课除了引导儿童学会怎样文明排队，还有一个教学目标是学会礼让他人。同样是排队插队这个环节，老师就创设两次情境。第一次排队老师扮演“同学的熟人”进行插队，第二次插队老师扮演身体不好的“老奶奶”为小孙子参加活动请求插队。面对插队这种行为，到底让不让呢?什么情况下该礼让，什么情况下不能让呢?师生在活动、讨论过程中发现，面对插队这种行为，我们要会有一分为二地看这一辩证思想：对于那些想要占便宜的插队我们坚决不允许；而对于那些处于“老弱病残孕”等特殊情况的插队可以礼让。感悟出“遵守规则排好队是一种文明，懂得礼让是更高层次的文明”这一生活智慧。

---

① 吴煜珊，高德胜．见真、见善、见美——谈统编小学《道德与法治》教材中所蕴含的教育思想［J］．中小学德育，2017（8）：5-6.

在这一系列活动中，孩子们在多变的角色里，学生适应着并演绎着每一个角色，玩的时候很开心，讨论的时候积极热烈，遇到特殊情况能说出自己真实的想法，按照自己的理解去真诚表达。这不得不说归功于生活大情境给他们营造的一个宽松的学习氛围。儿童的道德辩证思维雏形在这里形成，还有一种德性的光辉在闪耀。每个学生在探究中发现、感悟、思考，同时也获得了在生活中排队遇到插队怎么处理更合适这一生活的智慧。

4. 实践生活大情境：化“说中学”模式为“玩中学”践礼养德

道德要内化于心，外践于行。只有在实践中践行的品德，才能生发为真正的德行。为了让儿童在生活大情境中学会文明礼仪，教师创设的情境要不停变换，以考验和促进儿童在不同变换的情境中真实实践着。在常规的德法课堂上，老师是文明礼仪的说教者，老师只管说教怎么做就行了，学生处于“说中学”状态。而在生活大情境中的道德与法治课堂学习是“做中学”甚至是“玩中学”状态。

在教学《大家排好队》一课老师创设乘坐电梯这一生活大情境时，进行了两次体验游戏活动。第一次是很多同学排着队伍进电梯，当电梯超载声响起，有两个同学自动下来了。老师立即赞扬了两个孩子文明礼让的行为。第二次乘电梯是针对全班那么多同学排一条长长队伍乘电梯的情形，老师发现学生堵在电梯门前，又点拨：“哇，大家都堵在电梯口，电梯里的人能出来吗?”两队孩子迅速让开一点空，老师接着追问：“这点空够电梯里的人出来吗?”两支队伍立刻拉开了距离。在等电梯变队伍和让路这些行动的过程中，孩子们体悟到了排队上电梯不仅要遵循“先下后上”的规则，还形成了礼让他人的意识，这是对文明礼仪最好的德性涵养。到后来再玩坐电梯，坐地铁游戏的时，学生已经不用提醒自觉排成两队分列左右，空出中间，形成了自觉排队行动。在生活大情境的课堂上，老师处处有“礼”，以身作则，时时规范自己的言行，用美丽的微笑、文雅的肢体动作，灵活机智的评价语言感染学生，激励学生积极投入。

5. 贯穿情境评价：学生在多维多元评价中涵养美德

在情境体验课堂中，评价是一个不可或缺的环节，学生在活动中时时习“礼”，再加上即时有效的评价语，引导孩子们活动中相互谦让，彬彬有礼。孩子们在“玩中学”，学以致用，快乐掌握文明礼仪行为规则，寓教于乐，富有成效。

当学生在电梯超载时主动下来时老师给予“文明礼仪章”给予鼓励，教师评价语言更是感人：感谢你，正是你的礼让让电梯快速运行，给你点赞哦！当学生发现插队的问题时，老师及时评价：你有一双会发现的眼睛哦！你是生活的有心人哦！等等语言从正面提升儿童的礼仪素养。学生自评和互评时：我觉得他做得非常有礼貌！我觉得他做到了谦让有礼！我觉得我们组还需要继续努力呢！学生互评中做到了自我反省和互相欣赏。这就是良好的课堂文化，也是礼仪教育带来的成长力量。

总之，在生活大情境中的文明礼仪学习是快乐的，学生扮演着多种角色，在“玩中学”礼仪成为课堂的“局中人”。跟随着老师的指引，真实地“游戏”玩耍起来，他们在玩耍中发现了一串串文明礼仪的“珠子”；感悟着文明礼让的智慧；改变着，实践着文明礼仪的方式，体悟到了文明礼仪可以给我们的生活带来文明、和谐和美好。在这样的课堂里，学生的个性在这里张扬，智慧在这里生成，德性在这里生根，精神的力量在蓬勃，这就是生活大情境课堂的魅力所在。愿这样的课堂越来越多！

6. 把握情境体验须知，促进儿童具身实践“践礼养德”具有适切性

道德与法治学科的育人目的在于育德。实施“践礼养德”情境体验式教学时要注意时机的把握，充分发挥学生的主体作用，还要发挥校家社一体化的协同作用，情境体验才能深度实施，达到适度效度的最优化。

(1) 创设情境时机的把握，要注意开展体验恰逢其时

情景体验式教学在实施中，对于情境的创设时机把握很重要。首先要创设真实情境或者接近真实的情境吸引学生参与体验。在学生道德认知模糊时候，创设情境体验明理更有效；在学生情感激发不足时，教师创设情境激情启思更有效；在学生实践不足时，教师要创设实践性情境，给予学生充分的体验；学生在道德思维不明时，教师要打开言路让学生辩一辩，相信真理是越辩越明，学生道德思维的深刻性与批判性在辩论研讨中得到提升。

(2) 情境体验的深度实施，要发挥学生自主主体性

情景体验的深度实施需要发挥学生的主体性，教师要为学生提供充分的自主体验时间和空间。教学中呈现出学生在“做中学”“活动中学”的学习样态，学生是自主参与情境体验的主体，而不是老师安排好的提线木偶，学生的自主体验才是真实，有效的。不能只讲授礼仪知识，而不让孩子实践体验，在台上学生表演得很好，在平时的生活中，学生认为就没有必要这样讲究礼仪了，造成了知行不一的现象，也没法做到“践礼养德”。学生只有是自主体验的情境下才能助长儿童真实的情感积淀，才能促进儿童成为知行合一的人。

(3) 情境体验的适度效度，要发挥校家社协同作用

生活教育理论指出“生活即教育，社会即学校”。在“践礼养德”的德

育课堂中，要充分发挥校家社的协同育人功能，构建校家社合作沟通渠道，寻求教育合力。在教学中常常需要家长的配合和参与评价才能有效果，学生本身是生活在家庭、学校和社会中。有的体验活动必须要社会的支持才能完成，比如寻访活动，志愿者服务活动，必须要有社会系统的支持才能实施到位。只有学校家庭与社会的协同支持，“践礼养德”德育课堂才能唤醒儿童生活的智慧，正是学校家庭社会支持下的德育才焕发出了无限的生机。

第四节　“践礼养德”议题式教学模式与典型案例

道德思辨是一个人道德理性成长的重要标志，议题式学习即是促进道德高阶思维建构的重要路径。议题式学习是指学生在一定的学习情境下，就一定的议题而展开的思维和实践活动。学生是道德学习的主体，议题式学习引导学生从不同角度观察社会，对道德问题进行正确判断，并以此解决生活中的问题。由此可见，议题式学习是一种实践性、活动性学习，伴随着道德思维的发展。“礼仪礼节是道德素养的体现，也是道德实践的载体。”在道德与法治教学中，创设真实而又生动的情境，引导学生开展议题式学习，从而践行礼仪礼节规范，涵养德行，发展核心素养，让学生的道德思维从“践礼”到“养德”的过渡，实现学生从“小我”到“大我”的社会化的建构。

一、议题式教学模式基本结构

议题式教学模式要先通过单元的整体分析和设计，明确本课的教学目标，理清各核心观点的内在联系，提取学科大概念，确定本课的总议题(核心议题)，总议题具有统摄作用，体现学科大概念，体现学生道德判断的综合性能力；分议题是在这一大概念下的核心观点，是围绕总议题的某一方面进行议学的子议题，是进行总议题学习的有机组成部分。所有议题都要在梳理教学内容的基础上进行设计，通过“提出总议题——议学分议题——深化议题——回归总议题”的四个步骤，实现议题引领学习活动。这样的议题设计，无论从内容上还是从活动实施上都具有层次性，促进儿童的道德思维不断深入，促进儿童的道德理解，形成正确的价值判断，让学科核心素养的培养落地。

第一步：课前调查收集，分化议题

课前开展调查、收集资料，根据总议题按一定逻辑分化为若干分议题，导入新课。课前学生开展调查，可以充分掌握议题的资料，做好议学准备。

设计的总和分议题要紧紧围绕教学内容，按照一定的逻辑分化分议题。议题的设计要面向学生的生活实际，激活学生真实的生活经验，注意开放性，紧扣总议题设计分议题，形成一个有层次的议学系列。

第二步：创设问题情境，讨论议题

情境是议题的载体，提供了议题产生的背景，巧设真实性、两难性等问题情境，吸引学生在体验中进行议题讨论。议题式学习可以采用“分组讨论——观点分享——教师点拨提升”的形式呈现，也可以在实践中边体验边议学，促进议题式教学的生成性和生动性。来源于儿童生活的问题情境，富有真实性，可以吸引儿童深入参与议题式学习，引发儿童的道德思考，深化议题式学习效果。

第三步：开展多样实践，深化议题

为了激发学生参加议题式学习的积极性，让学生在议题式学习中产生高级的社会性情感和正确的价值判断与价值选择，议题式学习可引导学生采用多样化的实践活动，倡导开展实践性的议题活动，开展联想式、探究式、体验式等多样实践活动，拓展学生思维，让学生“在议中学，在议中做，边做边学”，增长道德实践的智慧。

第四步：回归总结议题，达成共识

课末回归总议题，合作讨论，提炼升华，达成共识，深化道德思维。学生就几个分议题的学习，合作讨论，提炼升华，形成结构化的价值判断，达成“共识”。这样的“共识”活动，是所有“议”的价值提炼与回归，让学生的道德思维得到深化，促进儿童的“践礼养德”，让核心素养得以落地。

二、议题式教学模式流程图

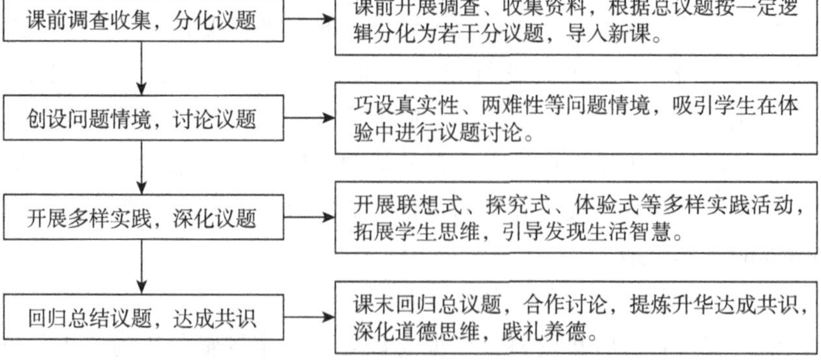

图 5-4 “践礼养德”议题式教学模式流程图

三、议题式教学模式典型案例

议题式学习：道德思维在“践礼”与“养德”之间飞舞
——以《网络新世界》一课为例

议题式学习是学生在一定的学习情境下，就一定的议题而展开的思维和实践活动。以文明礼仪规范为主题的议题式学习，让学生在生活化的情境中，就富有层次的议题，展开丰富多样的活动，从而践行礼仪礼节规范，涵养德行，发展核心素养。这样的议题式学习，让儿童的道德思维不断深入，从而实现从“践礼”到“养德”的过渡，实现学生从“小我”到“大我”的社会化的建构。

《网络新世界》作为统编版道德与法治教材四年级上册“信息万花筒”单元中的一课，意在培养学生的公共文明礼仪规范，通过“新世界很精彩”“新世界有规则”“网络游戏的是与非”三个板块，引导学生科学认识网络这一新世界，了解网络世界的利与弊，以及正确利用网络的做法。引导学生开展议题式学习，激活儿童的道德思维，涵养德性，是本课重要的教学手段。议题的设计、情境的创设、活动的开展，统一于教学目标，构成素养立意的进阶式学习形态。

1. 议题的设计具有层次性，提升儿童道德思维的品质

《普通高中思想政治课程标准（2017 年版 2020 年修订）》指出：“议题，既包含学科课程内容的具体内容，又展示价值判断的基本观点；既有开放性、引领性，又体现教学重点、针对教学难点。”① 可见，设计的议题要紧紧围绕教学内容；议学活动的有效开展是突出教学重点、突破教学难点的主要路径，也是学生掌握正确的价值观的实践载体。

（1）总议题与分议题的设计要和谐统一，促进儿童的道德理解

通过单元的整体分析和设计，明确本课的教学目标，理清各核心观点的内在联系，提取学科大概念，确定本课的总议题（核心议题），即“如何科学认识和走进网络新世界”。总议题具有统摄作用，体现学科大概念，体现学生道德判断的综合性能力；分议题是在这一大概念下的核心观点，是围绕总议题的某一方面进行议学的子议题，是进行总议题学习的有机组成部分。所有议题都要在梳理教学内容的基础上进行设计，通过“提出总议题——议学分议题——

① 中华人民共和国教育部．普通高中思想政治课程标准（2017 年版 2020 年修订）［S］．北京：人民教育出版社，2020.

回归总议题”的三个步骤，实现议题引领学习活动。这样的议题设计，无论从内容上还是从活动实施上都具有层次性，从而让儿童的道德思维不断深入，促进儿童的道德理解，形成正确的价值判断，让学科核心素养的培养落地。

（2）分议题的设计要高质而多样，丰富儿童的道德情感

“真实性、开放性和引领性是高质量议题应该具备的三大基本特征。”①议题的设计要面向学生的生活实际，激活学生真实的生活经验，注意开放性，学生需要调动假设、判断、决策等多项高阶思维能力，同时在议学活动中引领学生进行正确的价值判断。而根据设计的议题内容、学生开展的议学形式，可以将议题分为信息收集型、反思型、发现型、探究型、辩论型等。不同类型的议题，可以调动学生的参与度，丰富儿童的道德情感，贯通生活和课堂，赋予学生与教师、教材、复杂问题平等对话的权利，契合了德育的“生活化”转向，引领课堂教学从知识学习到生活建构以及价值引领建构。

（3）分议题的设计要富有逻辑，深潜儿童的道德思维

在总议题的引领下，分议题的设计要呈现一定的逻辑结构，有并列结构和递进结构两种，递进结构运用较多，即分议题就“是什么——为什么——怎么做”展开，儿童的道德思维也按照这样的逻辑顺序扩展与提升。在本课中，三个分议题对应三个板块，议题1让学生发现网络与人们生活息息相关；议题2让学生明白使用网络要讲究公共文明的礼仪规范，要遵守一定的规则；议题3让学生明白科学看待网络游戏，并用实际行动杜绝网络游戏成瘾。三个议题层层深入，富有逻辑，儿童的道德思维的深度与广度不断增加，再回归总议题的学习，学生对待网络这一新世界就有了深刻的道德认识。

基于以上三点考虑，本课的总议题与分议题设计如下：

表5-2

议题	教学内容	议题类型	议题设计
总议题	全课	反思型	如何科学认识和走进网络新世界？
分议题1	“新世界很精彩”	收集型 发现型	结合课前的“互联网生活小调查”，谈谈网络给人们生活带来的便利。
分议题2	“新世界有规则”	探究型	你在上网时遇到哪些不愉快的事？网络新世界是不是法外之地？
分议题3	“网络游戏的是与非”	辩论型	小辩论：小学生玩网络游戏利大于弊，还是弊大于利？

① 石雨晨，刘芷楠，曹曙．议题式教学在德育课堂中的应用［J］．课程·教材·教法 2023（5）：73.

2. 情境的创设具有生活性，引发儿童道德思考的力量

情境是议题的载体，提供了议题产生的背景，是后续课堂探究和讨论活动的重要基石。[①] 来源于儿童生活的情境，富有真实性，可以吸引儿童深入参与议题式学习，引发儿童的道德思考，深化议题式学习效果。

（1）情境要与教学内容相匹配，统领议题学习

本课的主要内容是科学认识网络世界，总议题“如何科学认识和走进网络新世界?”的提出，要基于一定的情境，且能统领整课的议题学习。课堂伊始，教师抓住刚刚度过的“双十一”购物节巧设情境，通过视频、图片、图表等，展示了各大购物网站狂欢购物的盛况，并让学生说说本次“双十一”家庭的购物情况，学生联系生活谈体会，感受网络购物给生活带来的便捷。这样，由学生生活出发，打开学生话匣子，创设轻松和谐的议题学习情境。接着教师引出第一个议题：网络不仅在购物方面给我们带来了便捷，还给我们的生活带来哪些便捷呢?请结合课前的“互联网生活小调查”，谈谈网络给人们生活带来的便捷。

（2）情境涉及双方利益主体的冲突，引发议题学习

双方利益主体冲突的情境，也就是“两难情境”。哲学家黑格尔将“两难”解释为“两种合理性的冲撞”，即任何一种观点或做法都有合理性和片面性，都有利有弊，让人进退两难。这样的情境，具有冲突性、思辨性和不确定性，可以引发学生的内心体验和冲突，尤其适合辩论型议题。比如本课议题 3 的辩论，教师就可以创设这样的“两难情境”，引起正反方利益主体的冲突，引发议题学习，点燃学生辩论的热情。

（3）情境应具有相对的真实性，深化议题学习

在进行议题 2 的学习之前，教师引导学生利用平板体验“荒野逃生”游戏，当学生扫描二维码用游戏软件中设置的角色进入游戏场景，此时教师引导学生说说自己填写的信息是否真实。接着，后台搜集的即时数据出现在屏幕上，全班学生才恍然大悟：因自己贪玩、防范意识差，个人信息已泄露，存在潜在危险。这样的情境具有真实性、氛围感，学生很自然进入到第二个议题“你在上网时遇到哪些不愉快的事?网络新世界是不是法外之地?”的辩论，不断深化议题学习。

---

① 石雨晨，刘芷楠，曹曙．议题式教学在德育课堂中的应用［J］．课程·教材·教法，2023（5）：76.

3. 活动的开展具有实践性，增长儿童道德实践的智慧

议题式学习往往采用“分组议论——观点分享——教师点拨提升”的形式呈现，如果每节课都采用这样的形式，势必对活泼好动的小学生而言，显得枯燥乏味。这种“公式化”的议题学习活动，不利于培养学生的综合素养，不利于德育的入脑入心。倡导开展实践性的议题活动，让学生“在议中学，在议中做，边做边学”，增长道德实践的智慧。

(1) 课前开展调查收集活动，打牢“议”之基

议题式学习，需要学生在课前调查、收集相关资料，为课堂中儿童道德思维的分析、碰撞、体验、提升，提供先行经验准备和思维支撑，让学生的学科学习向外联通，向内贯通。其一，课前布置调查活动，学生通过调查“网络给生活带来的便捷”，提交线上问卷，教师提前做好饼状图和线状图，给学生带来直观感受，感受网络世界带来的便利，感受“新世界很精彩”。其二，课前布置搜集活动，学生根据第三板块“网络游戏的是与非”，搜集、整理、筛选、汇总资料，为课堂小辩论做好充分准备，为形成正确的价值观和寻找正确、合理的解决办法打下坚实的基础。学生不仅搜集到了相关的沉迷网络游戏荒废学业的真实案例，同时也搜集到了对未成年人进入网吧、玩网络游戏的相关法律规定，提升了课堂小辩论的科学性和时效性。

(2) 课中开展多样的实践活动，深化“议”之效

为了激发学生参加议题式学习的积极性，让学生在议题式学习中产生高级的社会性情感和正确的价值判断与价值选择，议题式学习可引导学生采用多样化的实践活动，常用的形式有反思式、联想式、探究式、体验式、实践式、辩论式等。试以本课的议题式学习活动，举例如下。

开展联想式议题学习活动。议题 1 在学生“结合课前的“互联网生活小调查”，谈谈网络给人们生活带来的便利。”的议论后，教师引发学生进一步讨论：“互联网 + A = B”。学生根据经验进行联想，议论点涉及政治、经济、文化、科技等多方面的互联网运用。此时再让学生结合所搜集的资料，每组围绕一个方面进行讨论和汇报。这样就使学生的“互联网 +”个体的经验相互联结，进而建构起丰富的生活世界。教师拓展学生思维，引导学生去联想，去发现，尊重儿童的原初智慧，从而让议题学习具有生成性和生动性。

开展体验式议题学习活动。议题 2 “你在上网时遇到哪些不愉快的事？网络新世界是不是法外之地？”的学习，在学生说出“QQ 号被盗、评论被攻击、个人信息被盗、被商家骚扰”等不愉快的经历后，学生体验到网络

世界需要一定的规则。此时，让学生进行角色扮演，模拟普法宣传员，以“网络世界有规则”为主题开展普法宣讲，宣传网络规则的重要性和规则要点。学生郑重宣誓：网络世界有规则，文明上网，从我做起。通过角色扮演，学生身临其境地感受网络中需要一定的文明礼仪规范，感受到法律的神圣与庄严，将“恪守道德，遵守法律”内化于心、外化于行，实现知识与价值观的统一，促进核心素养的提升。

开展辩论式议题学习活动。议题3的辩论式议题学习，首先要唤起学生有参与辩论的欲望，“同学们都玩过网络小游戏吧”这样的带入，激起学生的共鸣，促使学生参与辩论。其次，对于议题“小学生玩网络游戏到底是利大于弊，还是弊大于利”，充分给学生表达自己观点的机会，让学生联系具体事例，阐明自己的观点。第三，通过观点的交流，引导比较观点，客观理性地分析观点，找出偏差，反思自我，形成正确的价值观。整个辩论的过程是一个认识、辨析、再认识的过程，儿童的道德思维经历了从简单到复杂，从现象到本质，从感性到理性的认识过程。教师要在倾听的同时，找准时机有效引导，找出错误观点的症结所在，并鼓励学生找到解决问题的办法，从而实现对议题式学习的有效引领。由此可见，整个辩论过程，“学生通过议题中的问题的思考、问题辨析经历了正确认识自我、深刻地剖析自我以及更好地完善自我这样三个内化的过程。”① 通过辩论式议题实践活动，学生的道德品质得到了涵养和提升。

（3）课末开展议题“共识”活动，涵养“议”之德

根据“提出总议题——议学分议题——回归总议题”的三个步骤，在三个分议题议学充分的基础上，课末教师要引领学生“回归总议题”。本课要回归“如何科学认识和走进网络新世界”，学生就三个议题的学习，合作讨论，提炼升华，形成结构化的价值判断，达成“共识”。这样的“共识”活动，是所有“议”的价值提炼与回归，让学生的道德思维得到深化，促进儿童的“践礼养德”，让核心素养得以落地。

第五节 “践礼养德”思维导图教学模式与典型案例

新课标下的道德与法治教学，非常注重儿童的道德行为表现达成度，注重行为实践是“践礼养德”教学品德养成教学理念的落脚点。思维导图能

① 金朝辉．自主辨析：议题式教学的新路径［J］．思想政治教学，2019（2）：40.

够将散乱的道德认识点汇集在一起，帮助学生建构完善的道德认知体系，激发学生探究兴趣，促进儿童将道德知识通过自我梳理，逐渐形成比较有体系的道德认知链条。思维导图教学模式是指引导学生根据道德与法治文本内容，学生绘制思维导图自主学习唤醒认知，通过展示思维导图激发情感交流，师生探究思维导图深化思维和指导实践的一种教学模式。由此串起“践礼”认知链，聚焦“养德”内化点，再现“践礼”情感线，推动“养德”实践化。学生们通过思维导图式学习实践，使身心在“践礼”与“养德”之间尽情共舞。

一、思维导图教学模式基本结构

引导学生开展思维导图式学习有助于梳理道德认知，深化道德思维，激发道德情感，提升道德践行。将被动的道德知识接收转变为主动开展道德认知建构。思维导图教学模式分为“绘制思维导图，唤醒认知——展示思维导图，激发情感——探究思维导图，深化思维——再现思维导图，指导践行”四个步骤，通过这一模式的学习，把道德与法治“践礼养德”教学理念中道德践行这一核心落到实处，用思维导图指导儿童学会如何指导实践行动，将有助于儿童在践礼活动中“养德”。

第一步：绘制思维导图，唤醒认知

课前绘制思维导图，进行自主学习，唤醒已有经验认知，激发学习主动性。教师在课前根据教学内容引导学生精心绘制思维导图，可以清晰地呈现知识结构和要点。绘制思维导图的过程调动学生身心参与，有效地唤醒学生的身心经验，更加清晰地认识到冲突在生活中的普遍性及其危害性，也为后续对冲突的深入分析以及如何“践礼”奠定了基础。

第二步：展示思维导图，激发情感

课中展示思维导图，激发道德情感，交流学习历程与思考，深化道德认知。道德情感的激发是道德认知到道德践行的桥梁。激情是为了“践礼”，而“践礼”又可以进一步强化学生的道德情感。课上展示思维导图，让课堂变成了一个情感与思想交流的舞台，每一幅思维导图都承载着学生独特的经历和思考，有效地激发学生的道德情感。

第三步：探究思维导图，深化思维

探究思维导图，思维碰撞，提升道德思维深刻性与批判性，反思中涵养德性。通过交流分析思维导图，引发儿童高阶道德思维，让学生在思维碰撞中，产生探究欲望，并在寻求新的认知平衡的过程中提升道德思维的深刻性与批判性，这是“养德”的过程。学生们的道德思维得到深化。他们不再仅仅局限于眼中看到的表面现象，而是深入思考背后的道德问题。

第四步：再现思维导图，指导践行

通过实践体验，情境再现思维导图，指导道德践行，提升礼仪素养。情境再现思维导图，为指导道德践行提供了一条生动而有效的途径。学生以小组为单位，通过角色扮演，情景模拟等方式重现了情境，通过换位思考或者实践体验的方式更好地理解各方的立场和感受。通过这样的实践，学生们不仅将道德知识转化为实际行动，更在道德践行中学会了如何以积极、健康的方式解决问题，礼仪素养得到了提升。

二、思维导图教学模式流程图

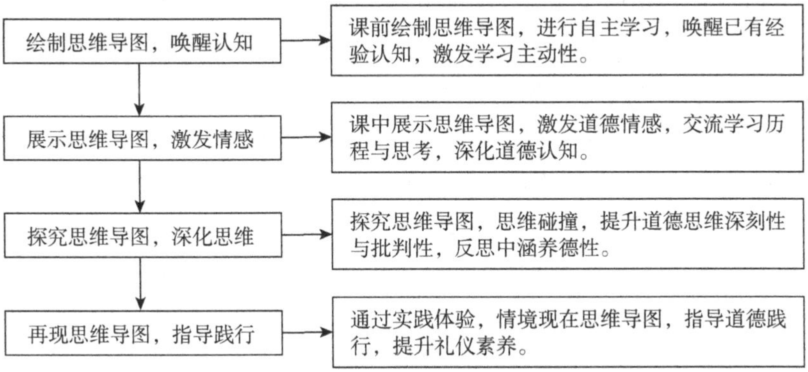

图 5–5 “践礼养德”思维导图教学模式流程图

三、思维导图教学模式典型案例

思维导图式学习：身心在“践礼”与“养德”之间共舞

——以《当冲突发生》一课为例

思维导图式学习可以深化道德思维的深刻性与批判性，激发道德情感，有助于儿童通过切身参与的实践性学德活动，把社会规范内外互化，培育品德核心素养，涵养德性，对于儿童的品德建构具有重要的意义。

1. 思维导图式学习在“践礼养德”教学中的作用

在小学道德与法治教学中，为了促进儿童深化道德认识，指导具身体验，促进知行合一，“践礼养德”，在中高年级可以引导学生开展思维导图式学习，对于儿童道德自主建构具有重要作用。

(1) 有助于梳理道德认知，串起“践礼”认知链

思维导图能够将散乱的道德认识点汇集在一起，帮助学生建构完善的道德认知体系，激发学生探究兴趣，促进儿童将被动道德知识通过自我梳理，逐渐形成比较有体系的道德认知链条。比如统编德法教材四上《网络新世界》一课中，主要围绕使用网络要注意网络安全，探究学会文明上网这一系列认知链。在儿童拿起笔翻开书画思维导图的那一刻起，就是在开始实施“践礼”自主学习的开端。

(2) 有利于深化道德思维，聚焦“养德”内化点

在小学道德与法治教材中有许多文明礼仪素养教育内容，指导儿童如何与人相处的课文，利用思维导图很容易把握对儿童道德思维的深度引导。在统编教材六下《学会宽容》一课中，学生在制作思维导图中发现在“计较城”里的报复对方反而坏事，矛盾越来越深，学会原谅才是放过自己，也是原谅可能犯错的自己这一重要启示；同时对从法律的角度对宽容又作了底线标识。在宽容中聚焦“养德”内化点，指导儿童如何做人。

(3) 有利于激发道德情感，再现“践礼”情感线

道德情感的激发是道德践行的媒介，激发“心动”促进知行合一的“行动”。在统编教材五下《富起来到强起来》一课，学生在“祖孙三代比童年”的思维导图中感受了生活得越来越好，感悟党的改革开放的政策好，体会党的英明伟大领导，激发爱党之情，促进儿童在生活中听党话，坚定跟党走的社会主义道路的信念。学生就是在实践活动不断激发爱国爱党的情感线。

(4) 有助于引导道德践行，推动“养德”实践化

道德践行是落实道德与法治“践礼养德”教学理念的落脚点，用思维导图指导儿童学会如何指导实践行动，将有助于儿童在践礼活动中“养德”。统编教材五上《学会沟通》一课用思维导图引导儿童践行沟通交流的“换位思考三部曲”、情绪调理、耐心倾听的方法、礼貌回应等充满了人性化的引导，体现了沟通礼仪素养培育的实操性和针对性，促进儿童在“践礼”的实践行动中“养德”。

2. 思维导图式学习在“践礼养德”教学中的实践

道德与法治教学中为了促进儿童道德思维的深刻性与批判性的深入，开展思维导图式学习是引导儿童“践礼养德”实施的关键。下面以统编道德与法治四下《当冲突发生》一课为例，论述思维导图式学习在“践礼养德”教学中的实践路径。这一课通过对思维导图的制作、展示、分析与情境再现，引导儿童认识冲突、了解冲突、剖析冲突到化解冲突，培育健全人格的核心素养。

《当冲突发生》一课由“冲突”和“欺负”两个板块组成。本课针对“冲突”这一环节，旨在培养学生成为未来和谐社会的建设者和合格的公民，具有关心、友爱、体谅、同情、合作、协商、同伴调解等人际理解力与交往礼仪。其对应《道德与法治课程标准》（2022 年版）第二学段第二学习主题“生命安全与健康教育”第二条内容：掌握良好的人际交往技能，学会倾听和表达，学会团结和包容，养成礼貌友好的交往品质，形成合群而独立的健康人格。①

（1）课前绘制思维导图，唤醒身心体验认识冲突

儿童曾经经历的道德认知需要教师的引导唤醒，而思维导图就是很好的支架，助学的利器。小学三、四年级是同伴冲突高发期，在学习《当冲突发生》这一课前，引导学生绘制思维导图的过程就像是开启了一场对自身经历的探索之旅，有效地唤醒学生的身心经验，帮助他们更好地认识冲突。教师在课前根据教学内容引导学生精心绘制思维导图，可以清晰地呈现知识结构和要点。同时鼓励学生回顾校园生活中经历或看到的校园冲突，绘制校园冲突情景图，参与到思维导图的绘制、补充和完善中来，帮助学生梳理冲突发生时，自己的情绪、行为以及处理冲突的方法等，激发学习的主动性。

通过绘制思维导图，学生们将那些潜藏在记忆深处的冲突事件一一挖掘出来：相互碰撞啦、误解啦、越界啦、借东西不还啦、争抢某种物品啦……以及回忆冲突时所带来的愤怒、委屈或无奈等情绪感受。绘制思维导图的过程调动学生身心参与，有效地唤醒学生的身心体验，更加清晰地认识到冲突在生活中的普遍性及其危害性，也为后续对冲突的深入分析以及如何“践礼”奠定了基础。

（2）课上展示思维导图，激发道德情感认识冲突

道德情感的激发是道德认知到道德践行的桥梁。激情是为了“践礼”，而“践礼”又可以进一步强化学生的道德情感。课上展示思维导图，课堂瞬间变成了一个情感与思想交流的舞台，每一幅思维导图都承载着学生独特的经历和思考，有效地激发学生的道德情感，帮助他们更深入地了解冲突。有的学生以“校园冲突”为主题，详细地列出了与同学之间因为意见不合、争夺资源等产生的冲突，并在旁边标注了自己当时的感受和反应。通过展示，其他同学感同身受，仿佛置身于那些冲突场景之中，深刻体会到当事人

① 王世光．义务教育道德与法治课程标准（2022 年版）第二学段内容解读（上）[J]．中小学教材教学，2022（08）：5.

的情绪波动。

展示思维导图的过程学生不仅对冲突的形式和原因有了更广泛的认识，还看到因冲突而带来的伤害和不良后果，学生们内心的善良和同情心等道德情感被唤醒。他们开始反思自己在冲突中的行为是否恰当，思考如何以更加理性和友善的方式解决问题。同时，在交流和讨论中，学生也学会了从他人的角度，即换位思考去看待冲突，培养了同理心和包容心。这种道德情感的激发，将促使他们在今后的生活中更加积极地面对冲突，努力寻求和谐的解决方案，为营造良好的人际关系和社会环境贡献自己的力量。

(3) 交流分析思维导图，深化道德思维剖析冲突

引发儿童高阶道德思维，让学生在思维碰撞中，产生探究欲望，并在寻求新的认知平衡的过程中提升道德思维的深刻性与批判性，这是“养德”的过程。① 当学生对各自绘制的关于冲突的思维导图进行交流分析时，一场深刻的道德思维探讨就此展开：有的同学在思维导图中细致地分析了冲突产生的原因，如自我中心、沟通不畅、情绪管理不当等；有的则着重探讨了冲突带来的后果，包括人际关系破裂、情绪困扰、学习受影响等。在交流过程中，大家纷纷发表自己的看法和见解。对于冲突原因的探讨，引发了学生们对自身行为的反思，促使他们认识到在与人交往中要学会换位思考、积极倾听。显而易见，儿童不管是对冲突原因的分析还是对冲突结果的探究，都是在对自我的剖析，对人性中最美好的品德向往，以及对良好人际关系的珍惜和期盼，此处让我们看到了他们德性生长的力量。

通过交流分析思维导图，学生们的道德思维得到深化。他们不再仅仅局限于冲突的表面现象，而是深入思考背后的道德问题。例如，在冲突中如何坚守公平正义、如何体现尊重与关爱他人等。这种思考促使他们在面对冲突时，能够运用更加成熟的道德思维去分析和解决问题，提升自己的道德素养和人际交往能力，为构建和谐的校园和社会环境奠定坚实的基础。

(4) 情境再现思维导图，指导道德践行化解冲突

“礼”规范着人的身体行为与感官经验，这种规范并不只是外显的行为塑造，实际上是一种道德意识转换成道德身体的过程，揭示出礼塑造身心的本质。映射到德育学科教学中，体现为儿童在身体参与“践礼”活动中涵养德性，促进道德自主建构。[4]② 情境再现思维导图，为指导道德践行、

① 吉海荣．“践礼养德”教学主张的诠释与实践探索［J］．江苏教育，2024（04）：65.

② 吉海荣．“践礼养德”教学主张的诠释与实践探索［J］．江苏教育，2024（04）：66.

化解冲突提供了一条生动而有效的途径。学生以小组为单位，挑选出具有代表性的冲突主题，通过角色扮演，学生重现了冲突发生时的紧张氛围和激烈情绪，更直观地看到冲突的全貌，更好地理解各方的立场和感受。

针对学生再现不同的冲突情境，学生在角色扮演和交流中找到了“践礼养德”化解冲突的良方与步骤：一是要勇于承担，及时道歉。对于无心之失，两位表演的同学在冲突发生后，再次表演一边扶对方起来一边承认错误，冲突得以化解，双方握手言和。二是要互相谦让，遵规守矩。学生提醒大家遵守上下楼靠右行的规则、放慢速度互相谦让可避免冲突。三是交换意见，换位思考。学生在换位思考中，发现了“爱”的力量，考虑他人感受，突破自我中心的局限，既化解冲突又实现德行的生长。四是学会求助，请人调解。学生建议向家长或老师求助，两位同学上台做调解员，成功让发生冲突的小伙伴互相道歉。五是及时沟通，各负其责，相互宽容。学生建议口渴同学带水壶、上厕所男生降慢速度等，强调事情发生后要有担当、及时沟通、换位思考、相互宽容，两位小伙伴再次表演顺利化解冲突。通过这样的实践，学生们不仅将化解冲突的知识转化为实际行动，更在道德践行中学会了如何以积极、健康的方式化解冲突，礼仪素养得到了提升。

3. 思维导图学习模式的效果评估与建议

（1）促进了儿童从“践礼”认知到“养德”的具身实践

思维导图学习模式在践礼养德具身实践活动中效果显著。在道德认知理解上，学生借助思维导图能清晰、系统地理解和记忆践礼养德相关知识点，直观看到知识点间关联，加深对整体知识体系的把握，更好地吸收和内化践礼养德具身育德理念内涵。品德行为方面，引导学生更加尊重生命、关爱他人，在日常生活中注重自身和他人安全健康，还培养了自律能力和责任感。该模式激发学生学习兴趣和主动性，使其积极参与，思维更活跃开阔，推动综合素质提升。此外，学生间因共同绘制思维导图交流合作增多，促进良好人际关系形成和团队精神培养。

（2）学习评价的有效设计与实施促进学生实现“践礼养德”

新课标强调“教—学—评”的一体化教学，在思维导图教学范式中，可以由浅入深层层递进地设计教学评价表。《当冲突发生》一课笔者安排了三次学生自我评价。第一次是在孩子们充分交流自己生活中经历的校园冲突，反思自己当时的情绪和行为表现后所做的自我评价。第二次是在同学们表演和交流关于冲突的认知、对于校园中冲突的类型以及冲突发生的原因剖析后，请学生评价自己是否了解校园冲突的类型以及冲突发生的原因。第三次在课临结束前，孩子们充分探寻化解冲突的良方，并实践操作后，请孩子们拿出课堂评价单，评价一下是否掌握化解冲突的方法，能否试着化解冲突。

表 5-3 “校园里的冲突”评价表

1	通过互相交流，我知道了校园里经常发生冲突，并能切身感受到冲突双方的情绪。	★★★ 自评（ ）
2	通过表演和讨论，我了解了校园冲突的类型以及校园冲突发生的原因。	★★★ 自评（ ）
3	我基本掌握了解决冲突的方法，能试着化解冲突啦！	★★★ 自评（ ）
姓名：		总评：共（ ）颗星

通过学生课堂自我评价，可以发现：本节课目标达成度较高，95%的孩子能感受到冲突双方的情绪变化；92%的孩子能比较准确地剖析校园冲突发生的原因，85%的孩子能列举出 4 种以上的冲突类型；100%的孩子至少掌握三种化解冲突的方法。

（3）需要绘制思维导图方法的指导与其他学习模式兼收并蓄

思维导图学习模式虽有诸多优势，但也存在一些问题和不足。部分学生对思维导图绘制方法不熟练，影响学习效果，需要加强学生绘制思维导图的培训指导，使其掌握技巧。同时，强调与其他教学手段和资源融合，互为补充。针对复杂知识细化拓展分支或结合其他形式呈现，引导学生基于思维导图深入分析探讨，培养批判性和创新思维。鼓励学生进行个性化创作完善，激发主动性和创造性。有效利用思维导图与角色扮演、支架搭建等活动方式结合，不仅激发学生深层次思考，同时还能引导儿童从激情启思中有效指导儿童践行，达到知行合一，更好地服务于生命安全与健康教育，促进学生践礼养德。

思维导图学习模式在“践礼养德”具身育德教育中以直观清晰的方式呈现知识体系，帮助学生深刻理解和把握“践礼养德”具身育德的丰富内涵，强化了学生对这些重要内容的记忆和认知。通过思维导图，学生能更好地进行自我反思和品德塑造，提升道德素养。这种学习模式不仅提升了学生的知识水平，还锻炼了他们的思维能力、归纳能力和创新能力，培养了学生的合作精神和自主学习意识。通过这种学习方式，学生们的身心在“践礼”与“养德”之间尽情共舞。

第六节 “践礼养德”支架助学教学模式与典型案例

为了解决道德与法治教学中是教师“促学”的缺位，在组织儿童活动的时候，更好发挥好教师该有的促进学习的作用，在“儿童活动”与“教师促学”之间搭建“支架”以此助学。支架式教学是以最近发展区理论为基础的建构主义教学模式。即在儿童的最近发展区内，教师搭建“支架”，把学习转化为儿童可以实现的一个个“任务”，让学生在活动中自主建构意义，逐步达成教学目标。文明礼仪教育是德育的重要组成部分，也是道德与法治课程的重要内容，在促进儿童文明礼仪学习的过程中，教师适时地搭建恰当而多元的支架，让儿童在实践中进行辨析、反思、体悟、检验、实践等，最终养成文明礼仪素养。

一、支架助学教学模式基本结构

运用具身认知理念，在小学道德与法治课堂建构“践礼养德”支架助学教学模式，搭建多元支架，促进儿童具身体验“践礼养德”具有重要性。在道德与法治教学中通过“搭建支架——探究支架——调整支架——点拨支架——评价助学”五步法中建构支架助学教学模式，促进儿童具身实践“践礼养德”具有实效性。注意多元支架的合理运用，增强创新设计能力，提高主体参与意识与实践能力；完善评价支架机制，促进儿童德育品德素养的提升。

第一步：搭建情境支架，体验导入

搭建有意思的情境支架，引导学生在玩中体验，点燃学生主动探究的欲望。教师要创设一定的情境，让学生饶有兴趣地参与到活动中来，如果这个情境能把一节课的几个活动串联起来，就营造了一个有内在关联的学习的“场”，使得学习氛围变得稳定。情境支架的创设，要从儿童的已有经验出发，立足于最近发展区，有利于开展游戏、体验等活动，有利于学习目标的实现。

第二步：搭建探究支架，实践感悟

教师搭建由低到高的探究支架，引导学生在贴近生活的情境里实践感悟，形成新认知。探究性学习活动是品德学习的重要内容。在设计探究性学习活动时，教师要注重搭建探究支架，这些探究活动支架要有一定的层次，让儿童文明素养的提升过程遵照一定的学理，即由认识到反思，由反思到体验，由体验到实践。探究支架设计也尽可能体现开放、整合的特点，学生在活动中的收获也会是建构的、立体的、深切的。

第三步：调整活动支架，自主研讨

在学生遇到道德难题时，根据学生需要调整支架，给予学生自主研讨，实践探索。在活动中，教师要和孩子一起经历活动的过程，根据活动情况，如果之前预设的支架不能很好地组织与指导活动，应该及时进行调整或者补充，以此让学生继续活动或教师点拨引导，以期实现预期目标。

第四步：探索点拨支架，助力实践

教师运用“点拨支架”发挥教师的点拨助学功能，给予儿童独立探索的助学，留给学生足够时空，完成道德自主建构。支架助学教学模式最终意义是提升儿童独自探索未知的能力，教师要帮助学生完成他们自己无法独立完成的任务，使学生在引导下能够独立探索“践礼”学习，留出儿童独立探索的空间和时间是支架助学的最好方式。

第五步：评价支架助学，拓展实践

搭建评价支架，有利于教学秩序与目标达成，拓展实践，督促礼仪养成。在学生进行活动中，教师要善于搭建评价支架，促进实现真实的评价。评价一般有两种，一种是让儿童对生活中出现的现象进行评价，另一种是对活动的本身进行评价。无论是哪一种评价，都要有评价量表、图片、视频等可视化的支架的参与，学生在评价中，能动建构，从而促进文明素养的提升。

二、支架助学教学模式流程图

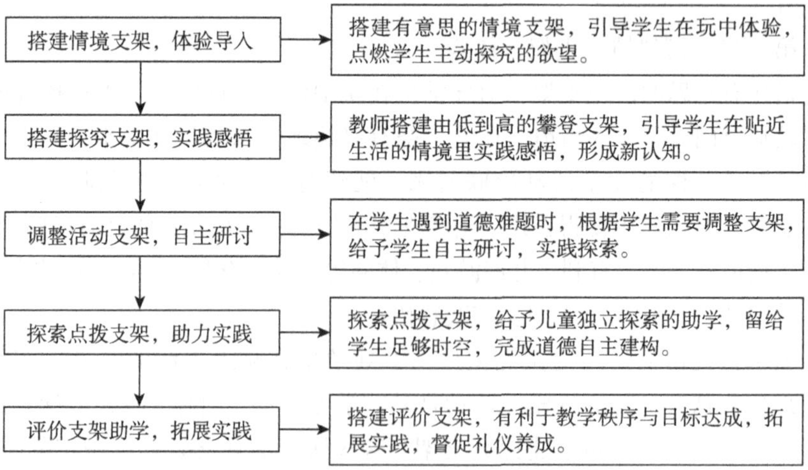

图 5-6　“践礼养德”支架助学教学模式流程图

三、支教助学教学模式典型案例

“践礼养德”支架助学模式案例
——以《建立良好的公共秩序》一课为例

践礼养德是以注重行为实践为目标的品德养成教学理念，该教学主张更加注重儿童德育过程的“身心一体”“知行合一”。[①]在道德与法治教学中，支架式教学是以最近发展区理论为基础的建构主义教学模式[②]。即在儿童的最近发展区内，教师搭建“支架”，把学习转化为儿童可以实现的一个个“任务”，让学生在活动中自主建构意义，逐步达成教学目标。[③] 本文以道德与法治五下《建立良好的公共秩序》一课为例，引导学生的道德知情意行从“践礼”到“养德”的过渡，实现学生从“小我”到“大我”的社会化的建构，在具身实践活动中涵养品德，提升素养。

1. 搭建多元化支架，促进儿童具身体验“践礼养德”具有重要性

在道德与法治教学中“支架”是连结“儿童活动”与“教师促学”的桥梁。有效搭建多元支架促进教师对学情的重视，促进师生之间的互动交流。搭建情境支架，提高儿童“践礼”的兴趣；搭建探究支架，打开儿童“践礼”活动；搭建体验支架，深化儿童“践礼”情感；搭建评价支架，促进儿童“养德”实践。

（1）搭建情境支架，提高儿童“践礼”兴趣积极性

“礼仪礼节是道德素养的体现，也是道德实践的载体。”支架助学式教学通过搭建情境支架能够营造良好的课堂氛围，激发学生参与“践礼”德育活动的积极性。尤其是巧妙创设情境支架，可以提高学生的主体意识，变被动学习为主动探究，促进“养德”建构。学生在教师科学的导向引领下能够积极进入到“践礼”活动中，在整体层面上改善课堂学习的效果。有的老师善于创设整体化大情境，激发儿童参与兴趣，教师不断变换一个又一个情境支架，在好奇心的驱使下，儿童在整个课堂中不断投入在教学情境中乐在其中，无法自拔。

---

① 胡校彬．体验式教学在初中道德与法治课中的运用研究［D］．四川师范大学，2024-05-09.

② 单志明．基于学习支架的学习活动设计与实践［J］．教学月刊·小学版，2018（1-2）：91-94.

③ 吉海荣，王松．道德与法治教学中多元支架的搭建［J］．教学与管理，2021（10）：15.

(2) 搭建探究支架，打开儿童“践礼”活动兴奋点

探究性学习活动是品德学习的重要方式。在道德与法治教学中搭建探究支架可以打开儿童心扉深入到“践礼”活动中，获得不一样的道德体验。比如在教学六上《我们是你未成年人》一课时，在探究未成年人要不要做家务时，有学生质疑：法律没要求未成年人做家务我们是否就没有做家务的责任了呢？教师引导学生分列左右，展开正反方辩论赛：未成年人需要做家务 vs. 未成年人不需要做家务。一石激起千层浪，学生探究的欲望被点燃，查阅资料、摆事实、讲道理，有的引经据典，有的说出自己的亲身感受，有的用数据说话，学生探究活动可谓八仙过海，各显神通。在辩论赛探究支架支撑下，道德思维的碰撞在加深，道德激情被点燃，道德责任意识被激发。

(3) 搭建体验支架，增强儿童“践礼”情感深度化

情感体验是道德认知与道德践行之间的有效桥梁，在道德与法治支架助学式教学过程中，搭建体验支架不仅有助于儿童道德情感的激发，也有利于道德思维深化。例如在教学四下《想想他们的难处》一课时，教师搭建体验支架，设计了一系列体验活动：一只手系红领巾，一条腿上楼梯，蒙眼睛拿取物品，闭眼睛写字。每个学生参与体验，学生在具身体验中，深深地感受到残疾人生活的艰辛，同时又为残疾人身残志坚的品质所感动，为他们内心的强大和坚强的毅力所折服。以上情感的积淀和激发，是沉浸式的体验活动中获得，没有这些“践礼”体验就没有深刻地感情迸发。

(4) 搭建评价支架，促进儿童“养德”实践持续性

教学评价的搭建贯穿于支架助学式教学的始终。在道德与法治教学中遵循多主体评价原则并运用增值性评价，既有课前根据学情准备好的评价设计表格等，又包括及时对学生的表现进行了客观公正的点评：如在小组合作、自行探究的环节中。如在教学五下《传统美德源远流长》一课，课前老师对学生项目化学习设计了细致的评价表，学生在课堂上不仅展示了采访、调查，还编演情景剧，思维导图和快板等形式，汇报形式多样化，为教学目标的达成和学生活动样态的展示起到了举足轻重的作用。这样的评价能够适时的弥补学生们认知和实践行为预想的不足，促进儿童“养德”实践的持续性，对学生们真正的活动实践起到帮助作用，同时对教师支架式教学的运用也起到了细节完善的作用。

2. 构建支架助学模式，促进儿童具身实践“践礼养德”具有实效性

根据支架教学理论，小学道德与法治课堂“践礼养德”支架助学模式分为五个步骤：一是搭建情境支架助燃，引导儿童进入具身“践礼”体验营；二是搭建探究支架助力，点拨儿童开展实践“践礼”操练营；三是调

整体验支架助威，指导儿童自主调节“养德”探索营；四是调整活动支架帮助成长，留出儿童独立探索“践礼”空间营；五是建构评价支架助学，创造儿童拓展实践“养德”成长营等步骤与方法，为儿童在“践礼”活动的逐渐成长铺路搭桥，也为儿童的素养提升和美德培育奠基。

《建立良好的公共秩序》是统编道德与法治五年级下册第二单元中的教学内容，本课时教学内容为第一部分“公共生活需要秩序”重在引导学生认识公共生活秩序的重要性以及如何遵守公共秩序。教师创设了大情境支架，以集体去幸福公园游玩贯穿课堂始终，从“郊游前——郊游旅途中——郊游终点”的教学过程中展开教学，学生在游玩情境中积极搭建支架探究公共秩序的重要性，公共标志的作用，调整支架完善学生公共生活实践，点拨支架完成学生积极参与与维护公共秩序的实践建构，涵养了遵守公共秩序中规则意识、法律意识、他人意识的社会公德意识等良好的美德。

(1) 搭建情境支架助燃，引导儿童进入具身“践礼”体验营

对于道德与法治教学中比较抽象的道德概念，教师通过说教方式往往难以奏效，达到既定的教学目标，而采用支架助学教学方式，引导儿童由“扶”到“放”的开展学习自主建构往往事半功倍。在教学《建立良好的公共秩序》这一课时，对于抽象的公共生活秩序这一道德概念，采用说教的方式是很难让五年级的学生信服和遵守的，搭建有意思的情境支架引导学生在玩中体悟非常有必要。课始教师创设情境支架：“很高兴能和大家一起走进道德与法治课堂，今天老师想带你们去幸福公园游玩，你们愿意和老师一起出去发吗?”然后组织学生排好队准备体验活动：请一二组到集队点站队体验出游，三四组作为秩序观察员，仔细观察出游时遵守了哪些秩序？教师创设的游玩情境激发学生学习的兴趣，点燃了学生主动探究公共秩序的求知欲，为探索公共生活需要公共秩序重要性做下铺垫。

(2) 搭建探究支架助力，点拨儿童开展实践“践礼”操练营

在运用教学支架教学过程中，探究支架的搭建是课堂的重要环节，搭建探究支架的过程是教师创设的贴合学生生活情境里，引导学生自主去探究，实践体验感悟的过程，点拨引导学生进入所搭建的支架中，自觉地探索道德认知点。

在教学《建立良好的公共秩序》这一课时，根据教学目标的要求，教师确定了以下三层支架探究层，第一层教学支架了解公共秩序的内涵；第二层教学支架探究为什么需要公共秩序，也就是公共秩序重要性；第三层探究支架为如何维护公共秩序？这三层探究支架层层递进，把“践礼养德”的价值引领和道德实践交织在一起灵活地显现出来，充分体现了支架式教学点拨助学功能。

表 5-4

价值引领	探究支架层
讲文明 懂礼仪 守规则 遵纪守法	第一层教学支架：公共秩序的内涵 1. 体验活动一：过马路模拟活动（出示马路口视频） 任务单：秩序观察员们注意啦，他们出游过马路有没有遵守公共秩序？你们想提醒大家过马路要遵守哪些秩序，请把这条规则写在面前的秩序单上，贴在过马路图片下。 2. 体验活动二：站台等车模拟活动（出示幸福站台） 任务单：我们这么多人在幸福站台等车应该注意些什么？下面秩序员把注意点写在秩序卡上提醒大家，贴在站台图下方。 3. 体验活动三：乘车模拟活动（出示公共汽车） 任务单：请秩序观察员们把乘车需要注意的秩序写下来，贴在公交车图下方。 4. 采访感悟：一二组顺利又安全的到达了幸福公园，三四组你们观察到了哪些秩序？看着贴在黑板上的秩序单总结出公共秩序的内涵：为维护公共生活有序进行所必需的秩序称为公共秩序。
安全稳定 有序文明 生活美好	第二层教学支架：为什么需要公共秩序 1. 探究活动一：过马路、站台等车等模拟活动探究 任务单：各位体验员们结合自己的实践体验，说说在游玩体验活动中秩序员们为什么要提醒大家这些秩序呢？ 2. 实践活动二：完成《公共标志学习单》分组讨论如何张贴 任务单：结合不同公共场所情境，分小组讨论在情境场所需要粘贴什么公共标志呢？分组完成并说明理由。 3. 探究结论：大家发现这么多的秩序都有什么共同的作用？ 总结：在公共场所，有了公共秩序让我们的生活更加安全稳定，更加有序文明，生活更美好。
关爱他人 责任意识 公德意识 爱国精神	第三层教学支架：怎样维护公共秩序 实践体验活动：文明小剧场 1. 思考讨论：以下四幅图是同学们在出游时发现的不文明行为。图中有哪些不文明的行为呢？ 2. 剧场排练：遇到这样的情况，该怎么办呢？提出小组合作要求。 3. 表演探究：同学们将小组讨论的应对办法，进行情境再现，在模拟表演的场景中表达自己面对不文明行为的应对态度与方法，在表演支架探究中探索维护公共秩序的方法。 4. 总结：在表演活动中，大家学会了维护公共秩序的方法，不仅要敢于维护，更要注意礼仪，方式合理。

（3）调整体验支架助威，指导儿童自主调节“养德”探索营

当学生遇到无法理解或者很难体会到的道德难题时，教师需要根据学生需要调节支架，为儿童提供探索的支架，指导儿童自主研讨改变的办法，只有学生自己探究来的感悟到才能在儿童的生命中留下启示，激发美德。在教学《建立良好的公共秩序》一课时，为了深刻地让学生感受公共秩序的重要性，教师带领学生开展模拟逃生游戏“小球从瓶口抽出”，为了逃生，很多同学拼命地抽拉绳子，导致小球堵在瓶口无法出来。面对这样的实验结果，教师引导儿童反思为什么会造成这种现象？这和我们公共生活中的什么

情形有点相似？如果在生活中真的遇到这种情形该如何解决？学生在小组讨论中，调整游戏体验支架，商讨解决办法，学生把此现象和公共生活中不遵守公共秩序的现象联系起来，得出只有遵守公共秩序，把大家看成一个整体，心往一处想才能顺利逃生的道理。支架如此一调整，给予了学生自主探究的空间，同时涵养了学生“心中有他人”的美好公德。

(4) 探索点拨支架助长，留出儿童独立探索“践礼”空间营

在“践礼养德”德育教学中，不能忽视教师的指导、引导功能。支架助学教学模式最终意义是提升儿童独自探索未知的能力，教师要帮助学生完成他们自己无法独立完成的任务，使学生在引导下能够独立探索“践礼养德”学习。此时教师要发挥“点拨支架”的作用，在给予儿童独立探索的空间和时间的同时，在学生遇到困惑处给予点拨；在学生无助时给予帮助；在学生思维阻断时，引导学生打开道德思维碰撞的火花，在自主探索中向深处漫溯；道德情感在“点拨支架”中被点燃，道德责任意识在自主探索中被激发。

教学《建立良好的公共秩序》一课导行环节时，在学生到达幸福公园游玩时，出现了这几个不文明的场景，请同学们帮帮他们吧。学生在模拟开展文明剧场时遇到几个困惑与疑难情况：在公园门口排队买票时出现了不愿排队的现象，有的小组排练时因为劝阻的方式不合适而产生更大矛盾与冲突；在小区里有的居民把宠物狗带到小区花园随地大小便而不理睬学生的劝阻，学生无助感十足；不文明的乘客在高铁上打电话大声喧哗根本不理会乘客的劝阻等。此时，老师不能作壁上观，要发挥“点拨助学功能”，深入到小组里询问大家遇到的困难，然后引导小组讨论，集思广益：大家的劝阻语言和语气合适了吗？换位思考一下，你能接受这样的劝阻吗？有没有更好的方式呢？如果我们不能独自完成劝阻不文明现象，能不能借助其他的力量来完成呢？在老师“点拨支架”的引导下，学生学会改变劝阻的方式方法，有的采用先礼后兵的形式，文明语言劝阻不了时，学生就搬出小区保安、高铁上的乘警，使劝阻活动发生了戏剧性的转变。正是老师的点拨助学促进学生在学会解决问题中践礼养德，完成道德的自主建构。

(5) 建构评价支架助学，创造儿童拓展实践“养德”成长营

随着新课标“教—学—评”一体化教学理念的深入人心，教学评价在道德与法治支架助学模式中是伴随着道德概念的搭建贯穿于教学始终的。教学评价支架的搭建，不仅有利于培养儿童的主体意识，更有利于教学秩序和目标达成的有效措施。在教学《建立良好的公共秩序》的每一个环节都可以运用评价支架，体验活动可以评价学生是否遵守了公共秩序，给予体验员

友善的提醒和秩序员们的观察水平的评价。贴公共标志、游戏环节以及文明剧场环节可以用评价表对参与者的态度、参与水平以及参与效度给予评价，引导学生活动既有序又有效。在课后拓展实践环节，教师布置了课后任务单：督促文明养成，完成《公共秩序维护责任评价单》（见表 5–5）

表 5–5

身边违反公共秩序的行为发现	我的做法	星级评价
能鼓起勇气地去礼貌劝阻违反公共秩序的行为，或能请求相关工作人员制止不文明行为，并提出合理的督促建议，获得☆☆☆；		
主动大胆地去劝阻违反公共秩序的行为，能知道这样做带来的不良影响，获得☆☆；		
能发现生活中违反公共秩序的行为，获得☆；		

以上评价表引导学生用不同的方法维护公共秩序，让学生在情境中发现应对不文明行为的方法与态度，初步培养学生多角度分析问题，学会用合理、合法的方式解决生活中遇到的问题，引导学生积极参与公共生活，共同维护公共秩序。树立他人意识、规则意识，培育美好的社会公德，对于学生实践拓展非常有实效。

总之，道德与法治“践礼养德”支架助学模式，在教学中教师不仅要把握运用支架助学模式的步骤，还需要把握支架助学教学模式须知，促进儿童具身实践“践礼养德”具有适切性。首先要注重课前学情分析，注意多元支架的互相支持与合理运用；其次要增强创新设计能力，提高学生主体的参与意识与实践能力；要把学生放在主体地位，让学生站在课堂的中央。唤醒儿童独立探究的意识，并培育儿童独立探究的能力；完善评价支架机制，提升多维评价的主体意识与品德素养，培育自主建构品德能力，开出自我完善、自我发展的属于“践礼养德”美丽的花儿来。

第七节 “践礼养德”项目化教学模式与典型案例

在践礼养德理念下的小学道德与法治课堂，项目化教学模式是指根据项目主题设计驱动化任务，激发学生探究欲望，将项目方案融入“践礼”具身体验实践活动中，开展自主探究活动，深入社会实践，开展多维评价，汇报展示活动，激情启思，培育关键能力和核心素养。项目化教学模式鼓励学生在认识社会中涵养德性，是道德与法治教学中提升学生核心素养的理想学习方式。

一、项目化教学模式基本结构

“践礼养德”项目化教学要实现课前、课中、课后有机融合，学生在围绕项目主题进行学习时，需要教师持续地跟进与细致地指导，发现问题并及时解决，持续跟进指导要在每一环节中体现出来。呈现出“创设情境，项目任务驱动——设计方案，具身实施项目——合作探究，实践体验激情——评价总结，价值引领提升”四个环节。师生一起探究制订项目方案，设计核心任务清单和驱动性问题，分小组探究学习探究时的调查与采访、资料的搜集与整合、调查统计的总结与分析，展示汇报形式是否具有创新性？小组合作中如何有序有效地学习？小组汇报之间如何衔接？都需要老师助学点拨、细致指导，同时项目化教学也是展示学生创新性和施展才华的最好学习方式。

第一步：创设情境，项目任务驱动

创设问题情境，学生根据感兴趣的问题选择驱动型任务，并组合成项目实践探究小组。项目化学习是以学生为中心，以问题为导向，可以解决道德与法治教学中教学重难点，提升学生核心素养的学习模式。巧妙地创设情境会激发学生探究欲望，进而师生围绕项目主题制订驱动化任务清单，为下一步设计活动方案打基础。

第二步：设计方案，具身实施项目

教师跟踪指导项目小组，制订活动方案，将项目融入具身活动引导实施。项目的实施是一个长期的过程，需要家长、老师与社会的支持与帮助。设计项目方案时要根据学生的生活实际来把握，有些活动的实施必须要有课前老师大量的指导与帮助，比如寻访活动，小采访、小调查、搜集与整合资料等具身实践活动都要校家社的通力配合，才能完成。

第三步：合作探究，实践体验激情

小组合作探究，在多样化展示与实践互动中思想碰撞与情感激荡，体验感悟。在学生小组展示的时候，展示内容的丰富性、展示形式的多样化和创新性都是小组合作学习要考量的内容。在分小组展示的时候要注意组与组之间的评判，促进互相学习，教师注意激发学生的情感，启迪思维的碰撞，贯穿评价在其中，使得学生学有方向，做到以评促学。

第四步：评价总结，价值引领提升

教师设计评价贯穿始终，师生，生生互动评价中，启迪思维，价值引领。项目评价应以道德与法治学科核心素养的培养为目的，以项目目标为导向，以实际项目学习的内容为依据为了充分调动学生的积极性，贯穿于课堂内外，才能落实“践礼养德”知行合一的教学目标，方法的指导，发挥以评促教、以评促学的作用。多维而精准的项目评价是指引项目实施的标准，是考量项目化学习成效的重要指标。

二、项目化教学模式流程图

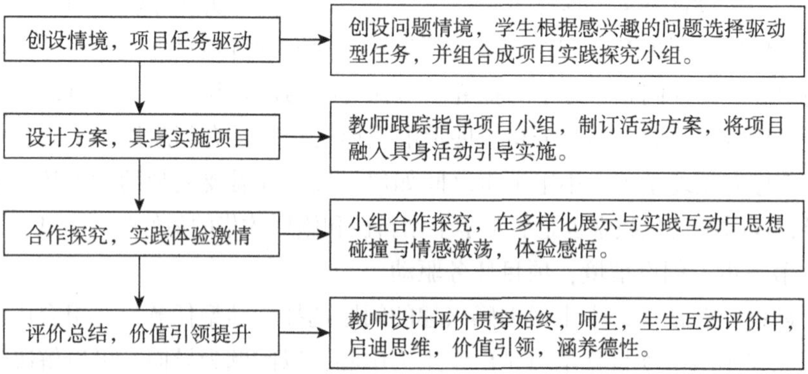

图 5-7 “践礼养德”项目化教学模式流程图

三、项目化教学模式典型案例

“践礼养德”项目化学习模式的实践探索

——以道德与法治五下《富起来到强起来》一课为例

《义务教育阶段道德与法治课程标准》（以下简称新课标）指出：“要积极探索议题式、体验式、项目式等多种教学方法，引导学生参与体验，促进感悟与建构。”在践礼养德理念下的小学道德与法治课堂，运用项目化学习引导学生开展具身体验活动自主探究，学生在认识社会中涵养德性，是道德与法治教学中提升学生核心素养的理想学习方式。本文以道德与法治五年级下册《富起来到强起来》一课为例，阐释“践礼养德”项目化学习范式的新样态。

1. 探讨“践礼养德”核心任务，将项目嵌入生活分解驱动性问题

项目化学习是以学生为中心，以问题为导向，可以解决道德与法治教学中教学重难点，提升学生核心素养的学习模式。道德与法治五年级下册《富起来到强起来》一课需要解决的问题是如何帮助学生感受到改革开放前后中国的巨大变化，感受到党的改革开放政策好，用何种形式探究更能深入学生内心？引导学生在探究活动中培育政治认同，激发儿童爱党爱国之情，坚定社会主义理想信念，涵养大德。

根据项目研究“践礼养德”核心问题，结合学生的生活领域——连云港地区的实际情况，老师与学生共同探讨制定项目核心任务和驱动性分解问题，从而为下一步项目的实施搭建精准的学习支架。确定驱动性分解问题之后，学生根据感兴趣的问题选择驱动型任务，并组合成项目实践探究小组。每个小组成员再在组内讨论交流自己小组的探究计划和实践分工。(见表5-6)

表5-6 “践礼养德——富起来到强起来”项目核心任务与驱动性分解问题

核心任务	驱动性分解问题
“图说”改革开放组 图片对比中知改革开放	1. 为什么要提出“改革开放”？板块可以展示什么内容？ 2. 什么形式的展示能让同伴对“改革开放 ”看得懂，记得住？
“剧说”改革开放组 生活变化感改革开放	1. 从哪些方面展示改革开放给人们生活带来从贫穷到富有的变化？ 2. 用什么形式表现改革开放给人们生活带来的变化，可以更深入人心？
“演说 ”改革开放组 多维度探究悟改革开放	1. 我国改革开放体现在哪些方面改革？改革开放的内涵精神是什么？ 2. 什么形式的演说更能吸引同伴对改革开放好处的理解？
“行说 ”改革开放组 国家强大赞改革开放	1. 从哪些方面展示深化改革开放后国家从富有强变得强大？ 2. 寻访鹰游集团在突破国外技术“卡脖子”现象中体现了什么精神？寻访“一带一路”中哈物流集团给我们的启示是什么？ 3. 什么形式的展示更能体现改革开放精神？更能打动人心？

从上表中我们看到，学生们通过合作交流确定了的核心任务为“图说改革开放 ”“剧说改革开放 ”“演说改革开放 ”“行说改革开放 ”，每组任务的目的都是为了解决本小组的驱动性分解问题。任务和问题确定好以后，教师引导学生小组分工合作利用节假日深入社会厂矿企业，如走进鹰游纺织集团、“一带一路”中哈国际物流集团等企业寻访调研、采访、参观和体验活动，观看有关改革开放的电影电视剧以及搜集资料等方式，引导学生主动探究，合作实践并提炼整理学习成果。学生只有真正参与到“践礼”活动中，才能体验真感受，抒发真情感。再通过课堂上的交流汇报，引导儿童对改革开放给中国带来的巨大变化进行分析、判断、归纳，从而在潜移默化中激发学生爱党爱国情感的，培养坚决拥护社会主义道路的制度自信。

2. 设计“践礼养德”探究方案，将项目融入具身活动引导实施

德育活动必须从儿童自己的世界出发，用儿童自己的眼睛去观察世界，用儿童自己的心灵来感受生活，用儿童自己的方式去探究社会。在核心任务和分解驱动性问题的导向下，即将进入项目实践探究环节，在这一环节，老师要及时跟踪指导每一个任务小组的探究规划，讨论制定项目实施方案。本节课项目学习分为三部分，分别为任务导引课、合作探究课、汇报展示课。

本项目学习围绕四个探究任务我们设计了“改革开放历程”项目探究活动的实施方案。(见表5-7)

表5-7 “践礼养德——富起来到强起来”项目实施方案

分解任务	探究内容	探究过程方式	展示汇报形式
任务一：“图说”对比中引出改革开放	家乡40多年巨变引出改革话题	1. 搜集深圳与家乡变化发展图片资料 2.《读本》中对改革开放的图片资料 3. 搜集邓小平爷爷提出改革开放的视频 4. 查阅资料，对首批沿海开放城市的探究	1. 图片展：深圳和家乡40年前后对比 2. 视频：邓小平提出改革开放的讲话视频 3. 讲述：首批沿海开放城市地图 4. 用展板图形式介绍了解改革开放 5. 歌曲《春天的故事》
任务二：“剧说”初步改革开放：国家由贫穷到富有	爷孙三代的童年	1. 衣：采访家人，搜集展示衣物实物，粮票图片等 2. 食：吃树叶体验活动，谈感受 3. 住：搜集询问家人了解住房情况、把曾经住房照片带来 4. 行：搜集海陆空现代出行图片，开展2里路行走活动，以此速度推算步行回老家的时间	1. 实物展示对比：粮票、布票、爸爸妈妈小时候穿的和自己衣物等 2. 吃树叶体验活动汇报 3. 情景剧：《买肉》 4. 展示家庭住房和出行变化的图片资料 5. 小采访：社区退休老人的视频 6. 走路体验活动汇报
任务三：“演说”多维度探究改革开放	改革开放系列情境故事探究	1. 农村改革：从小岗村18户农民说起（观看《岗上梨花开》电影并搜集资料） 2. 城市改革：从计划经济走向市场经济（观看《乔厂长上任记》电影并搜集资料） 3. 政治改革：从老百姓办事快多了说起（采访市行政审批中心服务窗口）	1. 农村改革小调研展示 2. 情景剧表演：《不用粮票啦》 3. 小故事：办事效率高 4. 小采访：市行政审批中心服务窗口与客户采访 5. 歌曲《走进新时代》
任务四：“行说”深化改革开放：国家由富有到强大	新时代的成就寻访与探索	1. 经济发展：探究中国有哪些世界第一（观看《奋进的旋律》电视剧） 2. 科技创新：从中国建造—中国制造—中国创造体现了中国速度（寻访连云港市鹰游集团） 3. 国防航天：从“北斗导航”到神舟十三号，体现了中国高度与中国精神 4. 国际影响：从加入WTO到“一带一路”，体现大国担当与中国温度（寻访“一带一路”中哈物流集团和参观连云港市自由贸易 试验区）	1. PPT展示：经济发展GDP数据对比图 2. 寻访活动：寻访连云港市鹰游集团“国家科技创新一等奖由来”视频。 3. 小实验：“碳纤维烧不断 ” 4. 议题式：我国突破外国人技术“卡脖子”，创造属于自己的碳纤维，你看到了怎样的中国？ 5. 寻访“一带一路”中哈物流活动视频 6. ppt展示探究“一带一路”发展成果。 7. 三句半表演《改革开放在哪里》

在项目学习实施的过程中，我们采用小组合作实践探究的形式，注重小组成员间的分工明确与沟通合作，充分利用组员各自的长项与优势条件，尽量提高合作探究的实效性。在实践的过程中，笔者认为要特别关注以下几个方面：

（1）项目小组合作探究，在碰撞与凝聚中共同生长

道德认知是儿童自主建构的过程。为了激发孩子学习的主动积极性，使“改革开放”这一认知易于学生接受，我们采用了问题探究项目式小组合作学习，从看课题提问开始，以问题为导向开展活动。本课设计了“爷孙三代人的童年”“改革开放中党如何带领人民走向富强”等小组探究活动，了解改革开放给我们的生活带来的巨大变化。其中，学生在爷孙三代人的童年活动中，从衣食住行四个方面开展小组探究与汇报，学生通过合作分工：搜集故事、小采访活动、搜集布票、粮票和衣物，情景小故事、忆苦思甜吃树叶，步行体验等活动，每个孩子既有自己亲自实践探究的真切感受与成果，又在小组交流碰撞中相互感染，不断凝聚，在整合中形成共识，得到道德认知的共同生长。以此激发学生对祖国改革开放所取得成就的民族自豪感和对中国共产党正确领导的政治认同感。

（2）教师持续参与指导，在点拨与扶放中思想进阶

项目化学习实现课前、课中、课后有机融合，学生在围绕项目主题进行学习时，离不开教师持续地跟进与细致地指导，发现问题并及时解决，持续跟进指导要在每一环节中体现出来。课前，师生一起探究核心任务清单和驱动性问题，学生如何分小组探究学习；可以在材料的整理与整合，活动经验与感受的提升，展示方式的创新等方面下功夫。比如调查统计的总结与分析，资料的整合与提升都需要教师的细致指导。课中，师生一起探究采用何种形式汇报展示？哪种形式展示具有创新性？小组合作中如何有序有效地学习？在展示过程中需要注意什么安全问题？小组汇报之间如何衔接？凡此种种都需要老师细致地指导。例如在碳纤维小实验中，学生发现碳纤维很细很割手，不小心就容易把手剐破，于是商议戴手套做实验；为了展示碳纤维的生活适用范围广，孩子们还带来了碳纤维羽毛球拍。在亲自试验中见证，亲身体验中国科技的强大。这些体验活动，让学生切实感受到改革开放带来的幸福，更加坚定地走改革开放之路。课后，学生进行拓展学习，去研究新时代的少年儿童作为改革开放的接班人，应该做哪些准备，增强学习动力，厚植爱国情怀，还需要教师设计拓展作业评价量规才能让行动落实到位。

(3) 丰富情境体验活动，从形象思维到价值引领飞跃

儿童的道德思维主要是从形象思维向抽象思维发展。对于小学生来说，“改革开放”是个非常抽象的话题，由于1978年的“改革开放”离学生的生活认知和学习经验较为久远，大多数学生对于改革开放的重要影响与意义了解得不多，也不全面。本课在一开始创设了一个情景：从经济特区深圳在改革开放前后的对比中，从原来小土丘，小渔村、乡下集市一跃华丽转身为现代化的繁华大都市，这天翻地覆的巨变中，发现祖国的富有和强大，从而水到渠成地引出课题。本课还开展了丰富多样的体验活动，尤其是在忆苦思甜吃树叶体验活动，孩子们说“真是实践出真知啊！吃了老辈人吃过的树叶，感觉苦涩、辣嗓子，更是感受祖辈人生活的不易，我们要珍惜今天的幸福生活!”这种感悟只有真实的体验才能生发出来。在这些活动中，我们着重引导学生从真切体验中感悟改革的精神：“闯”的精神，“创”的劲头，“干”的作风；在小采访中体会“党的领导”的重要作用；在碳纤维小实验中感受中国人民的智慧和不屈不挠的精神；在国防航天的探究中，感受到祖国从富有到了强大；在国际影响的探究中感受中国在世界舞台上的“大国担当”；学生在实践体验中，不断地从具体的事件感受中，坚定自己的理想信念，激发做担当民族复兴大任时代新人的决心。

3. 开展“践礼养德”多维评价，将项目深入具身体验激情启思

评价是项目学习中不可或缺的一个重要环节，项目评价应以道德与法治学科核心素养的培养为目的，以项目目标为导向，以实际项目学习的内容为依据。为了充分调动学生的积极性，贯穿于课堂内外。发挥以评促教、以评促学的作用。多维而精准的项目评价是指引项目实施的标准，是考量项目化学习成效的重要指标。① “改革开放历程 ” 项目评价主要从两方面着眼：一是关注学生对改革开放历程学习中的道德认知、精神传承和民族自信、政治认同的学习效果；二是关注学生在真实情境与任务中运用所学知识分析问题、解决问题时所表现的核心素养发展的综合水平。从以上两方面出发，我们设计小学道德与法治“践礼养德——改革开放历程 ” 项目评价标准，从“项目准备 ”“项目计划 ”“项目实施 ”“政治认同 ”“道德修养 ” 五个维度开展评价。(见表5-8)

① 吉海荣. 基于学业质量标准的具身德育评价系统设计［J］. 中小学德育，2023（11）：49-53.

表 5-8 “践礼养德——富起来到强起来”项目评价标准

评价维度	评价要点	评价描述
项目准备	明确任务	学生在教师的指导下全面了解项目任务的目的、要求、成果形式、评价标准等，使学生学会对项目进行分解。
	准备环节	学生针对具体的实践项目，熟悉实践场域并了解项目实施所需的基本知识和技能等。
项目计划	合理完善	学生在统筹各种资源的前提下确定项目实践的程序和步骤，根据项目目标、要求、流程和完成时间等制订实施项目的整体计划。
项目实践	合作参与	分工明确，对学习活动和内容感兴趣，能积极主动参与到学习任务，能与成员在规定时间内完成小组布置的任务，合作中充分发表个人观点，思考并提出解决问题的办法，及时总结。
	交流展示	认真倾听师生观点，主动参与，充分发表见解，有自己的观点。小组展示分工明确，秩序井然，互动充分并能在互动交流中产生思维碰撞，创新表达；成果展示形式多样。
价值观念	基本国情	了解了改革开放让中国由贫穷到富有到强盛的过程。
	道德修养	掌握基本的交往礼仪，懂得个人成长离不开社会和他人的 支持与帮助，诚实守信。能够向改革先进人物学习优秀品质和高尚的道德情操。
	政治认同	热爱中国共产党，感知中国特色社会主义的伟大成就，认同中国特色的社会主义道路，并为之自豪。
	责任意识	树立爱党爱国，坚定做社会主义事业的接班人，以中华民族伟大复兴为己任的责任意识。

项目评价标准以量表的形式呈现，为合理运用评价结果改进学生学习、发挥以评育人的功能提供支撑。评价主体分为自评、互评和师评，表现水平评述用星级来表示，三颗星（★★★）为优秀，两颗星（★★）为良好，一颗星（★）为合格。本评价注重学生道德实践的准备、过程中的合作参与、交流展示、价值观念和理想信念培育。维度精准、尊重差异、关注过程、强调发展，有利于儿童理想信念的坚定与养成。项目学习的过程中，每个小组合作探究学习，不仅要关注本小组的研究内容，还要参与到全班其他小组的研究与评价当中去。评价互动可以从优点与建议开展实施。比如，我们从他们小组的汇报中明白了什么，感受到了什么？我们组给他们的建议是什么？我们建议给他们组几颗星的评价等等。对小组互评的评价教师也要精心指导并提高效率，这样不仅把评价表的作用落到实处，真正做到“教—学—评”一体化，而且促进了学生的情感表达和核心素养的提升。新时代儿童理想信念的塑造对于他们的人生的成长至关重要。同时，思政教师也应当在把握时代内涵和特征的基础上，创新理念、创新路径，增强儿童理想信

念教育的实效性。

附：改革开放在哪里（三句半）

祖国富强靠什么？
党的领导真正好，
改革开放少不了，
今天咱们聊一聊。

联产承包责任制，
多劳多得大丰收，
改革开放在哪里？
肚子饱了！

市场经济搞活了，
沿海城市开放了，
改革开放在哪里？
钱包鼓了！

政府放权更亲民，
法治建设更健全，
改革开放在哪里？
办事快了！

加入世贸组织了，
共建“一带一路”了，
改革开放在哪里？
祖国强了！

天更蓝了水更清，
生活舒适又便捷，
改革开放在哪里？
人民笑了！

高铁飞驰天宫邀，
大国重器展新高。
改革开放在哪里？
世界赞了！

越改革，越富强，
越开放，越向上，
你说我党强不强？
真正强！
真——正——强——！

第八节　“践礼养德”案例导学教学模式与典型案例

新课标下的道德与法治教学注重案例导学功能，选择、设计和运用个人和社会生活中的典型实例，鼓励学生探究、讨论，提高学生的价值辨析能力。“践礼养德”案例导学教学模式是指在教学中引入与教学内容具有内在联系的案例，教师引导学生对案例展开讨论与深度探究，以培养学生对知识技能应用能力的教学方法。案例导学法，能够激发学生主题学习兴趣，更新教学理念，培养学生分析问题、解决问题的能力，提升儿童品德素养。

一、案例导学教学模式基本结构

案例导学教学法的实施需要教师精选典型案例，做好案例导学“践礼”资料包；小组合作探究，点拨案例导学“养德”促生成；讨论辨析案例，积极有效引领价值观；设计多元评价，反馈案例导学“践礼”促成效。案例导学教学模式基本结构是“精选案例，做好资料包——探究案例，点拨促生成——辨析案例，引领价值观——多元评价，反馈促成效”这几个步骤，具体结合案例做一评述。

第一步：精选案例，做好资料包

教师精选贴近学生生活的案例，和学生一起搜集资料，做好案例有关文本或电子资料包。教师精选的案例要贴近学生生活、具有真实性的案例以及热点案例等，案例因其与学生相关、真实性、典型性具有现实意义，激发儿童探究的热情与欲望，促进学生深度思辨。有的资料包可以是传统纸质型，有的资料可以电子资料袋或是 AI 智能体线上学习等，总之，精选案例为学生的学习在课前做好准备。

第二步：探究案例，点拨促生成

在典型案例与问题驱动下，小组围绕案例开展合作探究，具身体验，教师点拨生成。“践礼养德”案例导学式改变学生的传统学习方式，学生利用典型案例和驱动问题，学生分小组合作探究，包括课前分组、布置任务、主动搜集及预习查阅资料。课堂上小组合作汇报形式与内容，开展具身活动，以及形成汇报探究的成果，教师点拨引导，逐渐养成自主学习的习惯。

第三步：辨析案例，引领价值观

学生围绕主题辨析案例，展示多样化探究发现，教师点拨助学，引领正确价值观。积极引导学生讨论辨析案例是案例导学法的中心环节。首先激励学生主动自我思考积极发表自己的观点，允许学生持有不一样的观点；学生展示的形式可以多样化，情景表演、调查采访、正反方辩论等形式；教师针对探索中所发现的错误思路以及糊涂偏差教师要纠偏和指导，进而将探索的思路引导正确的方向，引领靠近正确的价值观。

第四步：多元评价，反馈促成效

设计多元评价贯穿课堂始终，教师及时反馈在参与度、合作度与有效度方面促进素养提升。新课标提倡“教学评一体化”。案例导学式教学中评价的贯穿非常重要。通过整合课程内容、教学方法与评价体系，形成闭环的教育生态。评价贯穿于教学的每一个环节，评价体系不仅关注学生的学业成绩，更重视其道德表现和综合素质的提升。通过行为观察、同伴评价、教师评价、自我反思等多维度评价方式，全面客观地反映学生的道德成长，促进其自我完善。

二、案例导学教学模式流程图

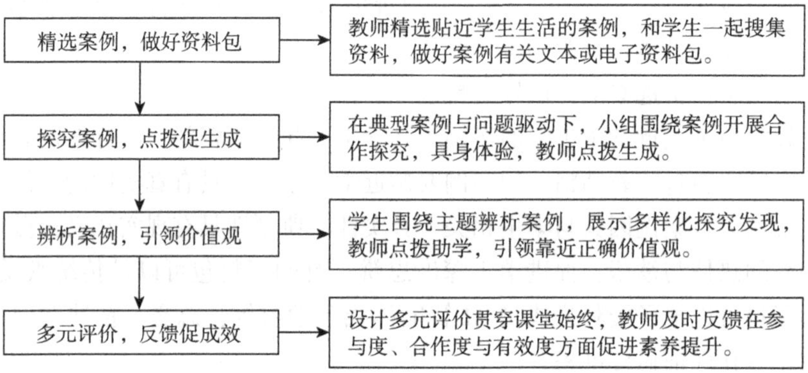

图 5-8 “践礼养德”案例导学教学模式流程图

三、案例导学教学模式典型案例

案例导学式：穿越在“践礼”与“养德”之间
——以《我们受特殊保护》一课为例

义务教育道德与法治新课标指出，注重案例教学，选择、设计和运用个人和社会生活中的典型实例，鼓励学生探究、讨论，提高学生的价值辨析能力。案例导学教学法是指在教学中引入与教学内容具有内在联系的案例，教师引导学生对案例展开讨论与深度探究，以培养学生对知识技能应用能力的教学方法。[①] 道德与法治课堂中采用“践礼养德”案例导学法，能够激发学生主题学习兴趣，更新教学理念，培养学生分析问题、解决问题的能力，提升儿童品德素养。本文以统编道德与法治六年级上册《我们受特殊保护》一课为例，尝试解读运用“践礼养德”案例导学教学法的价值、实施路径以及反思建议，建构案例导学教学模式的实施样态。

---

① 周微笑. 初中道德与法治课“一案到底”教学法的运用研究［D］. 广东技术师范大学，2023（06）：1.

1. 案例导学式在道德与法治“践礼养德”教学中的价值

“践礼养德”案例导学式教学法是指运用案例引导儿童开展以行为实践为目标的品德养成教学模式，在道德与法治教学中有着不可估量的作用。

(1) 激发学生“践礼”兴趣高，更新教学理念中“养德”

“践礼养德”是以注重行为实践为目标的品德养成教学理念。[①] 儿童通过切身参与的实践性学德活动，把社会规范内外互化，培育品德核心素养，涵养德性，不断达到自我发展与自我完善的过程。案例导学式正是在顺应践礼养德教学理念的教学模式，在案例导学教学中，教师往往会运用角色扮演、情境模拟以及合作探究等学习方式，可以转化学生“被动式”听讲学习化为“主动式”研究，引导学生产生身临其境的感受，激发学生“践礼”积极性和兴趣，充分体现和展示学生品德自主建构的过程。引导儿童在转换角色更新理念中涵养德性。

(2) 调动学生“践礼”主动性，加强课堂交互中“养德”

案例导学式教学法是一种以案例为先导、问题为基础、充分发挥教师主导和学生主体作用的教学方法。由于案例教学法所用的案例贴近学生的生活，有助于学生将生活经历与案例建立起联系，吸引学生主动、积极探究的欲望。[②] 他们在自主感知案例、群体合作探究问题、分析和解决案例问题时，生生、师生的交互更频繁，课堂案例与生活时时勾连，学生能够感受到由心而生的学习乐趣和成就感，从而更加积极地参与到课堂中来。调动了学生遵守规范“践礼”的积极性。在“助人”的案例分析中也是深化道德知识学习，在助人中自助，涵养美德。

(3) 增强学生“践礼”技能性，理论联系实际中“养德”

“礼仪礼节是道德素养的体现，也是道德实践的载体。”在案例导学法中引导儿童把理论知识与现实生活紧密相连，渗透礼仪礼节、法规等道德与法治素养，点拨学生针对案例发表不同的看法，开展思想的交流，从而对理论知识有更深的感悟，促进对知识的内化和吸收，并能够学用结合，实现知识的外化和迁移，构建起自身系统化的道德与法治知识框架。学生在理论联系实际活动中，不仅促进其知识理解力、解决问题能力和整合创新能力的提升，更是在儿童自主道德建构的同时“涵养德性”。

---

① 吉海荣. 具身向度下“践礼养德”德育课堂教学范式探索［J］. 中小学班主任，2024（09）：25.

② 丁一方. 案例教学法在高中思政课教学中的应用探析［J］. 甘肃教育研究，2024（06）：15.

2. 案例导学式在道德与法治“践礼养德”教学中的实施路径

案例导学教学法的实施需要教师精选典型案例，做好案例导学“践礼”资料包；小组合作探究，点拨案例导学“养德”促生成；讨论辨析案例，积极有效引领价值观；设计多元评价，反馈案例导学“践礼”促成效。统编道德与法治六年级上册《我们受特殊保护》这课第一课时“我们是未成年人”通过了解什么是未成年人及其特点，掌握未成年人的法律节点，懂得国家法律对未成年人的保护作用以及树立守法与担责任的意识。尤其是对于未成年人法律节点的掌握需要一系列案例的辨析来具象化，因此运用案例导学法可以很好地引导儿童“践礼养德”。

（1）精选典型案例，做好案例导学“践礼”资料包

为了充分发挥案例导学的教学效果以及达到教学目标的作用，教师需要精选典型案例。一是选择贴近儿童生活的案例，对于小学生来讲，激发参与意识和兴趣更加重要，选择的案例只有贴近学生生活才能激发儿童探究的欲望。二是选择真实性案例，真实性案例因其具有现实意义，更能激发儿童分析问题和解决问题的热情，更能培养学生联系实际的能力。三是选择热点的案例，热点案例往往因其典型性强，更能激发儿童思辨深度学习。搜集、选择以上几种案例以后还需整理和整合案例资料，形成课前案例资料包。这种资料包可以是传统案例资料，也可以是局域网络资料，也可以是学生课前搜集的大量资料、制作的思维导图等资料，为课前做好充分准备。

在执教六上《我们受特殊保护》一课“以案学法”环节时，教师选取了“11 岁儿童骑车去书店看到儿童做乞丐”“邯郸未成年人打架致死案”“讨要未成年人打赏主播钱款”三个典型案例来讨论。为了使学生对未成年人法律节点的熟知掌握，课前还布置学生把书上的法律节点表格做成思维导图。第一个案例贴近学生生活，因学生中间常存在未满 12 周岁儿童骑车上街的情形，容易激发儿童探究欲，对儿童做乞丐的讨论学生能发现法律对未成年人的保护。第二个案例是真实性案例，在网上曾引起很大的热议，有利于对遵纪守法观念的形成。第三个案例是热点案例，对于能否要回和怎样要回打赏主播钱款非常值得探究。

（2）小组合作探究，点拨案例导学“养德”促生成

在典型案例的驱动下，教师组织学生分小组自主讨论案例，引导学生在主动搜集及查阅资料过程中，逐渐养成自主学习的习惯，激励学生主动自我思考积极发表自己的观点。小组自主讨论案例的实施过程包括：①划分小组，选定组长；②明确目标，设计任务；③预习教材，查阅资料。

在《我们受特殊保护》一课教学，教师先将学生分成知法组、学法组、用法组、守法组、普法组、探法组六个合作小组。各小组明确各自抽到的案例中，哪些行为违反了什么法律，说出法律依据，提出解决的方法或建议，并用合适的方式展示出来。每个小组根据本小组的研究任务，侧重点有所不同：知法组和守法组重在明确法律年龄节点；守法组和探法组重在查阅资料；探究普法组和用法组重在运用法律维权。各小组选出组长后，教师发布任务：①请各小组合作研究法律当中的一些重要年龄节点；②请各小组在三个案例中，自由选择其中的一个案例，运用学过的法律知识进行分析。各小组自主预习教材内容，查阅相关学习资料。

（3）讨论辨析案例，积极有效引领“养德”价值观

引导学生深入辨析案例并展示辨析成果，是“践礼养德”主张下案例导学法的中心环节。分为四步：一是小组探讨汇报形式与内容；二是选出代表，汇报成果；三是具身体验，教师点拨；四是提炼观点，明理提升。在此过程中，教师要激励学生主动自我思考积极发表自己的观点，允许学生持有不一样的观点；要启发学生根据中心主题进行深入探索；要针对探索中所发现的错误思路以及偏差立即进行改正和指导，引导学生形成正确的价值观。此外，在深入辨析的基础上，学生展示成果的形式可以多样化，如情景表演、调查采访、正反方辩论，教师需给予足够的支持。

《我们受特殊保护》一课教学，在深入辨析案例并展示成果环节时，小组分别上台展示他们的所思所感所获，展示成果的形式各不相同。如选择第一个案例的知法组，研讨采用情景剧表演和法律辨析的形式展示成果。小组代表一边表演一边根据法律条文展开有针对性的辨析，指出我国法律不允许组织未成年人乞讨，年满 6 周岁的儿童应当入学接受规定年限的 9 年义务教育等一系列法律旨在保护未成年人的权益不受侵害。选择第二个案例的学法组，研讨采用模拟法庭形式展示成果，身着法袍的“小法官”们运用自己所学，对邯郸少年杀人案进行抽丝剥茧的法律辩证，严肃庄重，很有启示。选择第三个案例的探法组，采用了对话的形式分别辨析了未满 8 周岁与年满 8 周岁的儿童该如何讨要回对主播的打赏、如何维权。学生说得有理有据，教师在每一个案例辨析后，引导学生从案例中获得启示：只有遵纪守法，学会运用法律，才能更好地保护自己的合法权益。

（4）设计多元评价，反馈案例导学“践礼”促成效

新课标提倡“教学评一体化”。“践礼养德”案例导学式教学则要建立更为完善的评价体系，在整个教学过程中，评价的贯穿非常重要。通过整合

课程内容、教学方法与评价体系，形成闭环的教育生态。评价贯穿于教学的每一个环节，评价体系不仅关注学生的学业成绩，更重视其道德表现和综合素质的提升。通过行为观察、同伴评价、教师评价、自我反思等多维度评价方式，全面客观地反映学生的道德成长，促进其自我完善。

在教学《我们受特殊保护》一课时，教师课前制订课堂学生活动评价表，和学生一起讨论如何成为“知法用法小能手”。课中教师案例辨析前出示评价表，评价量表从参与的态度、小组合作度、展示形式多样化和法律运用的有效度等几个方面来评价。小组合作探究后，开展小组自评，小组互评；课上案例辨析时，组与组互评，生与生互评，教师评价等多维度多样化的评价反馈中，案例导学活动推向高潮。有了课堂活动评价表，教学目标有了方向，学生活动有了目标，尤其是学生在反思评价与批判评价的培育中评价能力得到提升，品德素养能力提升看得见，真正实现“教—学—评一体化”。

3. 案例导学式在道德与法治“践礼养德”教学中的反思建议

道德与法治学科的育人目的在于育德。实施“践礼养德”案例导学式教学时要注意传统案例资源与媒体网络资源的有机融合，注意民主氛围创设与参与热情的保持；注意把握课堂活跃度与讨论秩序度的平衡，拓展“践礼”宽度与热度，案例导学才能深度实施。

(1) 注意传统案例资源与媒体网络资源的有效融合，拓展“践礼”宽度

传统的案例资源多是静态的文本和图片，而媒体网络资源如视频、音频和动画的加入，使得教学内容更加生动和直观，极大地丰富了学生的学习体验。要充分利用各种主流媒体软件，如“学习强国”“今日头条”等网络资源，与现实生活联系紧密，囊括了国内外新闻热点，其中的案例极具时代性，是案例选择的绝好来源。传统资源往往以教师讲授为主，显得沉闷没有生气，而新媒体资源如AI豆包、拍立得等技术的运用，增加师生、生生的互动和交互，以学生小组合作主动学为主，体现了学生的主体性，现场研讨现场展示探究结果，即时性强，为道德与法治课的案例教学提供了丰富的素材，以此拓宽“践礼”的宽度。

(2) 注意民主氛围的创设与保持积极参与热情，提升“养德”高度

在“践礼养德”案例导学式教学中，对于课堂过于冷清现象时教师该如何做呢？教师作为教学活动的创设者，就要积极发挥合作者、促进者的作用，在课堂中积极调动学生讨论的积极性，而这个前提就是营造民主合作的

氛围，有机结合学生作为知识探索的共同体。[①] 比如在教学六上《我们受特殊保护》这一课时，在探究守法与担责任的辩证关系时，先是一个孩子以法律没要求未成年人做家务为由拒绝做家务的视频，引发疑问：我们到底有没有做家务的责任呢？然后采取的思辨式教学方法，一石激起千层浪，未成年人有做家务责任与没有做家务责任的两种观点学生分列左右，正反方辩论，双方摆事实，讲道理，引经据典，双方激烈的争论，有的摆出了自己做家务的感受，有的以天才少年魏永康没有自理能力被名校退学的实事。整个辩论过程教师不停地点拨助燃，让双方保持积极参与的热情，引导思辨向深度开展，加强学生对知识进行有意义学习，才能收到了较好的教学效果。

（3）注意把握课堂活跃度与讨论秩序度的平衡，稳定“践礼”热度

在案例探究辨析过程中，道德与法治课堂可能会出现过于活跃的现象时，小组讨论由于讨论热度过大而出现秩序稳定性不足状态，有的老师正是因为案例辨析太容易“乱”而不愿意运用。教师是课堂的灵魂和引导者，如何避免因为课堂气氛太过“混乱”导致影响教学正常秩序的现象呢？换言之，假设学生在案例讨论过程中探讨过于激烈使得课堂出现过于“热烈”的现象呢？可以运用评价和有效激励的手段来促进，可以结合班级红花表等评价制度支架来解决，也可以结合课堂评价表来完成整堂课教学热度调控。在教学《我们受特殊保护》一课时，教师激励学生：下面小组要比一比，大家既是小法官又是观察评价员，参与讨论的同时观察自己和他人活动是否符合评价要求呢？每一个环节把学生放在评价主体位置，学生既要参与者把讨论的热度保持好，又因为观察评价员，所以要时时对照评价完善自我，使得教学课堂活跃度与讨论秩序度得到平衡，稳定了“践礼”的热度。

① 段昭．案例教学法在高中思政课教学中的运用研究［D］．天水师范学院，2017（06）：1．

第六章　AI 赋能践礼养德：具身德育教学评价体系建构与实践

第一节　AI 赋能“践礼养德”具身德育教学评价体系建构

在教育部办公厅印发的《基础教育课程教学改革深化行动方案》中，“教学评价牵引行动”作为重点任务之一，明确提出“充分利用人工智能和大数据技术，加强过程性与增值性评价，注重发挥教学评价的引导、诊断、改进与激励作用”。课堂教学评价作为一种常规而重要的过程性评价，不仅仅关系到教学目标的有效达成，涉及教师如何调整教学环节、优化教学策略，还涉及课程教学的整体安排和学科核心素养的落地。义务教育道德与法治课程标准（2022 年版）（下简称新课标）新增学业质量标准，使核心素养培育有了实践化、可评可测、可操作的行为表现落脚点。但是，核心素养难以直接观测，只能通过学生在真实情境下的行为表现进行考查。这就需要聚焦情境、任务等关键要素，基于学校学生实际，探索基于 AI 赋能的践礼养德教学评一体化具有可操作性的评价方法切实以评促教促学，促进道德与法治教学的素养导向转型。

一、AI 赋能“践礼养德”教学评一体化教学评价体系

教师课堂教学能力的快速提升，离不开基于数据的精准分析。AI 赋能“践礼养德”教—学—评一体化教学具有理念和方法层面的指导意义，近年来，各级各类智慧教育平台为广大教师教育教学提供了极大的技术支持。引进了 AI 教学行为分析系统，对标数据进行课堂教学评价能帮助教师找准自身弱项，针对性地采取措施弥补短板。利用智能研修平台围绕课堂教学实施诊断和评价改进。但在实际操作中，活动教学与评价脱节的问题仍难以避

免。为了在 AI 活动课堂中践行教—学—评一体化新模式，以 AI 技术为辅助课堂观察法开展课堂观察教研组活动，最终归纳形成以教学目标、教学设计、教学活动、教学反馈四个环节为主要实施路径的教—学—评一体化策略。（如图 6-1）

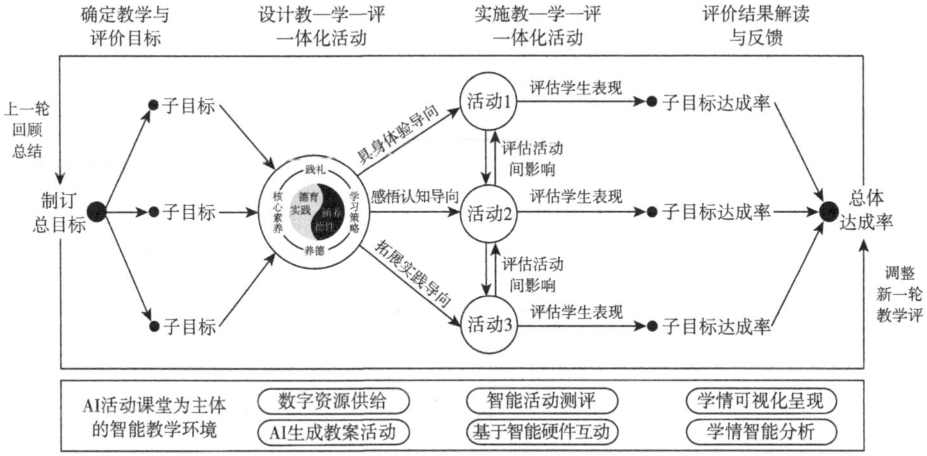

图 6-1　AI 赋能“践礼养德”教学评一体化教学策略

1. AI 赋能教学目标与评价目标的设计

首先是将宏观的教学目标分解成与核心素养发展相匹配的教学子目标，并为每个教学子目标设定与之对应的评价子目标，实现教学目标、评价目标向核心素养的建构对齐。首先，运用 AI 技术，利用教学资源把教学目标格式转化，通过怎样的“活动形式”开展“哪些活动”达成怎样的“表现程度”，培育什么“核心素养”，以此形成教学目标。然后设置评价目标，评价目标要关注学生的行为，学生在什么体验活动中达成什么认知，树立什么意识或感悟到什么，发展了什么素养等，以此作为表述的方式。最后要把评价目标告知学生，使学生在课堂上学有方向，锁定目标，不断地调整方向渐进达标或靠近评价目标。以二上《大家排好队》一课为例，我们设计了聚焦核心素养的教学与评价一体化目标（如图 6-2）

教学目标描述了教师为达成某个核心素养所做的活动指引和预期结果，与之对应的评价目标描述了学生如何完成这个活动及可观测、可评判的学习成果。教师在这个过程中需要把握体验活动与道德思维品质、道德情感的激发与学习能力协同的方法，将每节课的教学目标和评价目标更加自然有序地围绕核心素养进行建构对齐。

基于核心素养的教学目标与评价目标一致性的“践礼养德”教—学—评一体化设计

教学目标	核心素养	评价目标
1. 通过钻山洞对比游戏，上公交车去活动，感悟体验排队规则的重要，树立法治观念。	➡ 法治观念 ⬅	1. 学生在排队活动中真实体验不排队的坏处和排队的好处，树立还是排队好的意识。
2. 通过排队上车，上下电梯游戏感悟排队的基本规则和带来的安全文明和有序。	➡ 道德修养 ⬅	2. 学生在上车、上下电梯活动体验到先来后到有公平，保持距离保安全，先下后上有序。
3. 通过模拟插队游戏，体验感受守规则学会懂得礼让他人，与人和谐相处。	➡ 健全人格 ⬅	3. 学生在玩套宝游戏时，在面临特殊情况时既能遵守排队规则，又有礼让他人的美德。
4. 通过上下地铁游戏，再次体验排队规则的重要，树立遵守公共秩序的责任意识。	➡ 责任意识 ⬅	4. 学生在玩上下地铁游戏中，能安静地遵守排队规则，先下后上，能礼让他人，遵守秩序。

图 6-2

2. AI 赋能“践礼养德”教—学—评一体化教学设计

运用 AI 技术开展“践礼养德”教学评一体化教学设计，首先要突出“践礼养德”的具身体验和一体化评价特征，用好与 AI 对话的指令。利用 DeepSeek 开展模块化备课，指令公式：“课程背景信息”+“具体备课要求”+“期望输出格式”，将备课需求分解为具体提示词。比如，请 AI 设计道德与法治四下《有多少浪费本可以避免》践礼养德课堂教—学—评一体化教学设计，要求设计具身体验活动，让学生体验插秧感悟农民种粮食的不易 + 包括自评、互评、师评的课堂评价表 + 分别体现师、生活动的格式呈现。随后，生成教学评一体化设计基本符合要求，尤其体验活动的设计非常有特色。不仅有活动准备以及时间分配，分组体验模拟插秧（用鸡毛毽子代替秧苗）活动的具体步骤，还有交流分享形式与内容的安排。尤其是讨论思考：农民们每天要重复多少次这样的动作？如果每人每天浪费一粒米，全国一年要浪费多少粮食？激发了学生的道德情感和道德思维的深刻化，极好地体现了教学目标的达成，满足了教师的教与学生的学习的统一性。教学评价的设计从“参与态度”“合作意识”“体验感悟”“知识掌握”“行为表现”更是贴合“践礼养德”教学评一体化的设计目标和素养评价。（表 6-1）

表 6-1 《有多少浪费本可以避免》课堂评价表

评价项目	评价内容	自评	互评	师评
参与态度	积极参与课堂活动，认真思考问题			
合作意识	积极参与小组合作，乐于分享			
体验感悟	认真参与插秧体验，感悟深刻			
知识掌握	了解粮食的来之不易，认识到浪费粮食的危害			
行为表现	制定切实可行的节约粮食计划，并付诸行动			

3. AI 赋能“践礼养德”具身情境任务教学活动

为了更好地设计并运用具身情景任务开展教学活动，丰富课堂形式提升学生学习兴趣，促进德育体验的良好效果。用好 AI 提示词设计教学活动具身情境任务在教学上起到了很好的教学效果。例如，在教学六上《学会宽容》一课教学，案例情景剧：李壮和张楠在玩耍时，李壮不小心把张楠撞到在台阶上，顿时张楠的膝盖磕出了一个口子，直流血。晚上，李壮的爸爸妈妈带着李壮来到了张楠家……比如利用 AI 设计情景剧表演任务卡，包含李壮一家与张楠一家对话场景的三种不同演绎方式（冲突版、和谐版、惨剧版），并为每种方式提供表演表情和动作的指导建议（评价表）。

表 6-2 学会宽容“冲突版表演”评价表

评价项目	评价要求	自评	互评	师评
情绪表达	是否真实表现出了愤怒、委屈和不耐烦？			
肢体语言	是否通过动作强化了冲突感？			
语气语调	是否用语气传达了双方的对立情绪？			

表 6-3 学会宽容“和谐版表演”评价表

评价项目	评价要求	自评	互评	师评
情绪表达	是否表现出了真诚、宽容和友好？			
肢体语言	是否通过动作传递了和谐的氛围？			
语气语调	是否用温和的语气化解了矛盾？			

表 6-4 学会宽容“惨剧版表演”评价表

评价项目	评价要求	自评	互评	师评
情绪表达	是否表现出了冷漠、崩溃和恐惧？			
肢体语言	是否通过动作强化了悲剧感？			
语气语调	是否用语气传达了无奈和痛苦			

有了活动评价表可以防止学生“笑场”，没法入戏的状态，学生带着任务和要求表演，不仅要形似，还要求神似，不允许课堂为了表演而表演，脱离轨道自己瞎编乱造的想象。同时，采用不同形式的情景剧表演，给学生带来了不一样的体验，展示不一样的“宽容”状态结果是什么。冲突表演展现了不宽容带来的对立和矛盾，提醒学生要学会换位思考。和谐版表演体现了宽容和理解的重要性，鼓励学生用善意化解冲突。惨剧版表演警示学生不宽容可能导致的严重后果，强调宽容的必要性。通过三种不同演绎方式，学生可以更深刻地理解“宽容”的意义，并在生活中践行这一美德。

4. AI 赋能“践礼养德”教学活动解读与反馈

利用智能评课系统达成“践礼养德”教—学—评一体化教学，是教学解读和反馈的重要环节。AI 赋能“践礼养德”课堂是教师创设情境，任务驱动，学生利用智能体自学探究；在大模型下具身体验，研学交流，促进学生礼仪养行；学生展示交流，激情启思，利用数据平台，评学反馈，促进礼法养成；利用生成式 AI 拓展实践，促进礼义养德。AI 赋能“践礼养德”课堂模型（见图 6-3）。

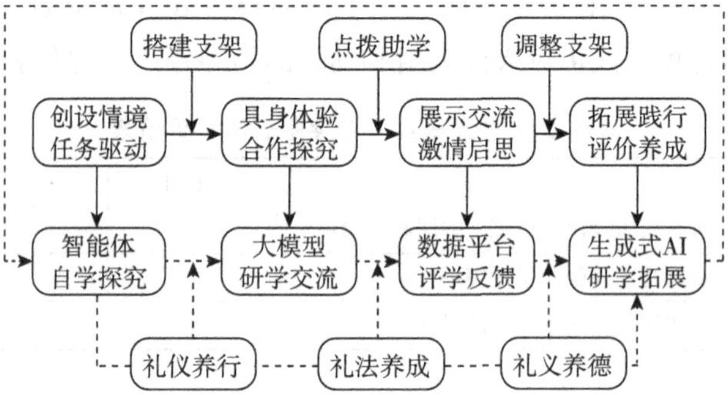

图 6-3　AI 赋能“践礼养德”课堂模式图

教师借助 AI 活动课堂的实时评测功能，辅以鼓励性的语言给予学生积极的肯定，体现赞扬和认同的态度，并通过追问引发学生的道德情感，确保学生深入理解道德认知及道德思维的深刻性；在课堂总结时，通过 AI 活动课堂可视化展示学生进步情况，通过合理归因引导学生树立“我体验我成长”的信念，有助于学生对评价结果进行深入反思。总之，人机协同的评价结果反馈及时诊断学生在学习过程中存在的问题，为教师勾勒出实时动态的活动学习轨迹，在提升教学指导精准度的同时，为学生突破最近发展区提供必要“支架”，达到以评促学、以评促教的目的。

二、评价建构：基于学业质量的“践礼养德”具身德育评价创新

“践礼养德”道德与法治课程评价以学业质量标准为准绳，其涉及价值观念、学习态度、过程表现、学业成就等，从课堂观察与学习活动、作业设计、学段综合评价以及档案袋评价等方面，贯穿道德与法治课程学习全过程和教学各环节，发挥以评促教、以评促学，以评育人的功能。①

1. 课堂教学与学习活动评价：从“多元化”走向“增值性”

作为新课标倡导的评价方式，增值性评价是指学生通过一定学德活动后在道德品行、价值观念、学习态度、课堂学习阶段目标的达成情况等方面，在各自起点或基础上进步、发展、成长、转化的“幅度”。②“践礼养德”具身德育课堂评价追求形成学生自我生长的成长链，从多元化评价走向增值性评价。

（1）课堂教学评价：注重“教—学—评”与“目标”匹配

课堂教学评价设计体现“教—学—评”一致性，关注课堂的评、教师的教、学生的学三者在同一目标下相互匹配，课堂评价中教学目标的设置要体现以学习者为中心，教学实施要体现深度学习，学习效果要体现学生的自主建构。针对师生的活动水平与教学目标达成要求作出表现水平评述（见表6-5）。

表6-5 “践礼养德”课堂教学评价量表

评价维度	评价项目	评价目标要求（定量、定性）	表现水平评述		
			A	B	C
活动目标（体现学习者中心）	素养培育目标	达成什么素养培育要求，效果如何			
	行为表现目标	开展什么行为实践，效果如何			
	道德认知与情感思维	达成什么道德认知和情感思维			
教学实施（体现深度学习）	情境与任务	创设什么情境？布置任务针对目标达成度如何？			
	讲解与媒体使用	讲解时间与效度怎样？媒体使用效果如何？			
	自主学习指导	怎样指导学生自主学习？效果怎样？			
	合作探究指导	怎样指导学生合作探究？效果怎样？			
	处理课堂生成情况	如何处理学生/情境的生成/突发事件，结果怎样？			

① 童方赟，高军玉．道德与法治单元教学目标叙写例探——以“我们在公共场所”为例[J]．中小学德育，2023（03）：15.

② 张瑜．核心素养背景下小学道德与法治评价策略研究[J]．亚太教育，2023（02）：35.

续表

评价维度	评价项目	评价目标要求（定量、定性）	表现水平评述		
			A	B	C
学生效果（体现自主建构）	自主学习情况	自主学习时间、参加人数、效果			
	参与活动主动性	参与任务回答（提问）时间、人数、参加人数、效果			
	参与合作效度	参与小组讨论的人数，时间、效果			
	活动目标达成度	有哪些互动/合作行为？哪些行为体现目标达成？			
	互动合作习惯	互动/合作习惯怎么样？出现怎样的情感行为？			
注：表现水平评述用☆星级表示，获12—9颗星为优，8—5颗星为良，4—0颗星为合格。最后由教师自评和观察者进行综合评价等级转换。			综合评价		

其中，活动目标指向素养培育，从道德认知与情感思维出发，落脚点在道德践行上，体现道德素养“知情意行”的全面达成。从教师角度，课堂教学就是呈现评价任务—组织交流展示—收集与分析评价信息—教学调整与补救的循环过程。① 量表从教师主导作用出发，从教学情境与任务创设、课堂讲解与媒体使用、自主学习指导、合作学习指导、处理课堂生成情况等五个方面，指向与活动目标的达成度。这不仅有利于课堂观察者用以指导教师开展具体的教学研讨，对于执教者开展课堂教学反思也是非常有力的抓手，从而实现“以评促教”的作用。

从学生角度，课堂学习就是理解评价任务—完成评价任务—展示与评价的循环过程。评价从学生自主学习情况、参与活动态度、参与合作效度、活动目标达成度、互动合作习惯等五方面来观察，每一个维度都指向教学目标的达成。② 它不仅从教与学的本质给予质性评价，还从参与的时间、数量、人数等方面给予量化，力求提供科学的指导性评价，从而实现“以评促学”。

课堂教学评价针对每一个采用星级式等级转换作出综合评价，为师生评价、修正、纠偏提供指导与改进依据，从而真正服务于教师的教和学生的品德养成，达到“以评育人”的目的。

---

① 杨素霞．“教学评一致性”量表设计的偏失及优化思路［J］．江苏育，2018（02）：34.

② 杨素霞．“教学评一致性”量表设计的偏失及优化思路［J］．江苏育，2018（02）：34.

(2) 学生活动评价：关注“自我”与“过程”持续增值

基于学业质量标准的评价须体现在教学设计之中，镶嵌于具体的教学活动之中。因此，“践礼养德”活动评价主要从“课堂表现”“对话交流”“小组合作”“汇报展示”四个维度细化评价指标（见表6-6），着眼学生的道德情感、品行态度、实践创新等学习表现，通过自评、互评、师评对每一个评价指标的表现水平作出描述，并以星级式等级评价作出综合评价。

表6-6 “践礼养德”课堂学生活动评价表

评价维度	评价指标
课堂表现	1. 课前完成预学单，做好学习准备，学习态度积极。
	2. 遵守课堂纪律及学德活动规则。
	3. 乐于参加各种德法学习与实践活动。
对话交流	1. 认真倾听师生观点，主动参与。
	2. 及时质疑、补充和点评。
	3. 充分发表见解，有自己的观点。
小组合作	1. 分工明确。协调能力强，善于发现问题。
	2. 团结协作。能与成员在规定时间内完成小组布置的任务，记录及时、真实、完整。
	3. 合作中充分发表个人观点，思考并提出解决问题的办法，及时总结。
汇报展示	1. 汇报准备充分，口头说明详尽生动，举止大方自信，语言有感染力。
	2. 小组汇报和展示方式多样化和多元化，观点与展示互相印证。
	3. 汇报中有个体和团体的观点和感受，有成效，有创意，有评价。

注：表现水平评述用☆星级来表示，获12—10颗星为优，9—7颗星为良，6—4颗星为合格，0—3颗星为待提高。最后由教师作综合评价等级转换。

“践礼养德”课堂学生活动评价从“课堂表现”“对话交流”“小组合作”“汇报展示”四方面展开。评价内容体现学生在学习过程中的道德品行、价值观念、学习态度、课堂学习阶段目标的达成情况。注重学生道德实践的准备、过程中的态度、改进、合作与互动与展示。这种评价方法尊重差异，注重起点，关注过程，强调发展，是增值性评价的最好体现。以此为教师的具体教学和评价提供指引。

例如，在教学“富起来到强起来”（五年级下册）一课时，教师制定了如下学习目标：①通过城市图片和视频对比活动引出改革开放的话题，学生初步感受到改革开放前后中国的巨大变化，并萌发探究巨变的求知欲和好奇心，激发学生热爱党的政治认同。②通过“祖孙三代比童年”吃树叶、步行等体验活动，学生分组搜集资料从衣食住行等方面感受到党的正确领导让中国人民过上了富裕的好日子，感受党的改革开放政策好，激发热爱党的情感。③通过寻访活动、情景剧表演、小实验、小采访活动，探究港城在经济、科技、军事航天和国际影响等活动中认识到中国逐渐走向强大。培育学生热爱祖国的家国情怀，树立以中华民族伟大复兴的中国梦为己任的责任意识。

基于表 6–6 评价维度，针对分组讨论制定了以下评价要点：1. 准备充分，汇报完整，形式多样。2. 认真倾听，主动参与，积极研讨。3. 了解了改革开放让中国由贫穷到富有到强盛的过程。4. 感受党的改革开放政策好，产生热爱党的情感。5. 树立热爱祖国的家国情怀和以中华民族伟大复兴为己任的责任意识。

评价主要关注学习目标的达成度、学生的情感态度和参与度。前两个评价关注情感态度和参与度，后三个评价则是对学习目标尤其是素养发展目标的考查。通过自评、互评和师评，以星级式等级评价出示结果，分为合格（一星）、良好（两星）和优秀（三星）。这样的课堂活动评价量表体现了教学目标、教学设计、教学过程的“教—学—评”一体化，让老师、学生心中有目标、有方向，实现教—学—评增值。

2. 作业设计与评价：从“随意性”走向“教—学—做—评”一体化

道德与法治课程标准明确指出，作业是学习评价的重要手段，并就作业内容与作业形式等提出了建议，注重通过作业掌握学生学业的达成情况，及时评价、反馈、指导学生学习。这要求道德与法治作业设计与评价既要关注结果又要关注过程，须综合运用质性分析和量化分析。我们在作业设计中注重明确分工与要求、活动展示方式和评价方法，为师生指引方向和目标。于教师而言，作业设计要落实“教—学—导—评”一体化，对学生而言，作业完成要体现“教—学—做—评”一体化。

以“让生活多一些绿色”（四上第四单元）一课为例，根据学业质量描述“具有能够理解‘绿水青山就是金山银山’的道理，自觉保护自然环境”的责任意识，我们将其大概念确定为“生态环保文明”。在教学“变废为宝有妙招”一课时，指导学生围绕真实情境“连云港市海州区垃圾分类实施情况调查与实践探索”开展系列垃圾分类实践作业。课堂上，教师带领学生制定活动方案，课后布置实践性作业，如垃圾分类资料收集、调查问卷、采访、实地考察、垃圾分类知识宣传、一日垃圾站体验活动、一日环卫工人体验等活动。部分作业设计如下：

表 6-7 “连云港市海州区垃圾处理情况的调查”活动方案

________小组　　组长________

我们研究的课题		指导教师	
小组成员			
研究过程	活动时间	研究内容（步骤）	负责人（分工）
	①	垃圾分类知识我宣传	
	②	家庭垃圾分类处理情况调查	
	③	校园垃圾分类处理情况调查	
	④	社区垃圾分类处理情况调查	
预期成果展示	供参考研究方法①上网查找②图书馆查找③调查问卷④采访，访问⑤实地考察⑥小实验⑦其他		
	展示方式：①PPT②手抄报③图片④表演⑤视频⑥儿歌⑦ 朗诵⑧其他		
我们的评价：能运用三种以上方法开展活动，展示效果多样化、有实效、感受深。★★★②小组能运用两种方法开展活动，展示效果多样化、较有实效、感受较深。★★③能运用一种方法开展活动，展示效果多样化、有些实效、感受较深。★			

针对活动中需要采访和调查的活动，教师还指导学生设计采访单、实地考察表和调查问卷表，确保学生的实践活动落在实处。例如，“家庭垃圾分类情况采访单”设计了采访目的、对象、方式和人员分工、记录工具等项目，特别设计了采访问题范例，如“请问您觉得家庭垃圾什么样的处理方式好呢？”“您觉得家庭垃圾在处理的效果如何呢？”“您觉得家庭垃圾在处理中存在的不足是什么呢？”“你们对家庭垃圾处理现状有什么建议呢？”为学生提供采访指引。

“践礼养德”具身德育课堂作业设计与评价以学业质量为“准”，使学生的实践活动有了抓手和落脚点。通过课前作业、课中作业、课后作业，将其设计实施落到实处，师生知道“为什么做”“如何做”以及“做到什么样”，以高质量的作业过程助力素养养成。

3. 学期综合性评价：从“模糊性”走向“质量化”

学期综合性评价立足于对学生核心素养的发展状况进行全面评定，包括课堂评价、作业评价和期终评价考核的结果。[①]“践礼养德”具身德育课堂学段综合性评价根据课标的内容要求和教学方式建议制定评价内容与标准，以道德与法治知识、情境模拟表演实践、典型案例分析和综合性学习展示为

① 中华人民共和国教育部．义务教育道德与法治课程标准［M］．北京师范大学出版社，2022：49，52.

主要的评价项目，并采用现场问答、表演、实践、展示等方式进行评价。其旨在引领评价从“模糊性”走向“质量化”，基于学业质量要求，关注学生情感态度、知识技能、实践创新等表现，建立综合评价意识。表6–8是我们对第一学段的综合性评价设计。具体评价可参考课堂学习评价标准，进行现场测试，成绩用优秀、良好、合格、需努力四个等级作出结果评定。

表6–8　第一学段综合性评价设计

评价项目	评价方式	评价内容与标准
道德与法治知识	现场问答操作	内容：①能说出国旗国徽含义，会唱国歌，认识中国版图，识别交通信号和标志的含义，会讲革命英雄故事；②能说出文明用语、节约小妙招、调节情绪小妙招、预防危险小妙招、学校纪律。 标准：能准确说出①，并说出②各3条获☆☆☆☆；能说出①，并说出②各2条获☆☆☆；能说出①，并说出②各1条获☆☆；能认识①但不会讲革命英雄故事，不能说出②获☆。
情境模拟表演实践	现场表演实践	内容：①能准确画出国旗，会唱队歌，会戴红领巾；根据情境参与劳动实践，模拟“小交警”。②会用礼貌用语完成情境任务；快速整理书包和文具，实践“六步法”洗手等任务。 标准：能准确实践①，并践行②各3条获☆☆☆☆；能实践①，并践行②各2条获☆☆☆；能实践①，并践行②各1条获☆☆；能完成①，不能践行②获☆。
典型案例分析	现场实践问答	内容：①能够针对“升旗仪式”“小拖拉”“小马虎”“不诚实”②“自满或自卑”“友爱互助”“安全”“餐饮之礼”等案例开展深入分析，提出翔实的解决方法。 标准：能准确分析并提出解决方案①，并践行②各3条获☆☆☆☆；能分析并提出解决方案①，并践行②各2条获☆☆☆；能分析并提出解决方案①，并践行②各1条获☆☆；不能完成①，不能践行②获☆。
综合性学习	现场展示	内容：①能够用照片、朗诵、画画、儿歌、图片、表格等多种形式展示自己的学德实践活动成果。②如观看“社会主义核心价值观”主题展览的照片、画画和感想；“告别拖拉”计划表和实施过程照片；参观游览中爱护大自然、爱护动植物的照片、儿歌等活动展示。 标准：能准确实践①，并践行②各3条获☆☆☆☆；能实践①，并践行②各2条获☆☆☆；能实践①，并践行②各1条获☆☆；能完成①，不能践行②获☆。
综合评价		注：以互评、师评对照评价观察点逐条进行等级评价，☆☆☆表示优秀，☆☆表示良好，☆表示合格，汇总总数形成等第转换标准如下：优秀12☆；良好7—11☆；合格4—6☆；需努力3☆以下。

综合性评价综合考查道德与法治核心素养的五个方面。例如，道德知识问答部分涉及政治认同、法治观念、道德修养、责任意识、健全人格等综合考查学生素养达成度。情境表演操作评价注重从道德情感和道德践行展开考量；案例分析着重考查道德思辨能力，而综合性学习展示则是课内外相结合的综

合能力的集中体现。这样的评价强调有情境有任务，让师生明确“学什么”“怎么学”“学到怎样”“就考什么样”，真正落实“教—学—评”一体化。

评价采用互评、师评多元主体星级评价方式，在等级评价的同时注重质性评价和量化评价相结合，通过“能说出各 3 条”“不能说出”等阶梯型量化评价，使得德育评价操作性强。其尊重差异，注重起点，关注过程，强调发展，不仅关注学生的学业进步，更关注其人格成长，促进素养导向的教学转型。在上述评价基础上，我们将相关评价引入期末测评之中，设计了情境模拟题。以二年级期末试题样题为例：

妈妈带东东去吃自助餐，东东认为吃多少都要花一样的钱，所以取了很多的食物，吃不完就用残渣掩埋起来。你觉得东东的做法对吗？吃自助餐时要注意什么礼仪呢？可以和身边的小伙伴模拟表演一下哦。

这是一道综合性道德模拟实践题目，考查的是学生的餐饮之礼，勤俭节约美德，以及公共场所排队、文明声音等道德素养发展情况。在学生模拟表演时，教师注重观察其行为实践能力。首先，要对浪费食物的现象给予批评与否定，并能够从以下方面分析和实践自助餐礼仪：（1）人多取餐的时候要排队、不要乱挤、乱抢、插队。（2）取餐的时候要用公用的餐具，不论什么样的食物，都不可以直接下手或者用自己的餐具。（3）取餐要适量，一次不要拿太多，以免吃不下或不习惯吃而浪费，可以采用“多次少取”的办法。（4）要尊重餐厅里的服务人员。（5）饭后，无论是未取用的食物，还是自己桌上所剩的食物都不可带出餐厅。

根据学生的模拟实践达成情况，“做得好”获四星为优秀，“比较好”获三星为良好，“做得可以”获二星为合格，“做得不够好”获一星为待努力。总体上，期终测评注重考查学生真实行为实践的努力程度，用具身“践礼”来促进“养德”，进一步促进学生素养发展。

4. 档案袋评价：在“累积表现”中建构“自我品德”

档案袋评价是一种新型质性教育教学评价工具，是指按一定目的收集的反映学生学习过程以及最终取得成果的一整套资料，包括展示型、文件型、资料型等资料。[①] 可以全面展示学生学习能力，是为了展示学生的学习和

① 骆明艳，任丰．基于档案袋评价的中小学劳动教育评价［J］．湖北科技学院学报，2021（12）：15.

进步状况，促进自主学习。新课标尤其注重表现性评价，素养导向的评价并非将自评、学生互评和师评、家长评价等多元评价简单相加求其平均数。具身德育评价观认为，“学生品德的评价重在自评，关注学生的自我评价能否无限接近他人评价是个体人格、品行是否完善的主要标志，需要关注学生自评和他人评价之间的相似系数。”① 而档案袋评价是关注学生自我表现性评价的最好方式。在学生开展综合性学习时可以采用档案袋评价，档案袋评价注重学生行为实践的质性表现，注重关注学生平时的积累努力程度。

以第一学段“告别拖拉”综合性学习档案袋评价为例，我们建议教师可设计学生上课前“小拖拉”的调查情况表，让学生展开调查反思并通过课堂小组讨论调查结果，共同学习“告别小拖拉”的经验，制订“告别拖拉”的计划表，在老师和父母协助下完成“告别小拖拉”的任务。学生每周点滴进步的照片，在实施过程中遇到的困难和心理日记，在改变“小拖拉”过程中的做事时间递减表，总结的“告别小拖拉”小妙招等心得体会、收获与感悟，以及大家对其“告别小拖拉”实践的评价语等照片、图片、视频、文字材料等都可放入学生档案袋。

档案袋评价指向过程性材料的丰富性、学生行为的真实性、实践性和努力程度，见证了学生不断战胜自我，化蝶蜕变的过程，也是其实现由“累积表现”获得“自我品德”建构的过程，更是以学生为主体，家长、学校和老师为辅助，校家社协同育人的过程。

第二节　AI 赋能“践礼养德”具身德育“教—学—评”一体化评价实践

——以教学《传统美德 源远流长》一课为例

新课标下道德与法治课堂倡导基于学业质量标准的“教—学—评”一体化教学，课堂评价是教学评价的重要内容和方面。在道德与法治课堂上如何坚持素养导向，做到以评促学、以评促教、以评育人呢？本文运用具身德育的教学理念，拟以教学五年级上册《传统美德源远流长》一课为例，尝试建构践礼养德“教—学—评”一体化教学新样态。

① 孟万金，张冲．具身德育：立德树人新视野［M］．济南：山东人民出版社，2019：106.

一、“践礼养德”具身德育“教—学—评”一体化教学评价的价值

《义务教育道德与法治课程标准》（2022 年版，下称新课标）的颁布，给了我们道德与法治教学有了质量化的标准，它告知我们教师“教什么”“怎么教”“教到什么程度”。尤其是学业质量标准的制定，给新课标倡导的“教—学—评”一体化有了可测可评的抓手。而学业质量标准是以“行为实践”作为判断依据，与此一脉相承的，“践礼养德”具身德育也是以行为实践落实品德养成的理念。那么，在“践礼养德”教学中实施“教—学—评”一体化教学无疑具有重要的价值和意义。

1. 评价设计：围绕课标设计“践礼”要求，以评定教培育素养有方向

教育的本质是育人，尤其道德与法治课程是以立德树人为本，在教学中教师需要真正做到站在学生的角度上考虑问题，教师应用“教—学—评”一体化理念确定道德与法治课程的教学目标，符合教育的本质要求，利于让教育回归本质。新课标指出，道德与法治教学评价要以核心素养培育为导向，遵循围绕课程目标——课程内容要求——学业要求——学业质量标准这样的方向，进行全面、综合的评价。每一单元每一课针对五大核心素养的培育侧重点不同，有针对性地制定评价设计，把握“践礼”要求，教学才能做到不偏离方向，把握住素养培育的要求，围绕学业质量标准来设计评价。或者说这种以评定教的方式更容易把握核心素养培育的目标，在教学上可以有的放矢。

2. 评价实施：贯穿评价对照“践礼”要求，以评促学涵养德性有力度

在道德与法治教学中实施在“教—学—评”一体化教学评价，增强教学过程的系统性、科学性及条理性，把教学过程看成一个完整的育人过程，对学生形成有效的指引与带动。教学中教师不仅需要站在学生角度思考问题，还会全面分析学生的学习效果，针对学生教学效率不高的原因开展分析和研究，在评价学生的同时，调整、补充、改革教学模式，完善教学策略，这些都有利于发展学生的综合素养，真正发挥道德与法治课程的育人价值，促进学生的全面发展。新课标倡导的“教—学—评”一体化评价，推动师生一起反思和审视教学过程，将教师的教与学生的学融为一体，相互促进，最终形成教学新生态，学生在获得更加愉快、丰富的学习体验的同时涵养德性促成长。

3. 评价反馈：及时评点调整“养德”效果，以评促教点拨助学有实效

在道德与法治课堂开展“教—学—评”一体化教学，有利于构建高效课堂，教师及时评价点拨，发挥教师的引导作用，帮助学生在学习中思考、感悟、发展和创新，保证学生学有所悟学有所获。教师将教学评价贯穿于整个教学过程，由此实现师生、学生互动，提高学生的课堂参与度，关注学生真实发生的进步，捕捉、欣赏、尊重学生有创意的、独特的表现，并予以鼓励，重构教师和学生之间的关系。教师借助教学评价指出学生的学习问题，并提出改进建议，指引学生在反思回顾的同时，寻求解决问题的最佳方法，学生在不知不觉中掌握更加高效的学习方法，完成深层次学习，形成深度思维。提升学生学习效果的同时实现以评促教和以评促学，教学更加有针对性和实效性。

二、“践礼养德”具身德育“教—学—评”一体化教学评价实施策略

具身向度下“践礼养德”教—学—评一体化教学要围绕单元目标，对接课标中的学业质量要求找准素养培育要求，围绕教学目标设计教学评价，制订课堂“践礼”评价要求，创设情景任务，贯穿评价反馈，构建课堂生成机制，在多元评价中，提升课堂参与水平，课后延伸评价，以评育人，构成学生“养德”成长链。

《传统美德源远流长》这一课是统编小学道德与法治教材五年级上册第四单元《骄人祖先灿烂文化》的第三课时，探究“天下兴亡匹夫有责”的爱国情怀主题内容。本课采用项目化教学模式，教学中要设计学生活动评价和课堂评价以及作业评价等一系列评价才能保证学生探究的深度和效度。通过对学生的过程评价和学习结果反馈，促进教师反思并改进教学方式，使教能够更好地服务于学，努力实现“教—学—评”一致性。

1. 围绕单元目标，对接学业质量素养要求，明确具体评价要求

新课标下的道德与法治课堂提倡采用大单元教学，在大单元教学中我们才能看见核心素养，因此，在开展“践礼养德”教—学—评一体化教学的时候，在制订一课的教学目标时要从单元教学目标着眼，对接新课标中学业质量表中的素养要求，明确教学评价要求着手设计评价，素养培育有方向。（见图 6–8）

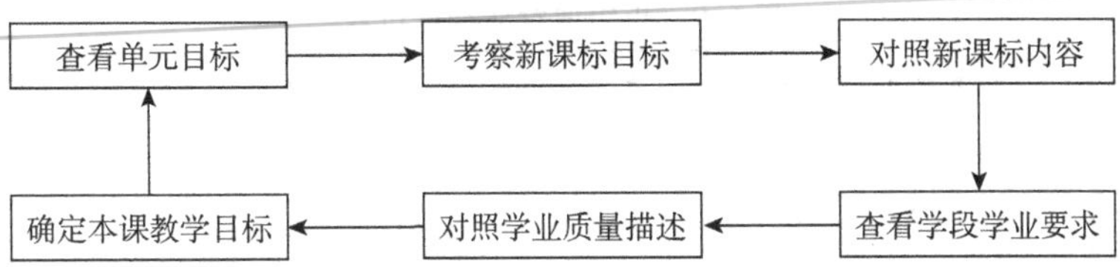

图 6-8 “践礼养德”具身德育教学目标确定路径

在教学《传统美德源远流长》一课之初，先从单元目标着眼，翻开教学参考，我们可知本单元目标主要是“体会中华文化源远流长，博大精深，增强文化认同感，树立文化自信，弘扬和传承中华优秀传统文化。”再考察新课标课程目标，这一课无疑是关于“政治认同”核心素养的培育。然后回到新课标“课程内容”第三学段的“学业要求”标明了“能够增强对伟大祖国、中华民族、中华文化、中国共产党、中国特色社会主义的认同，关心国家大事，为实现中华民族伟大复兴而努力学习。”最后回到“学业质量描述”第三学段要求“能够用实例说明中华文化的源远流长与博大精深，了解中华民族对人类文明的贡献”。到此，我们明确了本课的具体评价要求：通过探究能用实例说明中华文化的源远流长与博大精深，增强对伟大中华民族文化的认同感，关心国家大事，为实现中华民族伟大复兴而努力学习。寻求教学评价要求的过程是一个由近及远，再从远到近的过程。

2. 围绕教学目标，制定课堂“践礼”评价，提升课堂参与水平

新课标课堂评价要求指出，教师应面向全体学生进行评价，评价内容包括学生在学习过程中的道德品行、价值观念、学习态度、课堂学习阶段目标的达成情况等方面。道德与法治每一课时的教学目标在这一课中侧重点有所不同，教师在制订一个课时的教学目标和评价要求时，要具体情况具体对待的。评价要求的设计不仅要有道德知识的掌握要求，还要有价值观的引领要求，同时对于道德认知的建构的过程也要关注，体现关键能力的提升目标，体现素养的培育。

在制订《传统美德源远流长》一课教学评价时，本课重点针对天下兴亡，匹夫有责的爱国情怀作为课堂主要内容，根据新课标课堂评价要求和本课时评价内容，分别从小组活动的“参与状态”“展示内容”“汇报水平”“汇报水平”四个方面设计。其中“参与状态”“展示形式”是从学习态度和学习能力方面来评价的，而“展示内容”“展示形式”是从品德价值观和学习目标达成度来设计的。（见表 6-9）

表 6-9 小组课堂活动评价表

评价内容	优★★★	良★★	合格★	自评	生评	师评
参与状态	所有同学都能积极参与小组活动，充分展示。	小组大部分同学能进入情景，展示较充分。	只有少部分小组成员参与，展示不充分			
展示内容	展示内容能选取具有代表性爱国人物，具有典型性。	展示内容选取较有代表性，典型性比较好。	表演内容选取的历史人物不具代表性，展示内容不太好。			
展示形式	运用情景剧、调查、采访、辩论、讲故事等 3 种形式展示。	运用情景剧、调查、采访、辩论、讲故事等 2 种形式展示。	运用情景剧、调查、采访、辩论、讲故事等 1 种形式展示。			
汇报水平	敢于发言，声音洪亮，思路清晰，重点突出	声音较洪亮，思路清晰，重点较突出。	发言声音一般，语言表达不清晰，重点不太突出。			

以上评价内容和要求可以充分激发小组的合作积极性和参与度，改善课堂的参与状态和参与热情，对于道德认知和关键能力的培养也很充分，采用多维度、多元评价，可以说是一个非常成熟的教学评价体系。

3. 创设任务情境，贯穿“践礼”评价反馈，构建课堂生成机制

设计好评价要求后，在课堂上创设任务情境开展课堂活动，如何利用评价表及时反馈是教学的重点，充分发挥评价与反馈的作用很重要。课堂上利用评价，教师要关注学生真实发生的进步，捕捉、欣赏、尊重学生有创意的、独特的表现，并予以鼓励，同时也要利用好评价点拨指导学生不断调整和改进学习状态和提升能力，引导学生发现自己的潜能，合理运用评价结果改进学习，知行合一。

在教学《传统美德源远流长》一课时，教师创设了一个情景任务：为了传承中华传统美德，学校要展出一组关于“爱国”话题的展板，请大家分组探寻古代、近代、现代、身边发生的爱国故事，完成以下任务。需要同学们分组去收集相关资料，以便丰富校报素材。学生分为五个组开展合作探究任务，小组领取任务时，教师把小组评价要求让学生知晓，这样探究任务有方向；课上汇报时，学生根据评价表来评价，小组自评，他组评价结合教师评价，学生改进有方向；尤其是课堂针对小组同学汇报出现分歧时，教师带领学生研讨，学生激励生成课堂效果非常显著。（见表 6-10）

表 6-10　多元评价、互动反馈与课堂生成效果

多元评价	互动反馈	课堂生成效果
自评：小组在采用不同形式展示探究结果时，不仅从展示形式，还从爱国内容的把握度来评价，小组的自评也是针对评价表，大多数是公正的。	小组自评时，不仅提出本组展示的优点，比如选取事例具有代表性，体现爱国精神。还给出自己小组的改进建议，总体是公正的。	小组自评后给小组自我反省的机会，有的小组自评时说：我觉得我们组整体表演还是不错的，欢迎大家批评指导。自评促进了评价的良性循环。
生评：小组之间的互评，也是多角度评价，有的是从参与态度上评价，有的是形式和内容上评价，小组互相评价的积极性更高。	小组之间在评价时，既是对他组的评价，也在反思自己小组的展示成果展示情况，提醒他组展示时如何改进。参与热情明显高涨。	课堂学生创造性地表演了鲁女爱国和古代文人忧国忧民的忧患意识，互评中学生不仅学会了如何评价，且学会了如何让对方愉快接受建议和提醒，获得了与人相处的方法，把展示形式的多样化和如何与人相处推向了一个高度。
师评：教师的评价着重在于激励和引导，发现闪光点大家赞扬，激发潜能；发现不足点及时提醒，保护自尊心情况下的友情提醒。	学生展示采访身边爱岗敬业的人物，教师把评价权利下放给学生，让学生集思广益给小组建议。只有在学生找不到的时候，才点拨提醒。	老师评价不仅关注学生展示形式与内容，还从态度上给予肯定，更从价值观角度给予引领：从大家有声有色的展示中感受到爱国的激情在你们心中激荡，为你们的爱国豪情和责任担当意识而骄傲。如此互动做到育人有方向。

4. 多元评价反馈，作业延伸评价以评育人，构成“养德”生长链

新课标指出：教学评价充分发挥学校、教师、学生、家长等不同评价主体或角色的作用，形成多方共同激励的机制，从各个渠道，采取多种方式全面观察和收集学生在各种场景中的日常品行表现，形成育人合力，增强学生学习的动力和信心。在道德与法治“教—学—评”一体化教学中，为了确保课堂教学评价的良好实施，需要学校、家庭、社会的协同配合，形成合力才能达成良好的教学效果。

在教学《传统美德源远流长》这一课过程中，尤其是在完成小组合作探究的过程中，在鲲鹏展翅组开展调查采访身边的爱岗敬业者的实践活动时，需要有学校、家庭和社会的支持。在学校内，师生一起完成采访单的设计准备工作，调查采访需要家长和社会的支持。班级有警察爸爸、消防员爸爸、医护工作者妈妈、教师妈妈，或者社会上的保安师傅、清洁工阿姨等采访任务，事先要征得他们的同意，采访时要注意采访礼仪、流程和采访工具

的准备，都要一一训练与指导。调查问卷的设计和发放与实施过程都是需要老师指导，家长、相关社会人员的支持与配合。为了保证这一活动开展得有效，可以设计评价表，保证调查与采访的效度。这些活动需要课后完成，课上留下视频和图片，学生上台汇报自己参与的活动感受，这都是学生“践礼养德”道德生活的一部分，构成了儿童“养德”成长链。

三、“践礼养德”具身德育“教—学—评”一体化教学评价运用建议

在道德与法治教学活动中开展“教—学—评”一体化教学评价，除了以上的价值和实施流程外，我们在运用时还需要注意学生不同年段的特点制定适宜的评价方式，注意不同学情学生不同反馈，注意作业的设计和评价的相互呼应才能保证评价工作的实施效果。

1. 注意不同年段学生的学习水平，制订适宜的评价方式力求有效性

自从新课标倡导“教—学—评”一体化教学要求以来，我们欣喜地看到教师们参与的热情，同时，我们也发现很多评价大都是表格式，有的评价要求非常繁琐，教学效果是不是就很好呢？不一定。其实在道德与法治教学中，对于不同年级段的学生，我们评价的要求要有所区别，注意儿童的年龄特点和知识水平。低年级学生由于识字量较少，孩子的注意力保持时间短，我们设计课堂评价要求就要简单些，明快些，不妨采用卡片式的评价要求，用学生容易接受的评价要求在一段时间内一以贯之，这样容易形成习惯，利于学生素养的形成。而对于中高年级的学生，教学评价不妨设计得细致一点，用学生跳一跳能够得着的评价要求，这样根据学生特点制定出来的教学评价，教学目的才能达到，逐渐使其解决问题的能力逐步提升，关键能力培养才能逐渐到位。

2. 注意不同班级学生的不同学情，评价引导反馈的方式力求针对性

在道德与法治“教—学—评”一体化教学评价中，评价反馈也是非常重要的一环，评价反馈的方式要根据不同班级的不同学情区别对待。对于比较活跃的班级学生，教师的评价反馈在鼓励引导的基础上要有更高的要求，注意围绕学生道德与法治课程学习实践性、体验性等特点，注重观察、记录学生在学习、实践、创作等活动中的典型行为和态度特征，运用成果展示、观点交流等形式，对学生的学习情况进行质性分析，同时兼顾其他评价方式的应用。对于相对比较沉闷的班级，注重引导学生对自己的学习历程进行写实记录，丰富评价内容，提高评价的全面性、准确性。总之，对于评价的反

馈，要根据不同学情采用不同方式反馈，力求提高针对性。

3. 注意作业设计“教—学—评”一体化，挖掘完成过程的新体验和创意表达

作业评价也是道德与法治“教—学—评”一体化评价重要的一部分。新课标指出：作业评价既要关注结果，如学习作品，包括内容品质、呈现形式等，也要关注过程，如完成方案策划、素材收集、创意构思等方面的参与状况。在对作业质量整体把握的基础上，进一步对作业要素或组成部分进行单项分析。在教学中可以采用小采访的形式，深入了解作业设计的意图，挖掘内在精神意蕴。依据作业意图，确定作业评价侧重点，可注重统一要求，也可注重创意表达，处理好两者之间的关系。综合运用质性分析和量化评定，更加重视书面或口头反馈，发挥评价的引导、激励功能。

第三节“践礼养德”学期项目化评价实践探索

新课标指出：道德与法治期终评价应立足于对学生核心素养发展状况进行全面评定，应包括课堂评价、作业评价和期终考核的结果。其中，期终考核要依据本学期的课程目标、内容、教学实际组织实施，注重采用具有综合性的题目或任务，针对学段特点，可运用家校劳动任务、作品成果展示、纸笔测试、档案袋等方式。

我们连云港师专三附小已经开展项目化评价进行了两年了，不断摸索，积累了一定的经验，包括制定“践礼养德”道德与法治项目化评价的方案和实施与反馈。现把我们实施的一些方案已经呈现的样态和大家分享，以期得到大家的指导。

连云港师专三附小 2023—2024 学年第一学期
践礼养德“小海绵”道德与法治项目化评价实施方案
一年级

一、项目简介

1. 指导思想：为推进道德与法治新课标素养培育改革，真正把德育素养的提升落到实处，构建基于学业质量标准的有利于促进学生素养发展的评价体系，在具身体验实践中，激发学生道德认知与道德情感，启发道德思维，实现道德践行，真正做到在德法学习中“践礼养德”，获得自我发展与自我完善。

2. 项目名称：“践礼养德”小海绵具身德育评价实践

3. 项目负责人及成员：张悦、王琦、殷悦、张巧林、董洋洋、黄玲玲、姜玲、彭玉清、孙汐涵、钟文娟、朱泉融、张静、戴春凤、戴淑莲、唐玮

二、项目实施主要举措

1. 文明用语我会说

活动目的：低年级学生相处学会说文明礼仪用语是提升个人品德素养，学会与人和谐相处的关键，是健全人格的表现，也是入学教育的重要内容，在情境任务创设中学会使用文明用语，入情入境，具身模拟非常重要。

情境任务：小明同学在离开教室的时候，不小心把同桌小军的作业本碰在地上了，小明该怎么说，怎么做呢？同桌相互模拟表演一下。

等级设计标准：

★★★见到老师主动问好，能立即把同桌的作业本捡起来放回原位置，并诚恳地说“对不起”，对方也能回应“没关系”。

★★能及时说“对不起”，对方能回应“没关系”，作业本在提醒下捡起来，放回原位置。

★在教师的提示下能道歉，并捡拾作业本。

2. 书包文具我自理：

活动目的：低年级学生自理能力的培养是孩子入学教育的关键，也是儿童适应学校生活的重要组成部分，提升个人品德素养，养成良好学习习惯，树立责任意识，要从会整理书包文具开始。

情境任务：在较短时间内开展实践比赛，按照一定的顺序整理书包和文具，做到整齐、快速、有条理。(6 人一小组竞赛)

等级标准设计：

★★★1 分钟内迅速整理好书包和文具，做到整齐，有条理。

★★2 分钟内整理好书包文具，比较整齐，有条理。

★3 分钟内经过指导才能整理好书包文具。

3. 餐饮之礼我做到：

活动目的：通过餐饮之礼情境活动，学会在餐桌上心中有他人，做到饭前会洗手，打饭会排队，盘中饭菜不乱翻，咳嗽喷嚏转头快，饭后离座有礼仪，以此提升个人礼仪素养。

情景任务：模拟用餐：准备四个塑料碗和四双筷子，碗里放些零食，每一组模拟用餐，自带塑料盒，能做到以下三点：①会用七步洗手法洗手；

②排好队坐在桌子上吃饭，吃饭不言语，饭菜不乱翻；③饭后离席桌凳归位，说“请慢用。”

等级标准设计：

★★★用餐能做到上面要求三点的获得3颗星。

★★用餐能做到上面要求两点的获得2颗星。

★用餐能做到上面要求两点的获得1颗星。

前期各项准备布置以及责任人：一年级全体德法教师

三、项目实施具体安排

1. 项目成员责任分工及安全保障（统筹负责：张悦 备课组长：张悦 资料印制：一年级全体德法教师 评委：一年级全体德法教师学生名册：一年级全体德法教师 场地布置：一年级全体德法教师 秩序维护：一年级全体德法教师 现场摄影：王琦、钟文娟

2. 评价实施时间：1月8日—1月12日

3. 项目实施主要步骤或进度安排。

附：评价表

表6-11 师专三附小一年级“践礼养德”小海绵具身德育项目化评价表

班级________ 姓名________ 得分（ ）★ 获得（ ）

评价项目	评价要求	自评	生评	师评
文明用语我会说（模拟表演：不小心碰掉同学作业本。）	3★能立即把作业本捡起来放回原处，并诚恳地说“对不起”，对方也能回应“没关系”。 2★能说“对不起”，对方能回应“没关系”，作业本在提醒下捡起放回原处 1★在教师的提示下能道歉，并捡拾作业本。	（ ）★	（ ）★	（ ）★
书包文具我自理（实践比赛：小组内比赛按照一定的顺序整理书包和文具。）	3★1分钟内迅速整理好书包和文具，做到整齐，有条理。 2★2分钟内理好书包文具，比较整齐，有条理。 1★3分钟内理好书包文具，比较有条理。	（ ）★	（ ）★	（ ）★
餐饮之礼我做到（模拟用餐：①会用七步洗手法洗手②用餐不言语，饭菜不乱翻③饭后离席桌凳归位，说“请慢用。”）	3★三个用餐要求都能做到的获得3★ 2★用餐要求只能做到两点获得2★ 1★用餐要求只能做到一点获得1★	（ ）★	（ ）★	（ ）★
备注：能获得27—21颗星为优秀，20—12颗星为良好，1—11颗星为合格。				

连云港师专三附小2023—2024学年第一学期
践礼养德“小海绵”道德与法治项目化评价实施方案

四年级

一、项目简介

1. 指导思想：为推进道德与法治新课标素养培育改革，真正把德育素养的提升落到实处，构建基于学业质量标准的有利于促进学生素养发展的评价体系，在具身体验实践中，激发学生道德认知与道德情感，启发道德思维，实现道德践行，真正做到在德法学习中“践礼养德”，获得自我发展与自我完善。

2. 项目名称：“践礼养德”小海绵具身德育评价实践

3. 项目负责人及成员：张严之、赵丹丹、李婷婷、边钰琀、李志敏、吴珍、田敏、牛苗苗

二、项目实施主要举措

1. 我为班级献力量

活动目的：四年级学生已经适应了学校生活，生活视野进一步扩大，具备一定的独立意识。应当培养学生民主、平等观念，积极参与班级民主管理，形成集体荣誉感和责任意识，学会为班级献计献策。

情境任务：为班级献计献策：为了大家有一个良好的学习环境，分小组提出班级纪律公约，做到（1）每组提出3条班级纪律公约，组内统一意见；（2）班级在小组讨论基础上形成班级公约，提出奖惩办法；（3）在班长和老师的共同努力下，执行班级公约，写出执行班级公约的感悟。

等级设计标准：

★★★为班级献计献策能做到三点要求就获得3★

★★为班级献计献策做到两点要求就获得2★

★为班级献计献策能做到一点要求就获得1★

2. 我为家庭担责任：

活动目的：四年级学生通过对日常生活中父母辛苦操劳的观察和体会，能深切感受父母长辈的养育之恩，能养成承担责任的认知、态度和情感，并能转化为实际行动。以恰当的方式表达对他们的感激、尊敬和关心。

情境任务：结合父母长辈生日和有关节日，感恩父母实践做到（1）给父母倒一杯茶、捶一次背；（2）洗一次头、做一次饭（菜）；（3）做一次

家务、写一封信写信等方式向父母长辈表达感恩之情。

等级标准设计：

★★★感恩父母实践能做到三点就获得 3★

★★感恩父母实践能做到两点就获得 2★

★感恩父母实践能做到一点就获得 1★

3. 我为环保做贡献：

活动目的：热爱自然，了解自然是我们生活的共同家园，懂得保护环境、爱护动物、节约资源。能了解环境保护的基本常识，养成环境保护意识。

情景任务：实践操练：为了做到环保，请做到以下几点（1）在学校或社区进行垃圾分类或环保宣传；（2）开展校园或小区环保调查；（3）在校园或社区调查基础上，提出环保改进意见并倡议大家实施。

等级标准设计：

★★★环保实践能做到三点要求就获得 3★

★★环保实践能做到两点要求就获得 2★

★环保实践能做到一点要求就获得 1★

三、项目实施具体安排

1. 项目成员责任分工及安全保障（统筹负责：张严之；资料印制：赵丹丹；评委：李婷婷、边钰琀；学生名册：李志敏；场地布置：吴珍；秩序维护：田敏；现场摄影：牛苗苗）

2. 项评价实施时间：1 月 8 日—1 月 12 日

3. 项目实施主要步骤或进度安排。

表 6-15 师专三附小四年级“践礼养德”小海绵具身德育项目化评价表

班级________ 姓名________ 得分（ ）★ 获得（ ）

评价项目	评价要求	自评	生评	师评
我为班级献力量 （为班级献计献策：做到①每组提出 3 条班级纪律公约，组内统一意见②班级在小组讨论基础上形成班级公约，提出奖惩办法③在班长和老师的共同努力下，执行班级公约，写出执行班级公约的感悟。）	3★为班级献计献策能做到三点就获得 3★ 2★为班级献计献策做到两点就获得 2★ 1★为班级献计献策做到一点就获得 1★	（ ） ★	（ ） ★	（ ） ★

续表

评价项目	评价要求	自评	生评	师评
我为家庭担责任 (感恩父母实践：结合父母长辈生日和有关节日，做到①给父母倒一杯茶、捶一次背；②洗一次头、做一次饭（菜）；③做一次家务、写一封信写信等方式向父母长辈表达感恩之情。)	3★感恩父母实践能做到三点就获得3★ 2★感恩父母实践能做到两点就获得2★ 1★感恩父母实践能做到一点就获得1★	(　　)★	(　　)★	(　　)★
我为环保做贡献 (环保实践：为了做到环保，请做到以下几点①在学校或社区进行垃圾分类或环保宣传；②开展校园或小区环保调查；③在校园或社区在调查基础上，提出环保改进意见并倡议大家实施。)	3★环保实践能做到三点要求就获得3★ 2★环保实践能做到两点要求就获得2★ 1★环保实践能做到一点要求就获得1★	(　　)★	(　　)★	(　　)★
备注：能获得27—21颗星为优秀，20—12颗星为良好，1—11颗星为合格。				

连云港师专三附小2023—2024学年第一学期
践礼养德“小海绵”道德与法治项目化评价实施方案
六年级

一、项目简介

1. 指导思想：为推进道德与法治新课标素养培育改革，真正把德育素养的提升落到实处，构建基于学业质量标准的有利于促进学生素养发展的评价体系，在具身体验实践中，激发学生道德认知与道德情感，启发道德思维，实现道德践行，真正做到在德法学习中“践礼养德”，获得自我发展与自我完善。

2. 项目名称：“践礼养德”小海绵具身德育评价实践

3. 项目负责人及成员：赵敏、边钰涵、徐亚芹、李倩、徐敏、张静、孙梓涵、王巍、朱璐璐。

二、项目实施主要举措

1. 法律知识我了解

（1）一旦有人侵犯我们的身体，应当设法尽快远离并告知父母和老师。(　　)

（2）爸爸经常酗酒打小明，而且还说老子打儿子很正常。(　　)

（3）运用法律维权益，以暴制暴不可取。(　　)

（4）高年级的同学骂我时，我就装作没听见，因为我打不过他。(　　)

(5) 在网上传播谣言、对同桌进行人身攻击属于校园欺凌行为。(　　)

(6) 小方是班上的班长，同学们都服从她的安排。一天，她让小明把铅笔借给她用一下，小明不愿意，她就让同学们孤立小明，不和小明玩耍。(　　)

(7) 对于校园欺凌行为，我们可以向有关国家机关请求追究行为人的法律责任。(　　)

(8) 好朋友吴某从美国归来，何某到机场接她时，给了她一个大大的拥抱。(　　)

(9) 依法维权要靠证据，一切能够证明案情事实的材料都可以成为证据。(　　)

等级设计标准：

★★★能答对8题及以上

★★能答对5题及以上

★能答对2题及以上

2. 法律案例我来辩：

活动目的：知法守法意味着要了解和遵守法律法规。法律是社会行为规范的总称，它规定了人们在社会生活中应当遵循的行为准则和责任义务。只有了解法律，才能知道自己的权利和义务，知道如何行使权利、履行义务。

情境任务：情境辩论：杜某某本是一个可爱的孩子，因为父母娇惯，上小学时，喜欢打架、骂人，欺负同学。老师多次批评，并让父母管教他；孩子12岁了他父母却认为儿子年龄小，“小孩子多一点虎气才好”。请分组辩论(1) 判断说出杜某某的父母说法对吗？(2) 说出12岁孩子打骂同学的危害以及对自己的启示；(3) 运用法律依据向杜某某父母说出孩子行为的危害。

等级标准设计：

★★★情景辩论能做到三点要求获得3★

★★情景辩论做到两点要求获得2★

★情景辩论能到一点要求获得1★

3. 依法维权我会做：

活动目的：依法维权是在自己的权益受到侵害时，通过法律手段来寻求合法维权。法律是公正和公平的裁判者，它为每个公民提供了维护自己权益的法律途径。当我们的权益受到损害时，可以通过起诉、申诉、投诉等方式，依法维护自己的合法权益。

情景任务：模拟表演：小王在某商场买了双名牌运动鞋，两天后，发现这双鞋有严重的质量问题，于是小王找到该商场负责人进行协商，要求退货并给予一定的赔偿。（现场6人一小组模拟表演如何运用法律维权）做到（1）运用法律依据要正确；（2）运用法律过程要规范；（3）协商态度要平和有礼貌。

等级标准设计：

★★★模拟表演能做到三点要求获得3★

★★模拟表演能做到两点要求获得2★

★模拟表演能到一点要求获得1★

三、项目实施具体安排

项目成员责任分工及安全保障（统筹负责：备课组长；资料印制：备课组长；评委：各班老师；学生名册：各班准备；场地布置：班级教室；秩序维护：各班老师；现场摄影：各班老师）

项评价实施时间：1月8日—1月12日

项目实施主要步骤或进度安排。

表6-17　师专三附小六年级"践礼养德"小海绵具身德育项目化评价表

班级________　姓名________　得分（　　）★　获得（　　）

评价项目	评价要求	自评	生评	师评
法律知识我了解 （法律知识判断解答：1. 一旦有人侵犯我们的身体，应当设法尽快远离并告知父母和老师。2. 爸爸经常酗酒打小明，而且还说老子打儿子很正常。3. 运用法律维权益，以暴制暴不可取。4. 高年级的同学骂我时，我就装作没听见，因为我打不过他。5. 在网上传播谣言、对同桌进行人身攻击属于校园欺凌行为。6. 小方是班上的班长，同学们都服从她的安排。一天，她让小明把铅笔借给她用一下，小明不愿意，她就让同学们孤立小明，不和小明玩耍。7. 对于校园欺凌行为，我们可以向有关国家机关请求追究行为人的法律责任。8. 好朋友吴某从美国归来，何某到机场接她时，给了她一个大大的拥抱。9. 依法维权要靠证据，一切能够证明案情事实的材料都可以成为证据。）	3★能答对8题及以上获得3★ 2★能答对5题及以上获得2★ 1★能答对2题及以上获得1★	（　　） ★	（　　） ★	（　　） ★

续表

评价项目	评价要求	自评	生评	师评
法律案例我来辩 （情境辩论：杜某某本是一个可爱的孩子，因为父母娇惯，上小学时，喜欢打架、骂人，欺负同学。老师多次批评，并让父母管教他；孩子 12 岁了他父母却认为儿子年龄小，“小孩子多一点虎气才好”。请分组辩论①判断说出杜某某的父母说法对吗？②说出 12 岁孩子打骂同学的危害以及对自己的启示；③运用法律依据向杜某某父母说出孩子行为的危害。）	3★情景辩论能做到三点获得 3★ 2★情景辩论做到两点获得 2★ 1★情境辩论做到一点获得 1★	（ ）★	（ ）★	（ ）★
依法维权我会做 （模拟表演：小王在某商场买了双名牌运动鞋，两天后，发现这双鞋有严重的质量问题，于是小王找到该商场负责人进行协商，要求退货并给予一定的赔偿。分小组模拟表演如何运用法律维权）做到①运用法律依据要正确②运用法律过程要规范③协商态度要平和有礼貌。）	3★模拟表演能做到三点获得 3★ 2★模拟表演做到两点获得 2★ 1★模拟表演做到一点获得 1★	（ ）★	（ ）★	（ ）★
备注：能获得 27—21 颗星为优秀，20—12 颗星为良好，1—11 颗星为合格。				

连云港师专三附小 2023—2024 学年第二学期
践礼养德“小海绵”道德与法治项目化评价实施方案
一年级

一、项目简介

1. 指导思想：为推进道德与法治新课标素养培育改革，真正把德育素养的提升落到实处，构建基于学业质量标准的有利于促进学生素养发展的评价体系，在具身体验实践中，激发学生道德认知与道德情感，启发道德思维，实现道德践行，真正做到在德法学习中“践礼养德”，获得自我发展与自我完善。

2. 项目名称："践礼养德"小海绵具身德育评价实践

3. 项目负责人及成员：张悦、王琦、殷悦、张巧林、董洋洋、黄玲玲、姜玲、彭玉清、孙汐涵、钟文娟、朱泉融、张静、戴春凤、戴淑莲、唐玮

二、项目实施主要举措

1. 我和"拖拉"说再见

活动目的：低年级学生学会自律和提高学习、做事效率，有时间观念是提升个人品德素养，是健全人格的表现，也是入学教育的重要内容，在情境任务创设中学会使用提高学习做事效率。

情境任务：为了提高学习做事的效率，改变做事拖拉的问题，开展情境实践请家长检查，做到（1）制定了做事计划表，准备计时器，每天十分钟练字比赛并记录时间有递减；（2）每天十分钟计算并记录时间有递减；（3）每天整理书包、书桌并计时，时间有递减。如有改进，请同学、老师、家长给你点赞。

等级设计标准：

★★★情境实践能做到三点要求就获得3★

★★情境实践能做到两点要求就获得2★

★情境实践能做到一点要求就获得1★

2. 让我自己来整理：

活动目的：低年级学生自理能力的培养是孩子入学教育的关键，也是儿童适应学校生活的重要组成部分，提升个人品德素养，养成良好学习习惯，树立责任意识，要从会学会自己整理开始。

情境任务：整理实践：分小组在较短时间内学会按照一定的顺序，（1）整理书包、课桌整齐、快速、有条理；（3）整理讲台、文具整齐、快速、有条理；（3）整理衣物和洒扫工具做到整齐、快速、有条理。（6人一小组或全班竞赛）

等级标准设计：

★★★整理实践能做到三点要求就获得3★

★★整理实践能做到两点要求就获得2★

★整理实践能做到一点要求就获得1★

3. 大家一起来合作：

活动目的：通过活动培育与人合作的能力以及合群的人格素养，学会在合作的活动中培养合作能力，总结合作经验，不断得到完善，以此提升礼仪素养。

情景任务：小组合作打扫教室卫生，做到（1）小组长做好分工：扫地

(2人)、拖地（2人)、倒垃圾和擦黑板（1人)、擦玻璃（1人)、排桌子(1人)，做到每人都有任务；（2）达到整齐、干净、有秩序，互相合作；(3）不玩耍、不打闹、不推诿，自己的事情责任做到位。

等级标准设计：

★★★合作实践能做到三点要求就获得3★

★★合作实践能做到两点要求就获得2★

★合作实践能做到一点要求就获得1★

前期各项准备布置以及责任人：一年级全体德法教师

三、项目实施具体安排

项目成员责任分工及安全保障（统筹负责：张悦；备课组长：张悦；资料印制：一年级全体德法教师；评委：一年级全体德法教师；学生名册：一年级全体德法教师；场地布置：一年级全体德法教师；秩序维护：一年级全体德法教师；现场摄影：王琦、钟文娟)

评价实施时间：1月8日—1月12日

项目实施主要步骤或进度安排。

表6-18

评价项目	评价要求	自评	生评	师评
我和拖拉说再见 (为了提高学习做事的效率，改变做事拖拉的问题，开展情境实践请家长检查，做到①制定了做事计划表，准备计时器，每天十分钟练字比赛并记录时间有递减；②每天十分钟计算并记录时间有递减；③每天整理书包、书桌并计时，时间有递减。如有改进，请同学、老师、家长给你点赞。)	3★情境实践能做到三点获得3★ 2★情境实践能做到两点获得2★ 1★情境实践能做到一点获得1★	(　　) ★	(　　) ★	(　　) ★
让我自己来整理 (整理实践：分小组在较短时间内学会按照一定的顺序①整理书包、课桌整齐、快速、有条理；②整理讲台、文具整齐、快速、有条理；③整理衣物和洒扫工具做到整齐、快速、有条理。)	3★整理实践能做到三点获得3★ 2★整理实践能做到两点获得2★ 1★整理实践能做到一点获得1★	(　　) ★	(　　) ★	(　　) ★

续表

评价项目	评价要求	自评	生评	师评
我们大家来合作 （合作实践：小组合作打扫教室卫生，做到①小组长做好分工：扫地（2人）、拖地（2人）、倒垃圾和擦黑板（1人）、擦玻璃（1人）、排桌子（1人），做到每人都有任务，②达到整齐、干净、有秩序，互相合作；③不玩耍、不打闹、不推诿，自己的事情责任做到位。）	3★合作实践能做到三点获得3★ 2★合作实践能做到两点获得2★ 1★合作实践能做到一点获得1★	（　）★	（　）★	（　）★
备注：三个活动完成都很好★★★两个活动完成好★★一个活动完成好★能获得27—21颗星为优秀，20—12颗星为良好，1—11颗星为合格。				

连云港师专三附小2023—2024学年第二学期
践礼养德“小海绵”道德与法治项目化评价实施方案
三年级

一、项目简介

1. 指导思想：为推进道德与法治新课标素养培育改革，真正把德育素养的提升落到实处，构建基于学业质量标准的有利于促进学生素养发展的评价体系，在具身体验实践中，激发学生道德认知与道德情感，启发道德思维，实现道德践行，真正做到在德法学习中“践礼养德”，获得自我发展与自我完善。我们设计了“绿色交通我设计”“生活规则我遵守”“家乡文化我介绍”项目化评价。本方案旨在确保项目化评价的有效实施，以促进学生的德法素养提升学习和成长。

2. 项目名称：“践礼养德”小海绵具身德育评价实践

3. 项目负责人及成员：方梦、宋帆、赵玮、赵焱、颜华建、李影

二、项目实施主要举措

1. 绿色交通我设计

活动目的：培育社会责任感，解决交通发展带来的问题，倡导绿色出行。

情境任务：实地考察并发现：（1）当下交通存在哪些问题？（2）未来交通的发展是怎么样的？（3）道路、桥梁、车站、信号灯、停车场有怎么

样的变化？请你设计一份关于未来绿色交通的手抄报。

等级设计标准：

★★★能写清楚当下交通存在的 3 个问题，并设计出节能、环保、有创意的绿色交通，图文结合，画面丰富多彩。

★★能写清楚当下交通存在的 2 个问题，能设计出有创意的绿色交通，图文结合，画面比较丰富多彩。

★能写清楚当下交通存在的 1 个问题，设计一份绿色交通，图文结合。

2. 生活规则我遵守

活动目的：了解不同公共场所需要遵守的规则是什么，学会及时有效地劝阻不遵守生活规则的行为，培育良好的社会公德素养和维护公共秩序的强烈责任意识和法治观念。

情境任务：根据提供的情境能发现：（1）该公共场所需要遵守的规则是什么；（2）分小组通过表演等方式学会及时有效文明劝阻不遵守规则的行为；（3）劝阻方式合理又文明。

等级标准设计：

★★★不仅能说出给定情境需要遵守的规则，还能合理地演绎出规劝不遵守规则的行为。

★★基本能说出给定情境需要遵守的规则，能较合理地演绎出规劝不遵守规则的行为。

★基本能说出给定情境需要遵守的规则。

3. 家乡文化我介绍

活动目的：通过了解家乡的故事，增强学生对家乡风土人情的了解，培养学生对家乡的热爱。

情景任务：实践活动：选择家乡的某个方面进行介绍，（1）详细介绍家乡如自然风光、特产等，表达热爱家乡之情；（2）以视频或者简报的形式介绍家乡；（3）做到有声有色或图文并茂等。

等级标准设计：

★★★家乡文化介绍得有声有色，详细清楚，爱家乡的丰富情感能够表达出来。

★★家乡文化介绍得详细清楚，爱家乡的丰富情感能够表达出来。

★家乡文化介绍得详细清楚

前期各项准备布置以及责任人（PPT 背景准备工作是：方梦、宋帆、赵玮、赵焱、颜华建、李影)。

项目实施具体安排

项目成员责任分工及安全保障(统筹负责:方梦;资料印制:方梦;评委:李影、赵焱、颜华建;场地布置:各班任课老师;秩序维护:宋帆;现场摄影:赵玮)

项评价实施时间:6月8日—6月12日

三、项目实施主要步骤或进度安排。

表 6-20

评价项目	评价要求	自评	生评	师评
绿色交通我设计 (实地考察并发现①当下交通存在哪些问题?②未来交通的发展是怎么样的?③道路、桥梁、车站、信号灯、停车场有怎么样的变化?请你设计一份关于未来绿色交通的手抄报。)	★★★能写清楚当下交通存在的3个问题,并设计出节能、环保、有创意的绿色交通,图文结合,画面丰富多彩。 ★★ 能写清楚当下交通存在的2个问题,能设计出有创意的绿色交通,图文结合,画面比较丰富多彩。 ★能写清楚当下交通存在的1个问题,设计一份绿色交通,图文结合。	(　) ★	(　) ★	(　) ★
生活规则我遵守 (情境模拟:根据提供的情境能发现①说出该公共场所需要遵守的规则是什么;②分小组通过表演等方式学会及时有效文明劝阻不遵守规则的行为;③劝阻方式合理又文明。)	★★★不仅能说出给定情境需要遵守的规则,还能合理地演绎出规劝不遵守规则的行为。 ★★基本能说出给定情境需要遵守的规则,能较合理地演绎出规劝不遵守规则的行为。 ★基本能说出给定情境需要遵守的规则。	(　) ★	(　) ★	(　) ★
家乡文化我介绍 (实践活动:选择家乡的某个方面进行介绍,①详细介绍家乡如自然风光、特产等,表达热爱家乡之情;②以视频或者简报的形式介绍家乡;③做到有声有色或图文并茂等。)	★★★不仅能说出给定情境需要遵守的规则,还能合理地演绎出规劝不遵守规则的行为。 ★★基本能说出给定情境需要遵守的规则,能较合理地演绎出规劝不遵守规则的行为。 ★基本能说出给定情境需要遵守规则。	(　) ★	(　) ★	(　) ★
备注:三个活动完成都很好★★★两个活动完成好★★一个活动完成好★能获得27—21颗星为优秀,20—12颗星为良好,1—11颗星为合格。				

连云港师专三附小 2023—2024 学年第二学期
践礼养德“小海绵”道德与法治项目化评价实施方案

四年级

一、项目简介

1. 指导思想：为推进道德与法治新课标素养培育改革，真正把德育素养的提升落到实处，构建基于学业质量标准的有利于促进学生素养发展的评价体系，在具身体验实践中，激发学生道德认知与道德情感，启发道德思维，实现道德践行，真正做到在德法学习中“践礼养德”，获得自我发展与自我完善。

2. 项目名称：“践礼养德”小海绵具身德育评价实践

3. 项目负责人及成员：张严之、赵丹丹、李婷婷、李志敏、吴珍、田敏、牛苗苗、李文、杨静

二、项目实施主要举措

1. 诚信故事我知道

活动目的：四年级学生已经适应了学校生活，生活视野进一步扩大，具备一定的独立意识。第一单元主要从同伴交往的主题出发，引导学生学会和谐的同伴交往方法，成为同学中受欢迎的、诚信包容的人。

情境任务：情景模拟：通过情境模拟表演的方式，小组合作分享你生活中的诚信故事。表演中体现（1）什么是诚信，做到实话实说，不伤害他人；（2）在特殊情况下，如何说话算数做到诚信？（3）小组合作愉快、有序、文明。

等级设计标准：

★★★不仅能说讲述清楚诚信的故事，还能合理演绎不诚信行为带来的严重后果，给出养成说到做到良好品质的建议。

★★基本能说出诚信的重要性，能较合理演绎出不诚信行为的不良后果。

★基本能说出诚信相关的故事。

2. 节约妙招我分享：

活动目的：四年级学生能够发现生活中各式各样的浪费现象。本次评价旨在培养学生正确消费观，认识浪费带来的危害和形成原因，学会勤俭节约妙招。

情境任务：实践行动：设计一份勤俭节约手抄报，（1）记录自己发现的浪费资源（水、电、粮食等）现象；（2）收集自己的节约资源的小妙招；（3）在家里自我实践行动情况（以拍照、图画、视频等方式）入情入境。

等级标准设计：

★★★能写出三类当今严重的浪费现象，提出三个勤俭节约金点子，图文结合，画面丰富多彩，汇报时自信大方。

★★能写出当今严重的浪费现象，并提出三个勤俭节约金点子，图文结合，从真实生活出发。

★能写出当今严重的浪费现象，并意识到勤俭节约的重要性。

3. 优良风俗我发扬：

活动目的：中华民族悠悠五千年的历史长河，闪耀着勤劳、智慧的中华儿女创造的璀璨文明。时至今日，仍有很多中华礼仪之瑰宝值得我们学习和传颂，在五千年的传承中也有很多糟粕掺杂其中，我们作为新世纪的接班人，要继承先辈们的优良传统，更要坚决抵触陋习陋俗，使我中华传统文化源远流长，万世流芳。

情景任务：养德实践：在学校或社区作为当地优良风俗宣传使者（1）进行公益宣传，说出你们当地有哪些优良风俗？（2）说出优良风俗产生的原因及意义有什么？（3）如何尊重优良风俗，落实到行动中去？

等级标准设计：

★★★风俗讲述做到有声有色，内容具体，包含风俗的起源和文化内涵，表达对家乡的热爱、说出美德的传承我们可以如何行动。

★★风俗讲述做到，有声有色，内容具体，讲清楚当地文化印记和魅力，表达对优良风俗的热爱。

★风俗讲述做到有声有色，内容较具体，表达对优良风俗的认同和热爱

三、项目实施具体安排

1. 项目成员责任分工及安全保障（统筹负责：张严之；资料印制：赵丹丹；评委：李婷婷、杨静、李文；学生名册：李志敏；场地布置：吴珍；秩序维护：田敏；现场摄影：牛苗苗）

2. 项目实施主要步骤或进度安排

表 6–21

评价项目	评价要求	自评	生评	师评
诚信故事我知道 （情景模拟：通过情境模拟表演的方式，小组合作分享你生活中的诚信故事。表演中体现①什么是诚信，做到实话实说，不伤害他人；②在特殊情况下，如何说话算数做到诚信？③小组合作愉快、有序、文明。）	★★★不仅能说讲述清楚诚信的故事，还能合理地演绎不诚信行为带来的严重后果，给出养成说到做到良好品质的建议。 ★★基本能说出诚信的重要性，能较合理地演绎出不诚信行为的不良后果。 ★基本能说出诚信相关的故事。	（ ） ★	（ ） ★	（ ） ★

续表

评价项目	评价要求	自评	生评	师评
节约妙招我分享 （实践行动：设计一份勤俭节约手抄报，①记录自己发现的浪费资源（水、电、粮食等）现象，②收集自己的节约资源的小妙招；③在家里自我实践行动情况（以拍照、图画、视频等方式）入情入境。）	★★★能写出三类当今严重的浪费现象，提出三个勤俭节约金点子，图文结合，画面丰富多彩，汇报时自信大方。 ★★能写出当今严重的浪费现象，并提出三个勤俭节约金点子，图文结合，从真实生活出发。 ★能写出当今严重的浪费现象，并意识到勤俭节约的重要性。	（　） ★	（　） ★	（　） ★
优良风俗我发扬 （养德实践：在学校或社区作为当地优良风俗宣传使者①进行公益宣传，说出你们当地有哪些优良风俗？②说出优良风俗产生的原因及意义有什么？③如何尊重优良风俗，落实到行动中去？）	★★★风俗讲述做到有声有色，内容具体，包含风俗的起源和文化内涵，表达对家乡的热爱、说出美德的传承我们可以如何行动。 ★★风俗讲述做到，有声有色，内容具体，讲清楚当地文化印记和魅力，表达对优良风俗的热爱。 ★风俗讲述做到有声有色，内容较具体，表达对优良风俗的认同和热爱	（　） ★	（　） ★	（　） ★
备注：三个活动完成都很好★★★两个活动完成好★★一个活动完成好★能获得 27—21 颗星为优秀，20—12 颗星为良好，1—11 颗星为合格。				

连云港师专三附小 2023—2024 学年第二学期
践礼养德“小海绵”道德与法治项目化评价实施方案
五年级

一、项目简介

1. 指导思想：为推进道德与法治新课标素养培育改革，真正把德育素养的提升落到实处，构建基于学业质量标准的有利于促进学生素养发展的评价体系，在具身体验实践中，激发学生道德认知与道德情感，启发道德思维，实现道德践行，真正做到在德法学习中“践礼养德”，获得自我发展与自我完善。我们设计了“优秀家风我来传”“公共秩序我遵守”“英雄故事我来讲”项目化评价。本方案旨在确保项目化评价的有效实施，以促进学生的德法素养提升学习和成长。

2. 项目名称："践礼养德"小海绵具身德育评价实践

3. 项目负责人及成员：吉海荣、颜倩、樊赛莉、霍云霄、陈思、张蓝、苑红艳、程茹、王春梅

二、项目实施主要举措

1. 优秀家风我来传

活动目的：培育家庭责任感，做一个家庭好成员，为家庭着想，为家庭分忧，懂得作为家庭一员的责任，并试着去承担。

情境任务：家风手抄报：设计一份优秀家风手抄报。(1) 记录自己家或收集的优秀家风，图文结合；(2) 写出对这些家风的感悟；(3) 在家里自我行动情况（比如勤劳、节俭、宽容、关爱等实践行动画面，以拍照、图画、视频等方式）入情入境。

等级设计标准：

★★★家风手抄报能做到以上三点获得3★

★★家风手抄报能做到以上两点获得2★

★家风手抄报能做到以上一点获得1★

2. 公共秩序我遵守

活动目的：了解不同公共场所需要遵守的公共秩序是什么，学会及时有效地劝阻不遵守公共秩序的行为，培育良好的社会公德素养和维护公共秩序的强烈责任意识和法治观念。

情境任务：情景模拟：根据提供的情境能发现 (1) 说出该公共场所需要遵守的公共秩序是什么；(2) 分小组通过表演等方式学会及时有效劝阻不遵守公共秩序的行为。(3) 劝阻方式合理又文明。

等级标准设计：

★★★情景模拟能做到以上三点获得3★

★★情景模拟能做到以上两点获得2★

★情景模拟能做到以上一点获得1★

★★★不仅能说出给定情境需要遵守的公共秩序，还能合理演绎出规劝不遵守公共秩序的行为。

★★基本能说出给定情境需要遵守的公共秩序，能较合理演绎出规劝不遵守公共秩序的行为。

★基本能说出给定情境需要遵守的公共秩序。

3. 英雄故事我来讲

活动目的：通过故事讲述辛亥革命时期、抗日战争时期、解放战争时期

和抗美援朝时期的英雄故事，培育政治认同，树立爱党爱国情怀。

情景任务：故事讲述：选择辛亥革命时期、抗日战争时期、解放战争时期和抗美援朝时期等时期的英雄故事，做到（1）故事讲述有声有色；（2）故事内容生动感人；（3）抒发自己的爱国爱党情怀。

等级标准设计：

★★★故事讲述做到有背景，有音乐，有声有色，内容具体感人，表达爱国爱党情感丰富。

★★故事讲述做到有背景，有声有色，内容具体，表达爱国爱党情感较丰富。

★故事讲述做到有背景，内容较具体，表达爱国爱党情感。

前期各项准备布置以及责任人（PPT背景准备工作是：吉海荣、颜倩、樊赛莉、霍云霄、陈思、张蓝、苑红艳、程茹、王春梅）。

三、项目实施具体安排

1. 项目成员责任分工及安全保障（统筹负责：颜倩；资料印制：王春梅；评委：吉海荣、苑红艳、陈思、张蓝；学生名册：颜倩；场地布置：霍云霄；秩序维护：樊赛莉；现场摄影：程茹）

2. 项目评价实施时间：6月8日—6月12日

3. 项目实施主要步骤或进度安排。

表6-22

评价项目	评价要求	自评	生评	师评
优秀家风我来传 （家风手抄报：设计一份优秀家风手抄报，①记录自己家或收集的优秀家风，图文结合；②写出对这些家风的感悟；③在家里自我行动情况（比如勤劳、节俭、宽容、关爱等实践行动画面，以拍照、图画、视频等方式）。）	3★家风手抄报能做到三点获得3★ 2★家风手抄报能做到两点获得2★ 1★家风手抄报能做到一点获得1★	（ ）★	（ ）★	（ ）★
公共秩序我遵守 （情景模拟：根据提供的情境能发现①说出该公共场所需要遵守的公共秩序是什么；②分小组通过表演等方式学会及时有效劝阻不遵守公共秩序的行为。③劝阻方式合理又文明。）	3★情景模拟能做到三点获得3★ 2★情景模拟能做到两点获得2★ 1★情景模拟能做到一点获得1★	（ ）★	（ ）★	（ ）★

续表

评价项目	评价要求	自评	生评	师评
英雄故事我来讲 （故事讲述：选择辛亥革命时期、抗日战争时期、解放战争时期和抗美援朝时期等时期的英雄故事，做到①故事讲述有声有色；②故事内容生动感人；③抒发自己的爱国爱党情怀。）	★★★故事讲述做到有背景，有音乐，有声有色，内容具体感人，表达爱国爱党情感丰富。 ★★故事讲述做到有背景，有声有色，内容具体，表达爱国爱党情感较丰富。 ★ 故事讲述做到有背景，内容较具体，表达爱国爱党情感。	（　　） ★	（　　） ★	（　　） ★
备注：三个活动完成都很好★★★两个活动完成好★★一个活动完成好★能获得27—21颗星为优秀，20—12颗星为良好，1—11颗星为合格。				

连云港师专三附小2023—2024学年第二学期
践礼养德“小海绵”道德与法治项目化评价实施方案
六年级

一、项目简介

1. 指导思想：为推进道德与法治新课标素养培育改革，真正把德育素养的提升落到实处，构建基于学业质量标准的有利于促进学生素养发展的评价体系，在具身体验实践中，激发学生道德认知与道德情感，启发道德思维，实现道德践行，真正做到在德法学习中“践礼养德”，获得自我发展与自我完善。

2. 项目名称：“践礼养德”小海绵具身德育评价实践

3. 项目负责人及成员：鲁迪、宫思远、于明月、孙景艳、陈思、吉海荣、苑红艳、许婕、霍云霄、樊赛莉等

二、项目实施主要举措

1. 学会宽容我成长

评价内容

践礼实践：通过创设情境，回忆生活中的矛盾和冲突，从心理的视角，探寻发生冲突时的心情和感受，在“静心泉”“包容镜”“礼让亭”中照一照自己的内心，反思矛盾与冲突的过程，学会用“换位思考”的方式，梳理矛盾冲突中的问题，提出解决的方案。做到（1）分小组展示表演与他人产生矛盾冲突时的心情，走进“静心泉”学会运用方法控制怒气；（2）运

用“换位思考”的方法，走进“宽容城”“礼让亭”，从对方视角寻找解决冲突的方法；(3) 处理矛盾冲突事件宽容有度，有礼有节。

评价标准：

★★★践礼实践能做到三点要求就获得3★

★★践礼实践能做到两点要求就获得2★

★践礼实践能做到一点要求就获得1★

2. 科技发展我探寻

评价内容：达成课标中“科技发展，造福人类的意识”实践探究：同学们通过实地考察、寻访或查找资料，了解身边古今科技发展现状，完成寻访单。做到 (1) 分小组选择一个科技项目，探寻科技发展怎样改变了世界；(2) 提出善用科技的建议，让科技更好地造福人类；(3) 展示内容丰富，展示形式多样。

表6–23

实践探寻记录单		
科技发明项目	科技如何改变世界	提出善用科技建议，更好造福人类

评价标准：

★★★实践探究能做到三点要求就获得3★

★★实践探究能做到两点要求就获得2★

★实践探究能做到一点要求就获得1★

3. 国际组织我探究

评价内容：探究实践：树立人类命运共同体意识，收集资料了解世界有哪些国际组织？它们的作用是什么？了解中国在国际组织中的重要作用。做到 (1) 查找资料，了解世界有哪些国际组织及其作用是什么；(2) 了解中国在国事务中的重要作用是什么；(3) 制订倡议书，表达对世界和平的决心和意志或画一幅手抄报，表达对和平的向往和热爱。

评价标准：

★★★探究实践能做到三点要求就获得3★

★★探究实践能做到两点要求就获得2★

★探究实践能做到一点要求就获得1★

三、项目实施具体安排

项目成员责任分工及安全保障（统筹负责：备课组长；资料印制：备课组长；评委：各班老师；学生名册：各班准备；场地布置：班级教室；秩序维护：各班老师；现场摄影：各班老师）

项目评价实施时间：6月1日—6月10日

项目实施主要步骤或进度安排。

表 6-24

评价项目	评价要求	自评	生评	师评
学会宽容我成长 （践礼实践：通过创设情境，回忆生活中的矛盾和冲突，做到①分小组展示表演与他人产生矛盾冲突时的心情，走进“静心泉”学会运用方法控制怒气；②运用“换位思考”的方法，走进“宽容城”“礼让亭”，从对方视角寻找解决冲突的方法；③处理矛盾冲突事件宽容有度，有礼有节。）	3★践礼实践能做到三点的获得3★ 2★践礼实践能做到两点的获得2★ 1★践礼实践能做到一点的获得1★	（　）★	（　）★	（　）★
科技发展我探寻 （实践探究：同学们通过实地考察、寻访或查找资料，了解身边古今科技发展现状，完成寻访单。做到①分小组选择一个科技项目，探寻科技发展怎样改变了世界；②提出善用科技的建议，让科技更好地造福人类；③展示内容丰富，展示形式多样。）	3★实践探究能做到三点获得3★ 2★实践探究能做到两点获得2★ 1★实践探究能做到一点获得1★	（　）★	（　）★	（　）★
国际组织我探究 （探究实践：树立人类命运共同体意识，收集资料，做到①查找资料，了解世界有哪些国际组织及其作用是什么；②了解中国在国事务中的重要作用是什么；③制订倡议书，表达对世界和平的决心和意志或画一副手抄报，表达对和平的向往和热爱。）	3★探究实践能做到三点获得3★ 2★探究实践能做到两点获得2★ 1★探究实践能做到一点获得1★	（　）★	（　）★	（　）★

备注：三个活动完成都很好★★★两个活动完成好★★一个活动完成好★能获得27—21颗星为优秀，20—12颗星为良好，1—11颗星为合格。

第七章　践礼养德：德育课堂具身“微认知资源”开发与运用

新课标下的道德与法治课堂只有深深扎根于儿童的生活，开展源于儿童实际生活的教育活动，才能引发他们内心真实的道德情感、道德体验和道德认知。作为知识本位的道德认知学习是离身的，而作为素养本位的道德认知学习却是具身性的，基于核心素养下的生活德育课堂中，运用具身认知理念开发微认知资源更有利于品德素养和法治观念的培育。

第一节　践礼养德具身“微认知资源”的内涵与分类

以微博、微信为代表的“微动力”促进了“微时代”的快速发展，在教育教学领域，大数据背景下，教学内容与教学方式的浓缩化将日益成为新的教学方向。当下学生的课程学习“微化”趋势明显，在道德与法治教学中因学生知识储备不足、结构零散等因素造成课程教学形式枯燥、体验缺失等问题，尝试以“微视频”为媒介，利用“微情景”“微体验”“微经历”等立体化“微认知资源”开展道德与法治教学可视化开发策略研究，并通过班本微实践详细阐述“微认知资源”在教学中的应用，让微认知资源服务于儿童的品德成长。

一、践礼养德：具身“微认知资源”的内涵

具身认知理念指出认为人的认知依赖和发端于身体，是“大脑—身体—环境”三位一体的，同时，身体感知觉、身体运动也强烈影响认知。在道德与法治课堂运用辅助教学、增强知识体验感的“微视频”短片。针对“微视频”内容广泛、形态多样，短、快、精的特点更有利于具身体验的达成。具身“微认知资源”便是以“微视频”为载体，以创设情境、深化明理和入情导行等具体教学中的重难点为对象的一种可视化教学资源，主

要分为“微情境”“微体验”和“微经历”。①

二、践礼养德：具身“微认知资源”的分类

1. “微情境”

“微情境”，是指在道德与法治教学中，通过“微视频”或者具身活动创设一种生活化情境，调动学生的情感积淀，促进儿童开展积极的具身情感体验，促进道德思维更加深刻，从而深化道德认知。

2. “微体验”

“微体验”，是指亲身参与或者以“微视频”为载体，在道德与法治教学中，开展具身体验，激发学生对道德认知的震撼与顿悟，提升学生道德践行的需求，拓展学生的想象空间，打开学生的心智视界，促进知行合一。

3. “微经历”

“微经历”，是指在道德与法治教学中，为了解决学生道德认知的“内外互化”，促进道德认知向道德实践转化，运用即时性很强的现场经历视频，通过展示“微经历”亲身感受，转变他们的道德态度，精准攻克道德认识难点，促进学生道德践行的达成。

具身“微认知资源”是指，运用以“微视频”或体验活动为表现形式的教学资源，通过课堂微实践，利用“微情景”“微体验”“微经历”等具身“微认知资源”，可以唤醒儿童生活经验，联系儿童生活开展具身体验。在践礼养德的德育课堂教学中，具身“微认知资源”包括“微情境”“微体验”“微经历”，开发的路径包括“场域资源”“网络资源”“活动资源”“故事资源”“游戏资源”“新技术资源”等。开发和运用具身“微认知资源”可以有效促进儿童在道德与法治课堂参与具身实践和体验，服务于儿童品德成长，素养培育。

三、具身“微认知资源”与践礼养德可视化教学

可视化教学与“微认知资源”都有特定的内涵，二者之间既相对独立，又是一个不可分割的有机整体，共同作用于课堂教学，提升儿童的学习效能。

1. 可视化教学

可视化教学是指运用可视化教学载体促进儿童在学习过程中展现自己在

---

① 吉海荣．小学道德与法治可视化教学中微认知资源的开发［J］．教学与管理，2023（23）：55-58.

认知、思维、情感、体验等方面的感悟、发现、升华和成长的过程。针对低年段道德与法治教学中因学生知识储备不足、结构零散等因素造成课程教学形式枯燥、体验缺失等问题，在小学道德与法治教学中进行可视化教学可以化静为动，吸引儿童注意力，化抽象为形象，开阔儿童视野，激活儿童道德思维，提升明理深度，深化情感体验，促进道德践行。

2. 可视化教学与具身“微认知资源”

具身“微认知资源”是实现可视化教学的有效载体。“微情境”，是小学道德与法治可视化教学中道德认知转化的“助推器”。“微体验”，是小学道德与法治可视化教学中道德情感的“助燃剂”。“微经历”，是小学道德与法治可视化教学中道德践行的“催化剂”。

可视化教学可以促进“微认知资源”的科学开发。可视化教学强调了对“视觉”的刺激，从学生单纯地“听课”，变为听、看、动相结合，从教师单纯地“讲”，变为多种形式调动学生思维，以调整学生的注意力分配，有利于了“微认知资源”的开发。

可视化教学与“微认知资源”共同作用，可帮助儿童提升学习效能。在小学道德与法治教学中灵活运用“微认知资源”，充分发挥可视化教学的优势，可以快速激发儿童的道德情感，加深儿童的道德体验，促进儿童道德践行的达成，提高教与学的效能。

第二节 践礼养德具身“微认知资源”的开发

践礼养德的小学道德与法治学习目标是促进儿童品德行为的养成，具身“微认知资源”课堂微实践主要包括“微选材”和“微选时”两个维度，“微选材”强调对内容的精准把握，是可视化教学工作的基础；“微选时”则要求教师根据课程“火候”判断“微视频”介入的时机，以期发挥最佳效果。

一、践礼养德具身“微认知资源”开发的策略

1. “微选材”：明确可视化学习主题

一般而言，小学生以无意识注意为主，集中时间约 15 分钟，他们更喜欢直观、持续时间较短的教学内容。这就要求教师在教学过程中，针对儿童的注意力特点，聚焦重难点，明确学习主题，突出教学效果。

（1）打开未有情感体验的震撼感——定位“微情境”

新课标提倡情境创设、角色扮演、辩论等体验活动，或多或少留存着一

些学生少有接触、较少体验的具体道德认知，进而难以体会到由此触发惊奇深刻的情感体验。“微视频”的存在，及时弥补了这一空白，在爆发式的惊奇感之后，引发学生强烈的震撼感。如“大家排好队”一课中，对于不排队的危险，很多学生没有这样的体验和认知。教师从网上剪辑近年来发生的“校园踩踏事故”视频，采用象征性的动画图式，形象地把发生在我们身边的踩踏事故中挤伤、踩踏、跌落、死伤的人数给学生展现出来，可以引起学生强烈的震撼感，体会遵守排队规则的重要性。

（2）深化已有情感体验的认知感——深入“微体验”

在教学推进的过程中，对于一些有过生活体验的小情景，学生并不生疏，但普遍存在浅尝辄止的问题，其认知和情感体验并没有实现内化，无法影响和 指导自身行为。以“微视频”为媒介，可以引发学生对于道德认知的新认知，并能迁移到自己的学习体验中，搭起层次性情感深化体验的桥梁。如“这些是大家的”一课中，“电”“空调”“课桌”“水”等是大家司空见惯的公共财物，但很多学生的头脑中没有形成对于公共财物需要保护的概念。因此，教师可先播放一个学生喜欢看的视频，在观看的兴奋处，设置一个“关子”——忽然停电了，学生立刻体验到“没有电是多么的难受”。之后，再播放浪费水、破坏课桌椅现象的“微视频”，让学生强烈感受到这些公共财物是不可或缺的，要好好保护它们。

（3）升华常态情感体验的顿悟感——挖掘“微经历”

当已有知识体验深化转向常态知识体验时，还需要对其情感体验进行细腻化，以完成一个多层次情感体验的循环。这种细腻化的情感体验不仅建立在震撼感和认知感的基础上，更建立在儿童特有的求知视角上。在“有多少浪费本可避免”一课，学生对粮食来之不易难以体验。教学中设置“一分钟插秧”的“微经历”。用鸡毛毽代替秧苗。先观看农民如何插秧的视频，知道插秧的方法。然后学生拉开距离，随着节奏一边倒退着一边沿着直线向后退，依次不停地插下秧苗（鸡毛毽），坚持一分钟之内不要抬头。当插秧一分钟结束后，很多同学长长地叹了口气。老师随机采访，此时引导学生体会：我们只是插秧了一分钟都觉得这么累，农民们是长年累月这样种粮食，此刻你有什么感受呢？学生在微经历体验中对“粒粒皆辛苦”有了实实在在的顿悟。

2. “微选时”：抓住可视化学习时机

在恰当的时机引入合适的内容能够实现 1 +1 >2 的 效果。“微选时”的实现不仅可以避免教学内容零散化、碎片化和无序化，还能激发课堂活力，提高教学 实效。

（1）随事而定

一般而言，在“微情境”的具体教学中，对部分情景的视频展示主要是随着教学进度的推进而推进的，以期达到较好的教学效果。如“大家排好队”一课，对于为什么要排队，教师可以把事先在班级里随机抓拍的课间疯抢作业混乱的场面，以及在课堂上老师有序指导下学生排队发作业的情景视频，通过展示计时器的方式，让学生快速明白，排队是文明的、有序的，能够提高办事效率。

（2）适时而动

根据“微视频”介入时间的不同，“微体验”主要有以下三类情况：

①激发情感类

对于游戏活动或角色扮演式的“微体验”，多在课堂教学的前半部分，根据具体的师生互动情况，适时引入。这样做既顺应了儿童的认知规律，易于激发学生道德情感向深度延伸，又优化了活动内容。如“同学相伴”一课，在体验“海岛逃生”游戏环节激发团结友爱之情时，游戏规则用文字说明没法讲明白，这时候借助“微视频”进行游戏简单介绍，播放用大块报纸代表海岛，不断对折报纸，表示海水不断漫上来，海岛面积越来越少，岛上的人如何抱团在一起等待救援的。此处教师以“微视频”进行直接展示，既方便学生理解和教师的引导，又为顺利开展微体验活动铺平道路，此类“微视频”的介入宜早不宜迟。

②感悟情感类

对于知识窗、小贴士、相关链接等栏目的“微体验”，可按教学进度随文推进，大多在课堂教学的中间时段展开。针对不同的学情，“微视频”的介入时间是不同的，所有的“微视频”都是教师的课前预设，这就是随学情而定，随进度而定，有一定的灵活性。比如“网络新世界”学习有关文明上网法律条文的解释时，通过播放“微视频”播放，可以让孩子体验“游戏防沉迷系统”的优越性，以及网络不是法外地，在网络世界中更需遵守法律规则，激发的情感更持久。

③升华情感类

对于阅读角、活动园之类升华情感式的“微体验”，一般在教学任务大体完成时介入。为了激发道德情感的升华，在主体内容教学结束后，会呈现一个后记式的“微视频”，多为道德情感的二次激发。如“同学相伴”一课，为了唤起孩子用理解、关心、体贴、照顾、担当构建一个“不让一个落下”的互帮互助友爱的团体意识，课文设置了一个阅读角。教师播放以

“大雁南飞不落下”低缓深情的微视频配乐朗读，这样有利于对探究主题进行全景回顾和再现情感升华。

（3）把握10分钟定律

神经科学家约翰·梅迪纳博士发现，无论是演讲还是授课，在10分钟后听众的注意力开始下降到零。因此，有必要在课堂教学进行10分钟左右的时候插入“微视频”。在指导践行环节时，如制作书签、学做家务活、总结学习锦囊等，要适时引入视频进行指导。把握好“10分钟定律”，有利于找到难点和关键点，并以此为抓手，适时引入“微视频”。也可以利用希沃授课助手，即时展现，及时指导，实现无缝链接。

二、有效开发践礼养德具身“微认知资源”的实践

儿童品德的形成源于他们对生活的体验、认识和感悟，我们小学道德与法治的教学要从现实生活出发，以学生的视角来关注生活，开发生活资源、网络资源、场域资源和活动资源，促进儿童具身体验，知行合一。

1. 开发“生活资源”创设“微情境”，激发学习动力

陶行知提出“教育即生活”的教育理念就是鼓励我们要善于选取生活中有价值、有意义的话题，引导学生在观察生活、感受生活、体验生活和引领生活的过程中，开展道德体验，激发道德情感，自主构建道德认知，形成法治观念。因此，开发生活资源是儿童取之不尽用之不竭的学习源泉，教师可以引导学生选取在自己生活的诸多场景创设“微情境”，很容易激发儿童的学习兴趣。如教学统编教材三下《我家的好邻居》教师创设了“邻居奶奶来我家做客”的情境，教师戴上假发、老花镜扮作“奶奶”，学生当“孙子”“孙女”，模拟热情待客的场景。这样的生活情境，通过角色扮演进行呈现，具有游戏和戏剧的色彩。对于这种“微情境”的创设可以直观有效点拨指导儿童如何文明守礼，以礼待人。

2. 开发“网络资源”开展“微体验”，促进激情启思

新技术的发展为教育教学提供了更广阔的平台和利器。新闻时事、网络学习平台、网络评价平台、网络学习资源等都是儿童开展“微体验”的网络资源。德法课堂上可以根据教学目标给儿童提供有效的网络资源，引导儿童开展网络探究，网络评价、网络学习、网络调查等学习活动。如教学统编版五下《富起来到强起来》一课时，教师通过网络技术，引导儿童在贴近生活的游学活动中进行体验：云参观“深圳改革开放展览馆”，学习改革开放的历程，感受改革开放的伟大与不易；云参观“深圳平安金融中心”，感

受改革开放的伟大成就，形成民族自豪感；参加“展示交流会”，学生多种感官参与，在入情、动情、抒情的过程中，儿童爱国之情油然而生。感受我们的生活美好，对具有中国特色的社会主义社会具有更充分的了解和认识，激发爱国爱党情感，深化政治认同。

3. 开发“场域资源”进行“微经历”，深化道德体验

社会红色教育场馆、素质教育军事基地、学校开辟的道德与法治专用教室——模拟法庭、校家社生活中开辟的动植物小农场，教师在课堂上搭建的模拟场景等等，这些为了促进儿童开展道德实践体验的资源统称为场域资源。有效开发这些场域资源，可以有效深化儿童的道德体验，促进道德自主建构。在教学统编道德与法治六年级上册《我们受特殊保护》一课，引导儿童了解法律给予他们权利与义务的同时，还受到法律这种特殊保护时。关于未成年人的关键年龄节点上的法律保护措施的理解，诸如对“限制民事能力的人”“行政处罚”“刑事处罚”等法律专有名词的理解是教学中的难点，教师在教学中开辟模拟法庭，微信连线现场邀请法官参与法律名词的解读，既真实可信，又突破教学难点，同时还把法律的严肃性生动形象地在儿童心中扎下了根，树立了法治观念，提升了道德与法治教学的针对性和实效性。

4. 开发“活动资源”实施“微整合”，促进道德内化

新课标指出，道德与法治属于综合性的活动课程，要求要把思政小课堂与社会大课堂融合一起发挥育人的功效。在德法课堂课前往往有学生参观采访活动的视频和照片，调查的照片和数据；在课堂上学生参与的合作探究展示活动，课后拓展延伸活动等等。这些丰富有效的资源统统称为“活动资源”。这些活动资源其中可能包括“微情境”“微体验”“微经历”等具身“微认知知资源”，把以上资源有效“微整合”，可以有效提高学生道德认知，激情启思，促进道德的内外互化。比如在教学统编道德与法治教材五年级上册《我们神圣的国土》一课，课前学生搜集了表现祖国辽阔的数据、诗歌、歌曲等活动，一上课老师播放了神舟十九号飞天的视频，展示了近几年来我国在科技上的成就，创设了“微情境”，然后质疑问难：祖国科技的发达与国土的辽阔有很大关系，你相信吗？正在学生一脸懵的时候，老师打开国家地图，把科技发展与祖国的具体省会和地区一一联系起来，由此水到渠成引出课题。课堂上学生朗诵《我爱你中国》，吉他弹唱《大中国》，数据展示祖国南北温差和纬度差距，展示自己旅游照片，形象直观“微体验”了祖国的辽阔。摆一摆祖国行政区划磁力贴，了解 34 个省、直辖市、自治区；用笔和符号勾画并上台指出我国的邻国及其海域，观看边疆战士为保家卫国寸土不让付出了血的代价的视频，这些“微经历”对于学生感悟国土的“神圣”有着不可估量的作用。这些活动资源的“微整合”有效促进儿童践礼养德。

第三节　践礼养德具身“微认知资源”的运用

在践礼养德教学理念支撑下，基于核心素养的培育，建构“微认知资源”小学道德与法治课堂可视化学习范式，促进儿童达到道德认知可视化、道德思维可视化、道德情感可视化、道德实践可视化的育人效果。

一、建构践礼养德具身“微认知资源”可视化运用模式

践礼养德是以践行为目标的品德养成教学理念，根据学科核心素养的要求，笔者在统编小学道德与法治教材中探索“微认知资源”的开发路径，建构践礼养德“微认知资源”可视化学习范式。

1. 制定践礼养德“微认知资源”可视化学习目标

品德学习最后要落脚在行为实践中，道德与法治新课标中许多学业质量要求表述都是以“践行”为落脚点。因此，教学中围绕核心素养的践行培育要求，制定“微认知资源”可视化的教学目标尤为重要。在一上“吃饭有讲究”一课中，既要有学会“六步”洗手法洗手，饭桌咳嗽注意防护，具备良好的卫生习惯；又要有尊敬老人，孝敬长辈的中华传统美德，还要培养心中有他人，不乱挑菜、节约粮食等餐饮礼仪，从而培育学生良好的家庭美德。在上述教学目标中，细致分明地指出了践行的目标，把学生可视化行为培养达成做了有规划，有靶向。

2. 探究践礼养德“微认知资源”可视化学习路径

小学道德与法治“微认知资源”的开发有多种路径，对于比较难以理解的道德认知既可以运用生动形象的“微视频”再现当时情景，达到穿越式的体验；也可以在课前通过学生的参观、寻访、调查等实地“微经历”获得可视化学习体验；对于引导学生形成良好习惯的文明礼仪行为，可以采用游戏化学习方式，创设系列化情境，在“微体验”中通过试错游戏——发现评议——行为引导——完善践行等活动落实可视化学习目标。比如在五下《富起来到强起来》一课为了体验爷爷奶奶小时候吃不饱穿不暖的时代情境，可以播放新中国成立前“微视频”片段感悟当时生活的艰难。

为了体验祖国由富有到强盛，带领学生寻访家乡的厂矿企业“微经历”，采访企业是如何突破国外技术“卡脖子”，获得国家科技创新一等奖，从中感悟祖国科技进步与祖国的富强。

3. 设计践礼养德“微认知资源”可视化学习评价表

学生的文明礼仪习惯养成是一个长期渐进和反复培育的过程，同时需要家校的一致性合作才能使学生践行真正落到实处。这就需要老师设计一种家校共同可操作的可视化行为评价表。让学生践行的实施，习惯的养成，家长与学校的合作看得见。以一年级上册“吃饭有讲究”一课为例，践行评价表如下．本评价表体现了餐饮之礼的践行要求具体化，评价主体多元化，评价要求清晰化，评价行为可视化，评价起到了激励、反馈和调节的功能，对于学生的文明礼仪成长起到了很好的促进作用。

表 7-1 学生用餐礼仪家校评价表

文明礼仪争星卡活动开始啦！凡是在一周内能做到以下要求的可以获得三颗星星，做得比较好的获得两颗星星，需要改进的获得一颗星星。请同学们和家长老师一起来参与。

评价内容	星级评价	自评	家长评	老师评
饭前洗手很重要 碗筷佳肴摆放好	★★★			
长辈先坐先动筷 安静吃饭不乱跑	★★★			
长辈夹菜要道谢 不往别人面前挑	★★★			
咳嗽喷嚏转头快 饭后收拾少不了	★★★			

二、运用践礼养德具身“微认知资源”促进可视化学习的策略

小学道德与法治课堂微实践主要从微认知资源这一突破口出发，运用微认知资源促进道德认知可视化、道德思维可视化、道德情感可视化、道德实践可视化这四个角度来体现。

1. 即时有效“微情境”，促进道德认知可视化

道德认知学习是学生品德自主建构的基础。在实际教学中，学生对静止不动的或者平时没注意的生活细节很难唤起兴趣。针对教学中出现的种种问题，结合小学生的学习特征，“微情境”无疑是焕发道德明理教学的新动力。在“生命最宝贵”一课中，为了学生体验母亲十月怀胎的艰辛，感受

生命来之不易，活动设计了一个体验孕妈妈活动。在没有任何音乐视频的氛围中，学生把书包背在胸前模拟孕妈妈，嘻嘻哈哈地背着书包，在教室里笑眯眯地走着，模仿孕妈妈挺着大肚捡拾物品，系扣鞋带，学生体验效果很不好。后来教师创设了一个孕妈妈上班的“微情境”视频，有语言引导，有音乐烘托，学生在视频的引导下，开始专注地体验孕妈妈，孩子发表感受“原来妈妈怀我这么不容易”“我不能再让妈妈生气难受了”，“微情境”明显提升了学生对生命最宝贵的可视化道德认知。

2. 3D 全景“微体验”，促进道德思维可视化

对于小学生来说，要想让教材和学生内心“图式”之间产生互动，体验是实现“内外互化”的桥梁。在体验中，学生以自己已有的经历和心理结构去感受、理解事物，因发现事物与自我的关联而生成情感反应，并由此产生丰富的联想和深刻的领悟。在具体的学习中，由于学生缺乏相应的生活经验和背景知识，不易受教师启发去寻找关键信息。如何给学生情感和价值导向，需要老师为孩子创设的体验平台。在六上《人大代表为人民》一课中，为了探究人大代表是如何为人民行使自己权利的。教师引导学生开展一系列活动，制订活动方案、开展人大代表采访、调查问卷以及制作思维导图等。有体验活动的铺垫，学生的道德思维可视化在思维导图中形象地展现出来。学生把人大代表的形成以及如何行使权力清清楚楚地呈现出来，促进了道德认知和道德思维的发展。

3. 动态活跃“微经历”，促进道德情感可视化

有了“微情境”和“微体验”的学习，小学生的道德认知就有了相应的基础。对于距离学生生活久远的情感认知道德灌输是很难达到教学效果的，而在将道德认识激发道德情感中不难发现，学生还需在亲身经历中获得真实的情感感受和收获。在统编教材五下《中国有了共产党》一课，对于红军长征的艰辛，感悟长征精神尤为重要，到底红军有多苦，对于远离困苦生活的城市学生很难体会的。这里设计了一个“中午空腹背书包行走一公里”的体验活动，父母把学生体验经历的视频拍下来。当视频展现有的同学又累又饿地瘫在路边不愿意走，有的在路边累得抹眼泪。同学们纷纷表示我就一顿饭没有吃，背着书包走了一公里路都难以忍受，而红军叔叔是前有雪山草地，后有敌人围追堵截，忍饥挨饿背着枪炮行走了二万五千里。“啊，红军叔叔真的了不起！”此时，对红军坚韧不拔的精神品质赞叹之情油然而生，感悟长征精神也就水到渠成。

4. 汇聚多元“微整合”，促进道德践行可视化

在真实的道德与法治教学中，“微情境”“微体验”“微经历”往往不是孤立存在，常常是联动而发的，教师要通过搭建支架，多元汇聚进行整合，才能促进儿童的道德践行。统编教材四下《当冲突发生》一课，对待校外欺负行为学生怎么来应对，往往我们都纸上谈兵比较多，学生开始认为让搜身的匪徒换位思考显然是不合适的。在面临欺负行为时，学生怎样才能真的冷静对待呢？我们可以创设搜身“微情境”让学生在类似“微经历”体验中磨炼，就像我们平时的防震演练一样。课堂上播放校外欺负应对视频“微体验”后，邀请三四位外援保安，装扮成蒙面搜身匪徒，在活动中实地演练一番，学生由开始的震惊到慌乱，终于慢慢地稳定情绪，学会冷静应对。有的老师可能认为这是残忍和多余，课堂进行多次训练，练就了学生心智和胆量，学生在可视化践行中对生命安全素养的培育就是一种很好的方式

三、开发资源多样化，运用具身“微认知资源”践礼养德的实践

随着 AI 技术、大数据等新技术的发展与开发，“践礼养德”具身德育课堂又呈现出灵动性、主体性和互动性更强的特点。有效开发与运用多样化的资源，可以在具身“微情境”中增强课堂趣味性，在具身“微体验”中提高教学针对性，具身“微经历”提升教学实效性，在“微整合”中促进儿童道德智慧的生长。

1. 运用“新技术资源”，在具身“微情境”中践礼养德增强课堂趣味性

随着词云、大数据、AI 技术、拍立得等新技术的发展与开发，在小学道德与法治课堂教学中运用新技术使课堂互动性更真实、即时展示性更客观，不仅增强课堂趣味性，还激发学生学习兴趣。比如在教学统编道德与法治教材六年级上册《我们是未成年人》这一课时，教师创设了盐娃的形象，与盐宝对话学习，激发学生学习的兴趣。利用希沃助手现场调查老师对未成年人特点的了解，并及时生成柱状图，饼状图，可以一目了然，形象直观地了解未成年的特点。总之，词云、AI 技术、电子资源库、大数据分析等一系列新技术的运用，体现科技运用与教育教学的有机融，让我们的“践礼养德”德育课堂范式焕发出来的课堂勃勃生机。

2. 运用“电子资源库”，在具身“微体验”中践礼养德提高教学针对性

有些网络资源庞杂无序，在指导学生搜集资料和查阅时往往会陷入茫然和无厘头状态。而有效运用电子资源库，根据教学目标把学生要探究的内容放在里边，学生查找资料有方向，也防止了学生探究时“旁逸斜出”。比如

在教学六上《我们受特殊保护》一课，运用豆包软件和拍立得技术，老师在平板上提供未成年人法律时间节点的电子资源库，学生根据老师的要求分组合作探究具身自主学习，把学习成果通过豆包软件自主学习，通过拍立得技术现场打印出来，展示成果。这种“微体验”式学习既突出了学生的主体性，又充分开发资源，最大限度地利用资源为教学所用；同时，还生发了儿童学习自豪感，在很快的时间内就能让学习成果看得见，可谓一石三鸟。运用词云技术，针对未成年人特点，现场开展调查，比例最高的字最大，其次则比较小，以此类推，词云技术的运用使我们的课堂针对性和实效性增强。

3. 运用“游戏资源”，在具身“微经历”中践礼养德提升教学实效性

在践礼养德的道德与法治课堂，需要创设真实的情境组织学生实践体验，但由于条件和时间的限制无法实现时，也可以创设“仿真性”的生活德育情境，以游戏化的方式来开展“微经历”活动，以此提升教学的实效性。比如在教学统编德法教材三年级上册《心中的110》一课时，为了指导学生在面对陌生人的敲门我们该如何应对时，教师创设了三个仿真性情境：请扮演邻居奶奶、修煤气大爷和送快递的三位演员上台分别敲门，选择学生来应对以上情况。当“快递员叔叔”说，是你妈妈叫我把东西送到你们家的，请你开门。学生一时不知所措，老师请其他同学帮帮忙，有学生支招可以打电话问问妈妈辨别真假。在情境表演中学生真实经历了惊心动魄的一幕，也明白了面对陌生人开门的要求时一定要擦亮眼睛，保持警惕，机智应对才能做到自护。这种“微经历”看似是游戏表演，其实是生活的一种模拟，只有让学生在经历中感悟，在感悟中体验才能学会在发现问题和解决问题中涵养德性，不断成长。

4. 运用“故事资源”，在具身“微整合”中导入案例促进道德智慧生长

要讲好中国故事，建设社会主义文化强国，提升中华文化的世界影响力。在道德与法治课堂，讲好中国故事，不仅是弘扬中华优秀传统文化，更是有效运用“故事资源”促进儿童智慧生长的有效途径。如在教学统编道德与法治后五年级上册《传统美德源远流长》一课，教师创设“鲁女爱国”微情境，学生围绕“天下兴亡，匹夫有责”这一主题，进行项目化学习，学生通过搜集资料在上台讲述古今中外的爱国英雄故事中，感受战争年代爱国人物不怕牺牲，舍生忘死的英雄们；讲述杂交水稻之父袁隆平、屠呦呦、感动中国人物张桂梅的故事感受和平年代先锋们兢兢业业的奉献精神，这些“微体验”对爱国有了实实在在的情感积淀。在调查采访身边爱岗敬业的人物的“微经历”中，有警察爸爸、环卫工人、老师、保安等，对平凡人的爱国有了实实在在的了解，发现爱国就在身边，明白作为新时代好少年需要遵纪守法、勤学报国来践行爱国之志，学生在以上“微整合”实践行动中再现“践礼”情感线，生长了道德智慧，从而“践行礼义”明大德。

总之，以“微视频”为媒介的“微认知资源”开发，从“微情境”“微体验”“微经历”等多维度对道德与法治课堂教学进行了重新建构，增加了课堂教学的生动性和灵活性，是对传统教学方法的有效补充。以此为载体，教师可以营造出更有特色和创意的儿童品德课堂氛围，凸显出儿童作为学习者的主体地位，使得教学更加得法。相信随着技术的不断进步，教师技能水平的不断提高，“微认知资源”开发方法的不断探索，“微视频”的教学效果将愈加突出。践礼养德的道德与法治课堂有效开发多样化资源，在“微情境”中入情入境，在“微体验”中感悟发现，在“微经历”中实践体验，促进儿童核心素养的培育。

第四节　践礼养德具身“微认知资源”开发与运用的学习范式

在不断的教学实践中，我们逐渐探索出小学道德与法治可视化课堂“微认知资源”运用的几种学习范式。小学道德与法治课堂微认知资源运用的几种学习范式主要有游戏化学习范式、情境体验式学习范式、议题式学习范式（思辨式）、活动支架学习范式（成果汇报式）、故事讲述学习范式、项目化学习范式、案例导学式学习范式等八大学习范式，现做如下简要说明。

一、游戏化学习范式

在小学道德与法治可视化教学中运用具身“微认知资源”开展丰富而又生动的文明礼仪养成内容，引导儿童在游戏化学习中激发学习热情，在对比游戏、闯关游戏、扮演游戏、竞赛游戏等一系列游戏活动中通过“玩中激情”“玩中启思”“玩中启智”“做中养德”的形式促进儿童文明礼仪的养成。形成了儿童游戏化礼仪学习范式，浸润儿童的品德修养成长，为儿童未来当一个好公民打下坚实的基础。

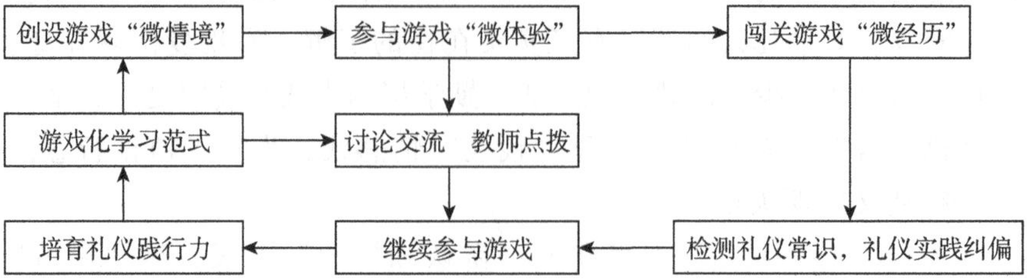

图 7-1　游戏化学习范式图

典型案例分析：

在教学二下《大家排好队》这一课过程中，教师创设了带领孩子们去康康熊体育活动中心参加体验的一系列生活情境游戏。①创设“微情境”对比游戏：为了让孩子们感悟文明排队的重要性。我在教学一开始中就有意识创设情境玩游戏，儿童处于无意识状态下，便听从自我的感受，急切地上来玩游戏，一片混乱。此时老师叫停，学生纷纷说出不排队玩游戏的感受：太乱了，糟糕透了，一点也不快乐。“怎么解决这个问题呢？”老师点拨后，学生马上提议“排队玩吧”，学生排队玩游戏井然有序。通过这样前后游戏活动情形的对比，学生立刻明白还是排队好！从而体会了文明排队的重要。②实施“微体验”闯关游戏：如“大家排好队”一课中，对于不排队的危险，很多学生没有这样的体验和认知。教师从网上剪辑近年来发生的“校园踩踏事故”视频，采用象征性的动画图式，形象地把发生在我们身边的踩踏事故中挤伤、踩踏、跌落、死伤的人数给学生展现出来，播放“微视频”微认知资源学生在爆发式的惊奇感之后，引发学生强烈的震撼感。此时开展排队安全知识闯关小知识游戏，学生特别感兴趣。③开展“微历经”角色扮演游戏：教师创设两次排队插队情境：第一次排队老师扮演“同学的熟人”进行插队。④变换情境，开展游戏体会生活智慧；第二次插队老师扮演身体不好的“老奶奶”请求插队。面对插队这种行为，到底让不让呢？什么情况下该礼让，什么情况下不能让呢？师生在讨论交流的过程中发现，面对插队这种行为，我们要一分为二地看，对于那些想要占便宜的插队我们坚决不允许；而对于那些处于“老弱病残孕”等特殊情况的插队可以礼让。感悟出“讲规则，懂礼让”这一生活智慧。⑤游戏总结，升华情感，唯有如此，我们道法老师才能把握好教材中规则与德性的平衡之道，方能培育出一个个充满正能量的富有人格魅力的人。“微体验”“微经历”微认知资源发挥了很重要的作用。

二、情境体验学习范式

在小学道德与法治可视化教学中，教师创设适宜的生活情境微认知资源，引导儿童在情境中激发学习热情，通过境中激情、境中启思、境中启智、境中养德的方法促进儿童文明礼仪的养成。创设生活情境，引导儿童在整合的系列化生活情境中感悟明理；体验生活情境，感悟文明礼仪的规则；探究生活情景，演绎礼让智慧；实践生活情境，践礼养德。促进学生在真实情境的“演练场”上把道德内涵内化于心，外显于行。

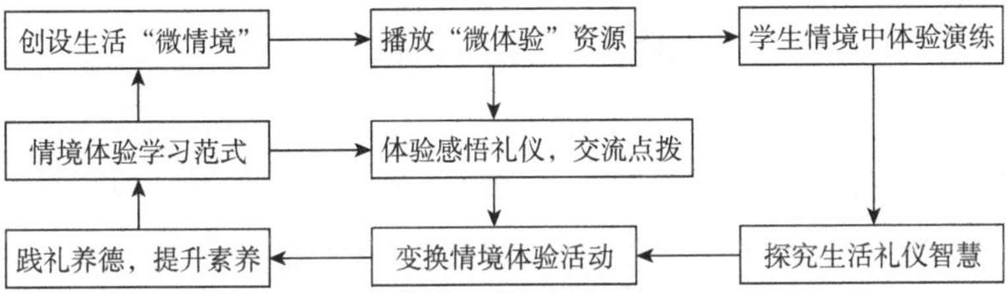

图 7-2　情境体验学习范式图

典型案例分析：

在教学六年级上册《人大代表为人民》一课时，教师在执教时①采用了情景体验模拟式教学，他出示富强村，文明村的村人大代表字样，代表模拟情境，创设“微情境”带领孩子们先从环境的布置；②选举身份的确认开始进入情境，开展探究什么样的人具有选民资格？③在“微体验”中明白人大代表的选举的程序有哪些？④在调查采访人大代表“微经历”活动中明白他们是如何行使人大代表权利的？⑤活动总结感悟人大代表为人民的内涵，升华情感。随后带领学生开展领取选民证、领取选票，在音乐中投票等一系列“微体验”“微经历”人大代表模拟活动。边活动边研讨，在玩中学获得成长。

三、议题式学习范式（思辨式学习范式）

新课标指出，采用议题式、思辨式教学是提高学生道德高阶思维能力的教学方式。在小学道德与法治可视化教学中运用具身“微认知资源”开展议题式活动，能够促进儿童文明礼仪辩证思维的养成，使文明礼仪学习由“被动”到“主动”，教学形式由“传授式”到“学习式”。这样的教学方式把儿童的学习放在教学过程的核心，通过开展多种思辨活动，培养儿童的辩证、批判性思维，提高学生对文明礼仪的分析、综合、评价与运用能力。在此基础上，构建了儿童文明礼仪养成的学习范式，即引导儿童走进思辨情境，开展反思性、探究式、体验式思辨活动，最终提升文明礼仪素养。另外，对于议题式教学，中年段可以是多个话题的议学，低年段可以是单个话题的议学，高年级段可以是主话题统摄下的多话题议学。

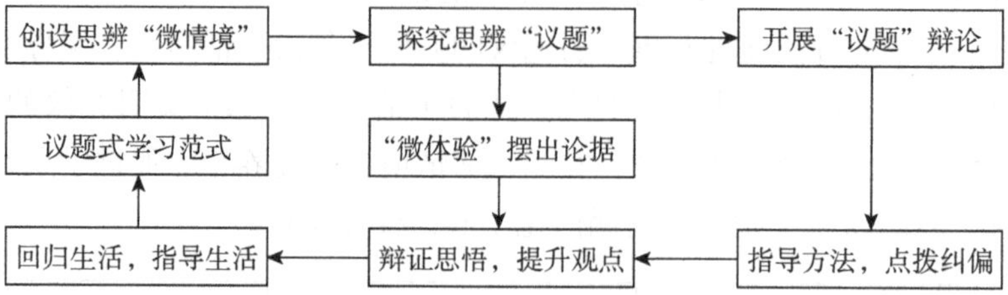

图 7-3　议题式学习范式图

典型案例分析：

如教学统编道德与法治四上《网络新世界》一课时，根据新课标学业质量描述要求遵守基本的网络交往道德，①确立主题为“网络文明公德”——确立分话题为“网络很重要、网络安全，网络文明公约”三个话题。在探究“网络重要性”时，②教师创设回到20世纪80年代通讯不发达时的情境，学生模拟排队买票“微体验”，给远房亲戚来我家开展传话和迎客工作。活动中，嘈杂的环境，传话不准，信息沟通不畅，带着铺盖买票排队时间长，从而体会到网络的重要性。③在学习“网络安全”这一话题时，教师组织学生开展议题式辩论。正方观点：网络世界是有规则。反方观点：网络世界是自由的。根据不同观点，分列左右开展摆事实、讲道理的议学。④在教学中教师要发挥引领作用，在学生困惑时予以解决，偏离时予以纠正，提高学生参与体验学习的效果。在正反双方各执一词时，教师可以点拨双方互相反思观点的不完善性，重新探究到“合理使用网络，安全使用网络”的新观点。⑤回归生活，指导生活，养成“文明网络公德”。

四、支架助学学习范式

支架助学教学是以最近发展区理论为基础的建构主义教学模式。即在儿童的最近发展区内，教师搭建“支架”，把学习转化为儿童可以实现的一个个“任务”，让学生在活动中自主建构意义，逐步达成教学目标。本课题我们探究出多元支架：开放支架、整合支架、评价支架等，“微认知资源”的运用让儿童在可视化道德与法治课堂实践中进行辨析、反思、体悟、检验、实践等，最终养成文明素养。

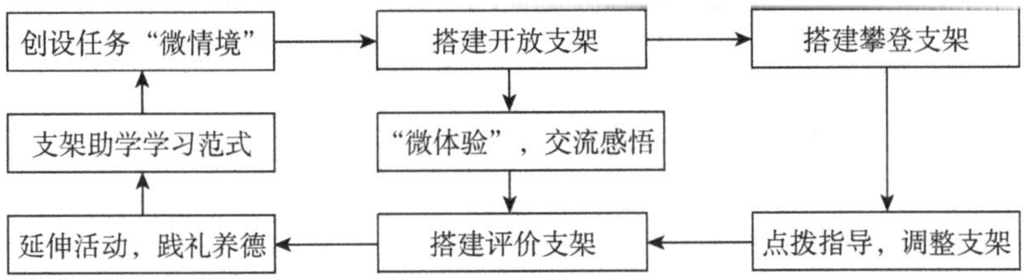

图7-4　支架助学范式图

典型案例分析：

例如教学五年级上册《公共生活需要秩序》这一课为了探究公共秩序的重要性，教师创设了情景任务：①搭建开放支架：过马路模拟活动；（出示马路口视频）站台等车模拟活动；（出示幸福站台）乘车模拟活动；（出示公共汽车）在一系列情景任务中，学生走出座位开始模拟活动，台上学生模拟实施，台下评价指导，师生间友好合作，在“微情境”任务模拟中学生明白了公共秩序的重要性。②搭建整合支架：现实生活中公共秩序的遵守经历往往是交叉整合的，需要教师搭建整合支架，学生参与判断交流并角色扮演，在公共场合贴出标识搭建整合支架，比如以下四幅图是同学们在出游时发现的不文明行为。班级交流：图中有哪些不文明的行为呢？③“微经历”剧场排练：遇到这样的情况，该怎么办呢？友情提醒：由组长分配角色，组员积极配合。将你们遇到的不文明情况和采取的态度演出来；在指定区域内排练，避免影响其他组。剧场表演：同学们将小组讨论的应对办法，进行情境再现，在模拟表演的场景中表达自己面对不文明行为的应对态度与方法。⑤搭建评价支架：督促文明养成。

五、案例导学学习范式

小学道德与法治新课标指出要创新案例教学形式，在“微认知资源”道德与法治可视化教学中，运用案例开展导学活动是非常有效的教学模式，尤其是在六年级上册法治专册运用非常多，在案例导学型课堂模式下，教室播放典型的富有时代气息的“微认知资源”案例，给学生分析，引导学生体验感悟，通过亲身的体验和亲身经历来构建自学生的认知和情感，而这个过程需要通过新旧经验的相互作用来实现，收获新经验，为学习提供丰富的素材和信息，共享交流提升，激发他们主动去探究发散思考。通过设计的问题引导学生积极主动地在自主、合作、探究的学习过程中去探索问题，课堂上展示探究的过程，寻求遇到的问题解决的路径和办法，从而让学生获得必需的知识和技能，形成正确的价值观、人生观、世界观。

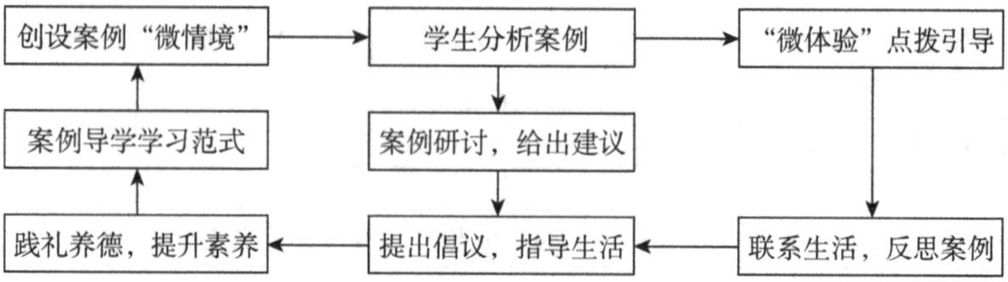

图 7-5　案例导学学习范式图

典型案例分析：

在教学四年级上册《当冲突发生》时，在指导学生解决校内冲突和校外欺负行为时就采用了案例导学式，指导学生学会自我解决校内同学之间的矛盾和学会保护自己的方法。①创设案例“微情境”，学生在案例分析中探寻什么是“欺负”②分析案例，给出建议，在学生分析案例的同时也是给自己制订保护自己的方案计划和方法，所谓助人者自助也。③联系生活反思案例，开展“微体验”，联系生活，研讨案例，给出建议。④提出倡议，也是在建构学生体系自我保护的屏障，从而指导生活。

六、项目化学习范式

项目化学习是实现知识掌握与核心素养培养双重教育目标的有力抓手，具有较为重要的教学论意义。在道德与法治可视化教学中开展“微认知资源”运用的项目化学习方式，有效地促进了学生发现问题、解决问题等关键能力的提升，素养的达成。在知识观层面，超越知识二元对立理念，强调公共知识和个人知识的统一；在教学观层面，保持教学过程的开放性、动态性，构建学为中心的课堂教学；在教师观层面，深化教师教学理念与行为的转变，促使单一的封闭式讲授转向多样化的教导；在学习观层面，从促进学生学习真实发生的角度，凸显学习的主动性、体验性、创造性；在评价观层面，着重关注表现性评价，合理、有效地运用多种评价方法和评价类型，形成素养导向的评价连续体。

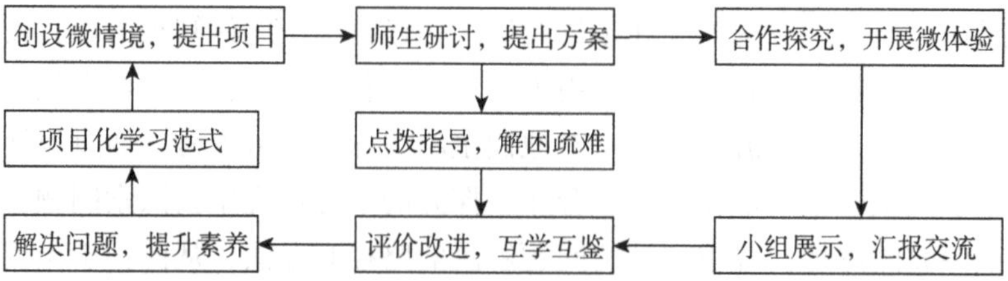

图 7-6　项目化学习范式图

典型案例分析：

例如教学统编教材六上第九课《知法守法依法维权》一课，在学业质量描述中要求学生遵守法律规定，抵制不良行为与违法行为，能够用与生活相关的法律维护自己的合法权益。①先提取大概念“守法依法维权”，然后引导学生讨论确定主题：校门口地摊贩卖不健康食品和危害性玩具的情况调查。②集体制定方案，小组合作制定活动方案开展项目化学习。③分组实施调查、采访、搜集资料与探究活动。案例组结合两岁男童食用不洁三无食品致死的典型案例，探究“三无食品”的生产及其危害。调查组开展调查同学购买“地摊刀具”“三无食品”的情况；法治组搜集了有关食品法、民法典和消费者权益法等内容了解其处罚力度；政策组采访城市管理局领导，举办由市城管办与校领导参与的听证会；举行政协听证会，向市政协委员反映校门口地摊货危害，希望提案引起市领导重视。宣传组开展“小小志愿者”活动，制作手抄报、宣传标语、“给家长一封信”、倡议书等宣传“向三无食品说不”活动。④课堂小组展示汇报，形式多样。活动中借用社会及专业人士资源，将这些资源有效地整合利用，为学生解决问题提供支持和服务。学生在真实的情境中发现问题，分组解决问题，在依法维权活动中学会守法用法，在实践中培育法治观念素养。⑤完成评价，互学互鉴，指导生活，解决问题，践礼养德实现成长。

七、故事讲述学习范式

习近平指出：要讲好中国故事。道德与法治课程是青少年爱国主义情感的重要阵地。但这部分教学含义大量比例的历史题材内容，其远离学生生活，学生难有代入感，情感难以升华。基于此，教师要关注学生的需求，以具身德育理念为指导，以“故事讲述”为载体，通过故事讲述“微体验”“微经历”等“微认知资源”激发爱国爱党情感。“微视频”媒体再现，创设直观故事情境；借助场馆，创设鲜活故事情境；实践寻访，亲历讲述故事“微经历”，通过营造具身情境，重构具身活动，优化故事载体，重构“故事讲述”具身方式，推进道德与法治教育教学落地生根。

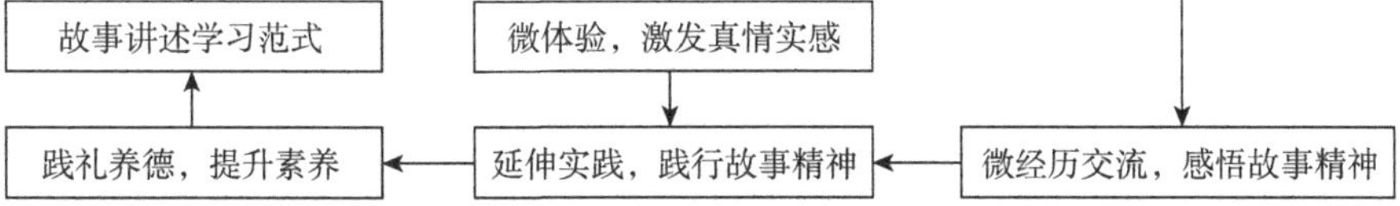

图 7-7　故事讲述学习范式图

典型案例分析：

例如在教学统编道德与法治五年级下册《中国有了共产党》一课时，为了让学生铭记红军长征这段历史，提升他们的家国情怀，教师便利用“微视频”再现情境。在课堂中，教师先引导学生观看红军长征路线图，帮助学生知道红军长征经过了哪些地区，遇到了哪些困难。①课前学校每年四月中旬都会组织学生到当地的革命纪念馆和烈士陵园进行红色研学活动。学生用心聆听着革命先辈们的故事，伫立于一幅幅展板面前，久久不忍离去。伴随着革命先烈的感人故事，那一件件实物，一张张照片，都带领学生重回那段光荣的革命岁月。②课上教师播放视频《飞夺泸定桥》影视片段“微体验”，为学生讲述了“飞夺泸定桥”的这段历史故事。伴随着枪炮声，学生在具体直观的视频画面中感受到了“飞夺泸定桥”这场战斗的惨烈。③课上，学生以小组成果汇报的形式召开了“长征故事会”，讲述长征途中的感人故事；④课后，教师围绕故事内容拓展设计了“重走长征路”的体验活动，布置学生在家长的带领下步行五公里，亲身感受了红军长征的艰难和豪迈。项目化学习拓展了故事讲述的教学时空，开阔了儿童视域，深化了情感体验和道德认知。课后延伸，在生活中遇到困难要发扬长征精神，克服困难，解决问题。

八、思维导图学习范式

思维导图式学习范式就是教师在儿童的最近发展区内搭建“支架”，这个支架就是思维导图。学生借助思维导图，开展自学与探究活动；学生也可以根据自己的理解，设计思维导图，重在学生的自主学习，学生在活动中自主建构意义，逐步达成教学目标。其中，学生可以在制作思维导图之前，老师要指导如何制作思维导图，在制作思维导图时遇到的困难，小组内交流解决，作为作业老师也可以批改反馈，指导建议。学生在制作思维导图的过程中就是在道德思维建构的过程，紧接着激发道德情感，促进学生践行。

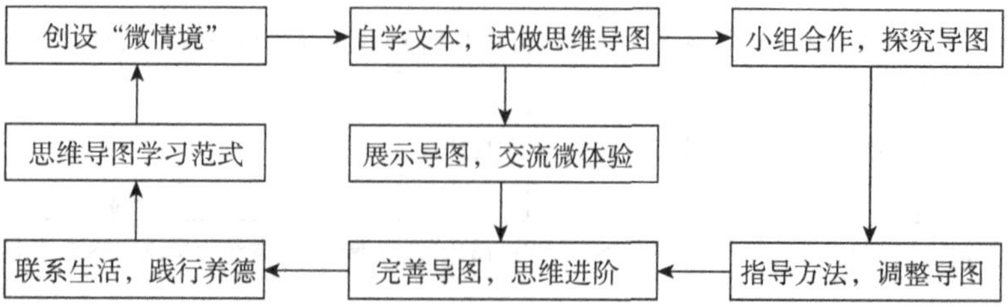

图 7-8　思维导图学习范式图

典型案例分析：

在教学统编道德与法治六上《人大代表为人民》一课时，教师给我们展示了思维导图式学习范式，在老师的引领下，创设“微情境”①自学文本，试做思维导图，孩子们对于人大代表的资格、选举流程、产生的方式，这几个问题探究非常深入。②开展“微体验”，探究思维导图。孩子们画出来的思维导图，传达了他们主动学习的积极性和创造性。③学生分小组展示思维导图，大家评议，点拨引导，互学互鉴。④修改导图，完善导图，学生发表自己的感受，明白了“人大代表为人民”的真正含义，真正体现了学生的主体地位。

第八章　践礼养德：儿童具身德育课堂观察教学研究

第一节　关于“践礼养德”具身德育课堂观察概述

随着课程改革的不断深入，课堂研究的逐渐兴起，课堂观察作为研究课堂的一种方法开始受到学界的关注与中小学教师的青睐。西方关于课堂观察的研究成果大量输入，一些学校和教师也开展了课堂观察的本土研究。课堂观察是课堂研究广为使用的一种研究方法。课堂观察就是指研究者或观察者带着明确的目的，凭借自身感官以及有关辅助工具、直接或间接从课堂情境中收集资料，并依据资料作相应研究的一种教育科学研究方法。① 课堂观察分为问题式课堂观察和主题式课堂观察。

一、问题式课堂观察：从模糊化观课走向专业化评课

课堂观察是一种行动研究，其改变了当前大多经验式的听评课方式，转变为实证化研究，探究如何改进课堂教学活动，真正做到服务学生核心素养的培育，最终提高“践礼养德”德育课堂实效性。具体而言，首先，要从实践的角度征求教师教学实践中遇到的问题，并整合问题，确定适用于课堂观察的若干观察着力点。其次，设计有利于问题解决的观察量表，在教研组内分配好课堂上每人的观察视角，进行数据统计和分析。再次，课后要反复观看教学视频，探究如何改变教学方式促进问题解决的措施，为后续提升教学有效性做进一步评估。这样的教学研讨可以促进教师改进教学方式和行为。因此，它既是促进“教—学—评”一体化有效教研方式，又是有效提升教师走向专业化评课和教学研究的创新路径。问题式教研活动是有流程的，教研活动流程分为五个环节：

---

① 沈毅，崔允漷．课堂观察：走向专业的听评课［M］．上海：华东师范大学出版社，2008：15.

1. 聚焦问题，确定主题

这是开展主题教研的首要环节。教研员/组织者通过观课、访谈、座谈和发放问卷等方式开展问题调查，了解学科教师普遍存在的教学问题，然后选定这些问题聚焦某个教学要素的“优化策略”作为研讨的主题。如发现教师普遍存在“问题表达不准确”“教师问题太多”“学生不愿意参与回答”“只有部分学生积极参与回答”等问题都与“课堂提问”这一教学要素相关联，于是将“课堂提问的策略”确定教研活动的主题。再如发现有的老师给学生创设了情境体验，效果不佳怎么办？比如活动目标不知道如何围绕学生的核心素养来设置，怎么办？再比如活动中遇到了和你教学流程意想不到的情节怎么办？意外是“雷区”还是“景区”呢？等问题，从问题中生发主题。

2．分解主题，专题学习

任何教研的主题都有丰富的内涵和外在的行为表征。分解主题就是规范主题内涵和外在表征，将主题关联的课堂要素进行纬度划分，建立主题纲要。如针对“课堂提问的策略”分解为“提问维度、提问顺序、提问时机、提问语言、提问候答”等维度及具体的实施要求。同时，为了避免分解主题的随意性，提升主题纬度划分的准确性，必须开展专题学习。在专题学习中，教研员（教研组长）组织相关教师，如中心组成员和有意愿执教教研活动课例的教师，通过查阅文献、主题讨论等方式，从学界已有的研究、教师的个人经验中，获取主题纲要及其具体的实施要求。

3．呈现主题，打磨课例

在自愿原则基础上，教研员（组长）选择对主题有领悟的教师执教主题课例。执教者依据教学进度，对选定的教学内容自主设计课例，并在所处学校的团队中打磨，形成教学要素比较完善、教学过程比较完整的公开课，即主题课例。根据具体情况，主题课例可以是一课一构，也可以是同课异构，还可以是不同教学内容的异课异构。我市多次开展道德与法治教学研讨就是由四位优秀课一等奖老师参与活动。四位老师领了任务就开备课，教研员专门成立一个微信群，指导他们上这四种课型步骤和方法。然后四人备课、打磨，备课后发在群里给兼职教研员指导并修改，试上，录下视频，大家研讨，指出修改的地方。不断修改直至相对成熟后，教案和教学课件发给主题讲座的老师研究并形成讲座雏形。开展讲座的老师要把上课老师的四种范式进行归纳、总结、提炼，要形成四种教学范式的可操作性活动流程，注意事项、方法指导、总结该教学范式的优势在哪里，总之要给听课老师以实质性的指导。

4．围绕主题，观评课例

这一环节分为三个阶段。第一阶段是说课和导课。执教者用5分钟说课，介绍主题课例的设计构思，如教学目标、教学方法、教学过程和主题体现等。教研员根据主题纲要，向观课教师介绍关于主题的观察点（即主题纲要中的纬度）。第二阶段是执教与观察。执教者依据自己的设计构想完成课例教学。观课教师依据执教者的说课构想观察课例。在这一阶段，教研员或教研组长要强调观课教师对课例进行主题观察。第三阶段是评议课例。教研员或教研组长组织执教者、观课者围绕主题进行评议。评执教中的师生行为；议执教体验和观察感受。教研员或教研组长通过执教者的体验和观课者的发现，分析、提炼执教者意欲体现主题的教学经验，即在教学中达成主题的方法、要求和受限范围等。近年来我们多次开展“践礼养德”教学范式的研讨，上完课后，开展了一个研讨沙龙活动，由课题主持人主持，上课老师都上台讲述自己的设计理念和构想。下面观课老师也提出自己的见解，实现观点的争鸣，把主题研讨向深处漫溯。

5．反思主题，专题讲座

教研员/组织者将主题课例的体验、观察和分析，植入专题学习时编写的主题纲要并进行解读，形成主题纲要与课例中的观察和体验相结合的专题讲座。在专题讲座中，教研员（组长）对主题活动进行回顾与反思，及时总结主题活动的经验，梳理教学问题优化的维度与结构，提炼关于主题的优化策略，即建构与教学问题关联要素的适切结构。

二、主题式课堂观察：从个体成长迈向团队化专业发展

相对于自下而上的问题式课堂观察教学研讨，主题式课堂观察教学研讨可谓自上而下引领教师专业成长的平台。针对有共同研究项目的教师，学校引导他们组成项目主题式教研团队。主题式课堂观察主要针对学生活动的频次、效率、深度，并对其进行分析和表征，它对于改进课堂教学、提升学生的核心素养具有很强的实践意义。主题式课堂观察教学研讨具有规划性，对于教师从理念的转变、教学方式的转化，再到课堂语言的磨砺等，充分发挥了教师在个人素养提升过程中的主观能动性。

主题教研的实质就是探究引发教学问题的课堂教学要素，并重构这些教学要素的适度关联。即提炼平衡教学问题的优化教学策略。由于执教者和观课者的感知与觉察力受时空限制，单次活动不可能实现对主题相关要素的全

面理解，一个主题不可能洞察与教学问题相关的所有要素及其结构。因此，课堂文化的复杂性为教研活动提出主题系列的活动要求。通过完成系列活动，使主题教研不断向深度发展，引导参与者走向课堂文化的本真。

1. 主题细化，认识基本概念

教学问题总是通过师生行为冲突的表征方式被感知和觉察。师生行为是教学要素的外在表征，具有很强的情境性、具象性。因此，主题教研的第一层任务是认识课堂文化要素中的基本概念，即将主题课例中的师生行为表征归类概括为具有一定内涵的概念。如在“课堂提问的策略”研讨中，我将“教师提问后等待学生回答问题”的行为表征界定为“提问候答”；将“教师设问适应班级各种思维水平的学生思考”的行为表征界定“提问适应”等。但与此同时，切忌把“主题”概念直接放在活动交流的话语体系里。教研员应该适时进行主题细化——将与主题关联的师生行为表征用不同的概念进行归类表述，细化主题内涵。比如在开展“评价处理的实践策略”主题教研时，将“评价处理”中的师生行为表征归类，用“活动评价设计、评价布置、评价语设计、评价反馈、评价类型、评价成效”等基本概念进行表述，丰富评价处理的内涵，使教师们获得对“评价处理”的深度认知。

2. 主题系列，提炼教学策略

教学问题的优化策略是对教学要素关联不适切的结构进行重构。重构教学要素的适切结构就需要开展同一主题的系列活动，对执教体验和观察感受不断分析和反思，才能提炼比较优化的教学策略。相对于教育科研偏重对教育理论的认知而言，中小学的教研活动则偏重对实践策略的认知。因此，笔者在主题教研中，一直坚持以解决某一教学问题的“策略”为主题。如在“课堂提问的策略”主题活动中，笔者在首次活动中关注了“提问顺序、提问适应”等具体策略；在第二次活动中，增加了“候答策略”“表述策略”。经过多次主题活动后，将“课堂提问的策略”完善为“提问情境、提问顺序、提问适应、提问表述、提问均衡、提问候答、学生参与、教师探查、教师引导、教师评述”等多个具体的策略。

3. 主题扩展，开发课程资源

在多维、交互性的课堂教学要素中，不同主题有不同的教学要素结构，不同主题的要素时常交互和重复。当我们完成解决某一个教学问题的主题策略时，同时也会发现这一策略还需要更多策略的支撑。因此主题教研需要不断进行主题扩展，以获取相关主题的策略。把一系列相互关联的主题策略关联在一起，就形成了解决某一类教学问题的优化策略。如笔者将“课堂提问的策略”“课堂追问的策略”“课堂互动的策略”等关联在一起，扩展为“对话教学的策略”这一类主题，形成类教学问题的优化策略。由于类问题的优化策略聚焦了更多的问题，使策略具有了普适性和推广性。在此基础上，教研员（组长）要组织团队对类策略进行物化研究，开发课程资源，如关于某一主题的专题讲座、关于某一类教学问题的教学指导意见、主题论文、主题课例设计等。

4. 三方互动，促进教研提升

教研活动是参与成员的主体活动。参与者之间不是命令与执行的关系，而是互动与交流的发生。因此在主题教研活动中，参与成员都围绕主题/问题进行三方互动。

（1）观课者，即参与教研活动的所有观课教师。一方面观课者带着自己的日常教学经验观察、评议执教者的主题课例，帮助执教者进行课例反思；另一方面观课者将自己对主题课例的感受、质疑反馈给教研员（组长），为教研提供多视角观察数据和事例（教学片断）。

（2）执教者，即主题课例的设计与实施者方面执教者根据自己对主题/问题的领悟，为观课教师设计、打磨和呈现主题课例；另一方面，执教者将自己在主题课例中的教学体验反馈给教研员，为教研活动提供真实体验。

（3）组织者，即教研员（组长）。一方面教研组长要引导执教者对主题/问题的理解，鼓励执教者围绕主题有创意地设计与实施主题课例；另一方面，教研员要引导观课者对主题课例的多维观察，引发观课者原生性的课堂感受，激励观课者质疑执教者的教学行为——追问“为什么”。

在主题教研活动中，教研员、执教者、观课者分别从引导、体验、观察体验的角度感知活动主题，分析与教学问题相关的要素与结构。教研员要引导执教者对主题的理解及在课例中的实施。教研员要尽可能尊重观课教师原生性的观课感受，以充分展现教师对课堂教学原生的理解力，及时发现不同教学经验中课堂要素的不同互动结构。

第二节　建立“践礼养德”具身德育课堂观察机制

为了提升新课标下的道德与法治课堂教学的教学质量，我们构建“践礼养德”课堂观察教学机制，探索课堂观察教学流程，并开展系列课堂观察教研活动，取得了较好的效果。

一、课堂观察教研机制是提升“践礼养德”德育教学质量的重要途径

在真实的课堂里，教师的教和学生的学是相互交织在一起的，学生通过倾听、与教师对话、交流建构自己的学习方式，改善学习行为，获得新的认知与情感体验。可以说，教师的课堂行为、学生的学习习惯及课堂环境都在影响学生的学习。通过开展课堂观察教研活动可以提升学生的学习能力，促进教师的专业发展，融入学校合作教学氛围，提升团队研究意识具有不可估量的作用。

1. 课堂观察教研改善学生的课堂学习，促进学生素养提升

当观察者进入课堂观察学生的学习，关注学生是如何学习，会不会学习以及学得怎样时，在一定程度上会引发学生行为上的改变。观察课堂中的其他行为或事件，如教师教学、课堂文化等，通过教师行为的改进、课程资源的利用或课堂文化的创设，都会直接或间接地影响学生的学习。所以，教师参与课堂观察始终指向学生学习的改善，这也是课堂观察与传统听评课最大的功能区别。

2. 课堂观察教研促进教师的专业发展，促进教师快速专业成长

课堂观察是一种研究活动，它在教学实践和教学理论之间架起一座桥梁，为教师的专业发展提供了一条很好的途径。通过课堂观察，教师借助合作的力量在实践性知识、反省能力等方面将获得新的发展，进而提高教师的整体教学质量。在“践礼养德”教研活动中，教师们通过课堂观察，提出改进教学的意见和建议，不仅有描述性的建议，还有数据的支撑，还有 AI 智能平台的参考数据，这些都是促进教师专业成长的利器。

3. 课堂观察促进学校合作探究意识的形成，促进教师团队的发展

课堂观察需要一个教研团的互相合作与支持，在一个学校中，教学团队的形成，要有自己的研究目标。在道德与法治教学中，我们凭借着课堂观察机制，围绕道德与法治“践礼养德”的教学策略、教学模式、评价体系、资源运用等方面，开展了一系列课堂观察活动。一批批青年教师在教研活动中成长，不断打磨自己的教学，循着“践礼养德”的教学主张，向着“践礼养德”的教学模式不断探索，我们教研团队获得了连云港市“工人先锋号”称号。

二、“践礼养德”具身德育课堂观察教研活动流程

具身向度下“践礼养德”课堂教学不仅要促进学生核心素养的培育，

还要通过课堂观察教研机制促进教师的专业化成长。课堂观察是课堂研究广为使用的一种研究方法。课堂观察就是指研究者或观察者带着明确的目的，凭借自身感官以及有关辅助工具、直接或间接从课堂情境中收集资料，并依据资料作相应研究的一种教育科学研究方法。课堂观察是促进教师专业发展，改善学生课堂学习，营造学校合作文化的重要活动。在长期实践中，我们探索出“践礼养德”具身课堂观察教研流程如下图。(如图 8-1)

图 8-1 “践礼养德”具身德育课堂观察教研活动流程图

1. 课堂观察教研前的准备

“凡事预则立，不预则废。”为了保证课堂观察教研的顺利进行和提高教研质量，课堂观察之前需要做好以下几点准备。

(1) 课前会议：召开课前会议，明确课堂观察的研究视角和课堂观察的内容是“践礼养德”课堂观察教研的重要工作。课前会议确定观察的目的和规划，可以是线上或线下相结合的方式。先由执教者说课，围绕上课类型、教学目标、活动环节以及上课老师的想法进行。然后参与课堂观察的教师分好组，确定好课堂观察点，分组围绕观察点设计观察工具，打印好表格做好课堂观察准备。

(2) 制定好课堂观察教研评价表。为了提升课堂观察的效果，可以设计教研评价表，围绕课前观察准备、课堂观察的实施、课后研讨、课后反思等几个方面制定评价细则，确保课堂观察的教研质量。

(3) 做好 AI 赋能的教研智能评价平台的准备工作。运用 AI 评课智能评课平台提前做好准备。可以把课堂实录录像下来，课后上传智能评价平台。有条件可以直接在智能评价教室里现场录像生成智能评价数据与图像。

2. 课中观察教研的要求与工作

上课前 5 分钟，需要观察者提前来到教室，根据所选观察点确定观察的位置。上课的时候，观察者根据观察任务，运用观察工具进行观察和记录，及时记录资料。课堂观察记录不仅有质性的观察，也有量化的观察，要保证课堂观察的质量。

3. 课堂观察后的工作与要求

（1）参与课堂观察的教师要整理和分析课堂观察资料，通过数据的分析和观察感悟，形成各自观察点的观察报告。

（2）召开课堂会议。上课老师形成课后反思，说出自己上课的得失；观察者围绕观察点分组说说观察汇报，把课堂观察的发现、收获和询问，具体说出来。最后概括总结课堂观察的亮点、达成的共识以及改进的意见和建议。

（3）结合 AI 智能评课系统的数据和图像分析，执教者进一步分析这节课的得失，形成改进的方案，为提高教师教学水平打下基础，也为提高教学质量和改善学生学习他提供帮助和支持。

第三节　AI 赋能“践礼养德”具身德育课堂观察教研实践

AI 新技术的发展为“践礼养德”课堂观察教研提供了有利的抓手，运用 AI 观课平台，可以提供精准的数据和清晰的课堂教学中教师、师生、生生互动图像和数据图，为课堂观察教研增添了更有力的更为现代化的帮手，有力地促进了“践礼养德”教研的发展。

下面是我们开展“践礼养德”课堂观察教研活动的一个案例。为了保证活动的质量，我们制定了课堂观察活动评价表。（如表 8-1）

表 8-1　“践礼养德”具身德育课堂观察教研活动评价表

评价项目	评价要求	评价星级	组别	备注
课前会议	1. 每位上课老师认真备课，抓住重点说好课 2. 观课老师根据主题，研究开发观课工具量表 3. 根据观课工具量表，确定观课视角点	★★★		
课中观察	1. 在组长带领下，小组分工合理，认真合作 2. 按规定位置观察现象，记录事实 3. 及时写下观察发现，并给出建议	★★★		
课后研讨	1. 根据课堂观察，整理资料细致 2. 分享观察发现与建议，教学研讨积极 3. 真诚建议，自我反思形成报告	★★★		
课后反思	1. 课后反思及时上交 2. 课后反思内容具体 3. 课后反思有改进措施	★★★		
备注	每个组获得 12—10★为优，获得 7—9★为良，获得 5—6★为合格。			

12 富起来到强起来
AI 赋能践礼养德“项目化”课堂观察研究小组

【背景】

任课教师：吉海荣（江苏省连云港师专三附小，道德与法治高级教师）

教学主题：富起来到强起来

课堂类型：“践礼养德”项目化教学

观察类型：专题式观察

活动背景：“践礼养德”是我们团队提出的教学主张，以具身体验为主的德育教学理念。“项目化”教学是“践礼养德”教学理念的一个很好的实践方式，已经实践多年了，在2021年《习近平新时代中国特色社会主义思想学生读本》（以下简称《读本》）的发行给我们一个与《道德与法治》教材相融合的一个契机。我们依托智能评课系统和江苏省教学新时空．名师课堂为平台，我们一直在探索运用AI赋能课堂观察完善践礼养德“项目化”教学的教学策略。

【课前会议】2024年9月18日

一、说课

吉老师：各位老师好，我今天主要向大家说明四个问题

1. 课题课型：我这堂课的主题是《富起来到强起来》，课型是“项目化”教学。其理由是：一是学生学完了今年刚刚使用的五年级《读本》中第四讲“改革开放发展中国”的内容，学生又参加“一带一路”中哈物流与鹰游集团参观寻访活动体验，进一步学习《富起来到强起来》关于改革创新谋发展内容，以达到深化教学的目的。二是我们五年级（4）学生的主体意识较强，思维比较活跃，对“项目化”教学活动那个表现出极大的热情和兴趣。而以生活素材为载体，学习《富起来到强起来》对于激发学生爱党爱国情感“项目化”学习比较适用。

2. 学习目标：教师制定了如下学习目标：（1）通过城市图片和视频对比活动引出改革开放的话题，学生初步感受到改革开放前后中国的巨大变化，并萌发探究欲，激发学生热爱党的政治认同。（2）通过“祖孙三代比童年”吃树叶、步行等体验活动，学生分组搜集资料从衣食住行等方面感受党的改革开放政策好，激发热爱党的情感。（3）通过寻访活动、情景剧表演、小实验、小采访活动，探究港城在经济、科技、军事航天和国际影响等活动中认识到逐渐走向强大的中国。培育学生热爱祖国的家国情怀，以中

华民族伟大复兴的中国梦为己任的责任意识。

3. 教学流程：

第一环节：由旅游话题导入，教师出示深圳四十年前后的图片，引出改革开放话题，引导学生对“一带一路”和鹰游集团寻访活动的回忆。

第二环节：四个小组学生活动。第一小组，主要是从“衣”和“食”方面开展“祖孙三代比童年活动；第二小组，主要是从“住”和“行”方面开展“祖孙三代比童年”活动说明祖国富起来了；第三小组是从“经济”和“科技”方面，围绕鹰游集团寻访活动探究展示祖国强起来了；第四小组，从“军事航天”和“国际影响”方面围绕寻访“一带一路”中哈物流活动那个，展示祖国强起来。

第三环节：教师总结。主要是利用学生提供的素材，和老师挖掘的素材进行内容的提升和学法的指导，并对本次活动进行评价。

4. 我的想法：(1) 我想在秉承“项目化”教学策略的基础上，对项目化教学具体形式做点变化，即对四个小组的“项目”进行整合，这样既扩大了学生的参与面，又可以增强课堂的互动性。(2) 我想借助学生的亲身经历的生活化素材，“一带一路”中哈物流和鹰游集团的寻访活动，使学生的聪明才智得到最大的限度的发挥，并使学生真正理解我们小学“践礼养德”道德与法治课程“具身体验”的真谛。(3) 我的困惑在于“项目化”教学是以学生的学习探究为主，生成的东西比较多，我非常担心时间不够，恳请各位同仁帮忙指教。同时，把这节课的视频传输到智能评课系统加以辅助指导，希冀能获得指导和收获。

二、交流

穆老师：学生是学习的主人，新课标倡导学生积极主动地学习。项目式教学方法突出的一点就是让学生积极主动地参与课堂，引导学生参与体验，促进感悟与建构，让学生认识社会。因此，我和陈老师想观察课堂学生的参与度。你看行吗?

吉老师：很好呀，学生的高参与度也是我一直追求的课堂效果。

陈老师：为了便于我们更好地观察学生的课堂参与度，我想问问吉老师，这节课学生主要有哪些参与形式?

吉老师：参与的主要形式有倾听、主持、小组讨论、独立思考、课堂交流、情景剧表演、小实验等。

李老师：刚才吉老师提到了资源的收集、处理和利用，我想同于老师一起确定一个观察点——在项目化学习中学生如何利用素材资源设计问题。因为问题是项目化学习的关键，如果问题设计得不好，会影响课堂的实际效果，也会影响素材资源的充分利用。而学生在问题设计当中可能会存在表达不够清楚、指向不明确、设问过于宽泛等问题。另外，选择这个观察角度的另一考虑是，我作为一个新老师，在设计问题这一方面经验不足，想通过和于老师一起观察，来学习如何设计问题，提高自己设计问题的能力。

于老师：我想问一下吉老师，①问题设计的主体是学生吗？②学生设计的这些问题在课堂上的呈现方式有哪几种？不知道是不是便于我们进行观察与记录？

吉老师：问题设计以学生为主，准备的时候我会参与，给学生一些建议。问题的主要呈现方式一是 PPT 投影；二是学生口述；三是情景剧表演或小实验，应该是便于观察和记录。

杨老师：小学道德与法治践礼养德课堂的一个显著特点是强调“具身体验”，新课标强调要丰富学生实践体验，教学要与社会实践活动相结合，加强课内课外联结，实现隐性课程与显性课程相配合，促进知行合一。应该说本课选用的材料比较多，学生活动很多，这样一种课型我们有点担心会不会变成一堂班会课，而德法课有一个明确目标是课内与课外的结合。因此，我和董洋洋老师准备观察的角度是学生对具身体验的效度如何，不知你觉得我们观察这个角度有没有必要？

吉老师：“具身体验”是践礼养德德育课堂的重要特点，我很想知道这方面的情况，请你们帮我观察。

卞老师：“项目化”教学的实质是把课堂还给学生，倡导学生开展自主合作，探究与创新性学习，充分发挥学生的主体作用，但是教师的主导作用也是十分重要的。虽然在学生的“项目”准备过程中教师进行了大量的指导工作，但是课堂教学中教师又怎样更好地发挥其主导作用呢？因此，我和赵老师今天想观察的是“项目化”课堂中的教师引导。吉老师，我们想了解一下在这堂课中你准备如何发挥引导作用。

吉老师：首先是导入时激发学生参与学习的热情，中间也应该起穿针引线的作用，但是，如何适时介入我担心会做不好。

赵老师：吉老师讲到“适时介入”的问题，我想教师适时引导在这两个方面是必须注意的：一是在对资源进行分析时，学生理解和运用知识的准确性和综合性方面要适时地指导和提升；另一方面是在学生分析问题和解决问题时要给予方法的指导。

王老师：把《读本》与《道德与法治》相融合是践礼养德德育课堂倡导的教学策略，也是我们“项目化”教学策略运用的初衷，吉老师在本课中是如何做到融合的呢？能不能跟我们聊一聊呢？

吉老师：我觉得把《读本》与《道德与法治》相融合的策略有教学目标的融合，教学内容的融合以及教学学习方法的融合。请穆老师和李老师给予观察指导。

董老师：吉老师刚才提到的时间问题大家帮着出出主意？

王老师：关于时间的问题，我想吉老师一要指导学生精心选择材料，学会对素材的处理和整合；二是尽可能聚焦在《富起来到强起来》和《改革开放才能发展中国》的重点知识方面；还有在四个小组的过渡中由学生自己进行衔接。但是，如果让学生自己进行衔接，那么教师什么时候介入其中进行适时的引导呢？

陈老师：教师引导并不一定在过渡的时候，其实中间如果需要介入也可以通过适当的方式介入引导。

穆老师：我认为关于时间问题，吉老师一定要重视。一是必须指导学生处理材料，教育学生“该放弃时需放弃”；二是刚才陈老师说的让学生直接过渡；还有吉老师要事先考虑到时间来得及怎么处理和时间来不及又该怎么处理。放弃该放弃的和灵活应对都是学生今后发展所需要学会的处事方式，也正需要我们教师的指导和培养。

李老师：还可以告诉学生，他们的智慧和精彩不一定只限于在这一节课中体现，可以在以后更多的机会中展示和发挥。

三、确定观察点

张老师：本次围绕“项目化”教学策略的实施和完善，我们确定了五个观察点。其中，穆老师和陈老师是“学生参与度”；李老师和于老师是“问题的设计”；杨老师和董老师是“教师引导”；卞老师和赵老师是“具身体验效度”；王老师和董老师是“教学融合的策略”，我负责课堂的总体观察。我们课堂观察的时间是 2024 年 9 月 19 日，地点在存真楼五楼数字化教室。

【课中观察】2024 年 9 月 19 日，上午第一节课

上课前 5 分钟，观察者提前来到教室，根据所选观察点确定观察的位置。上课的时候，观察者根据观察任务，运用观察工具进行观察和记录。部分观察量表如下所示：

1. 学生参与度观察表

表 8-2

量表设计：穆利娟 陈怀凤　　观察维度：学生学习．倾听/互动
研究问题：学生课堂参与度如何　　观察者：穆利娟、陈怀凤

活动环节 \ 参与小组		一组主持	二组主持	三组主持	四组主持
专注倾听	人数				
	比例				
辅助倾听方式	查阅				
	回应				
	其他				
回答人数					
主动应答	人数				
	比例				
主动质疑	人数				
	比例				
主动讨论	人数				
	比例				

注：1. 专注倾听和参与讨论的比例应是占全班人数的比例；2. 主动应答的比例应该是占应答人数的比例；3. 主动应答、质疑、参与讨论可以加以描述性的记录。

2. 问题设计观察表

表 8-3

量表设计：李梦雪、于康勤　　观察维度：学生学习．问题设计
研究问题：强化学生问题设计意识　　观察者：李梦雪、于康勤

素材问题	问题设计					学生反映		其他
	问题表述	提问方式	与素材关联度	指向明晰度	目标层次	理解反应	应答反应	
素材 1								
素材 2								
素材 3								
素材 4								
其他								

3. 教师引导观察表

表 8-4

量表设计：杨姝、董洋洋　　观察维度：教师教学．指导．机智
研究问题：更好地发挥教师的主导作用　　观察者：杨姝、董洋洋

引导时机		引导理由	引导方式		引导功效	
			关键语言	非语言表现	功能	学生反映
导入						
课中	1					
	2					
	3					
总结						
其他						

4. 具身体验效度观察表

表 8-5

量表设计：卞变、赵敏　　观察维度：学生学习．体验/实践
研究问题：更好地促进学生深度学习　　观察者：卞变、赵敏

活动主题	具身活动类型	活动时间	活动预设	目标达成	课堂实效
环节一					
环节二					
环节三					
环节四					
其他					

5. 教学融合策略观察表

表 8-6

量表设计：董彩霞、王巍　　观察维度：教师教学．策略
研究问题：更好地发挥教材与教师的作用　　观察者：董彩霞、王巍

环节角度	教学目标的融合		教学内容的融合		教学策略的融合	
	方法	效果	形式	效果	方式	效果
环节一						
环节二						
环节三						
环节四						
其他						

【课后会议】2024年9月20日，上午第一节课

一、课后反思

吉老师：我现在最想说的一句话就是"学生真的很棒!"这也是我每次上完项目化课型之后最想说的话。首先他们的主持各具特色、风格，那种驾驭课堂的能力，那种风采和灵动，作为老师，我真心为自己的学生感到骄傲和自豪！其次，通过这堂课我更深切地感受到具身体验活动的魅力所在。改革开放是一个非常抽象的话题，但是通过一系列寻访活动化抽象为形象，党的改革开放政策好深深印在学生的心头。今天，我们学生对实践活动中的一组组镜头演绎得这么精彩和投入，可见学生的具身体验活动促进道德情感的激发与道德思维的深入是多么的重要。再次，从课上同学们表述知识点、分析材料、提出对策中可看出，已经基本达成知识目标和能力目标。从课前的大小组的充分合作到课堂四人小组的热烈讨论、出彩回答、热情鼓掌来看，也有了情感的收获。在今天的展示课上，同学们能主动地回答问题，主持落落大方，参与度高，体现了学生的主体意识很强，敢于表现自己，并且课堂氛围与往常一样轻松、活跃，不紧张，说明学生的心理素质也较好。学生在课堂上除了设问之外，还用追问等形式来探究挖掘，充分体现了学生的智慧和风采，充分证明了学生的潜能。第四，还存在很多遗憾：如探究过程展开得不够充分，有些流于形式；课堂中生成的东西不多，特别是以前在课堂经常出现的质疑以及争论的现象没有出现；自己的介入和指导也不够充分，希望大家提出批评和建议。

二、观察汇报

1. 学生参与组

穆老师：我们的观察点是学生的参与度。下面简单报告一下：第一，从专注倾听的情况看学生的参与度。根据学生的目光、神态等方面的统计，学生全部在倾听，整个过程中专注倾听的有22人，占到了91.6%。第二，从参与讨论的人数和热烈程度看学生的参与度。全班24个人都参与了讨论，讨论方式是六人小组。第三，从参与的辅助方式看学生的参与度。在听讲中积极发言的有16人；在思考中查阅课本及其他资料者有21人。这些方式拓宽了学生的参与度。第四，从回答问题的人次看学生的参与度。参与回答者有16人，占全班学生的66.7%。根据我们观察到的情况，所设的问题学生几乎都是主动回答的，这也是学生回答问题的亮点。总之，本节课学生的参与度是非常高的。在这里，我想问两个问题：一是为什么学生会有如此高的参与度呢？二是吉老师在你平时上课时，学生是否也是这样主动积极回答的？

陈老师：大家议论后有这样几点认识：（1）这与素材的内容有关，学

生所选的这些素材是学生自己收集、选择和整合的，是学生亲身经历身边的、是学生较为感兴趣的。（2）这与课堂教学策略和学生学习方式有关。本次课堂教学采用的是“项目化”的教学策略，由学生主持课堂学习，学生又运用多种辅助方式进行倾听等，这种教学模式的创新以及学习习惯的培养，有利于提高学生的课堂参与度。（3）还与问题设置的难易程度有关。我带的一个班没学生一开始发言也不积极，虽然一开始有点难度，但我经常给大家讲道理，鼓励积极参与的同学，并给那些表现不积极的同学更多的机会。久而久之，课堂也就变得很活跃了。大家看以下为智能评课系统的S-T取向图像解读：明显可以看出本节课是连续竖直线段，是典型的以学生发言、思考讨论等自主学习过程为主的教学特点，突出了学生的主体性。

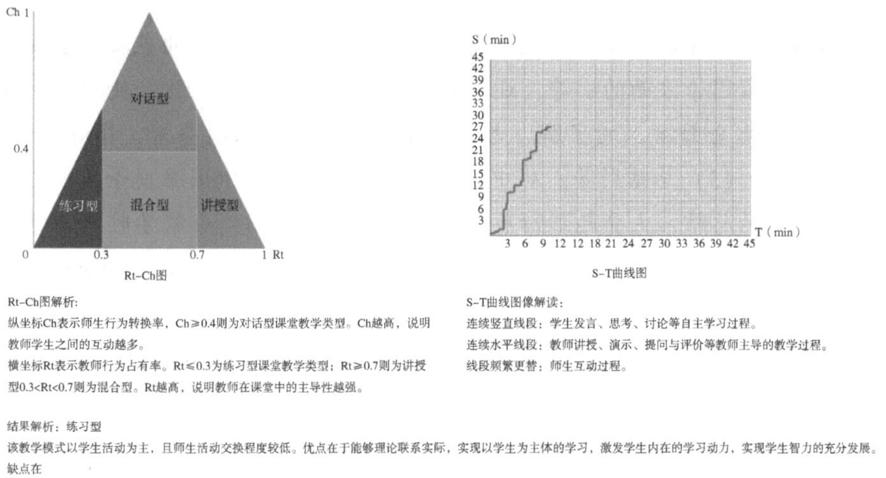

图 8 - 2

张老师：我想补充一点是关于“主动质疑”这个角度，我们在设计量表时，列了这样一栏。在这节课上，有一丝遗憾，没有观察到。我就想问问吉老师，像“项目化”这样的课，学生的思维都很活跃，本应该是比较容易出现质疑情况的。细想下来，其中一个原因可能跟今天的环境有关，因为这样的大型公开课，学生多少还是有点紧张的，怕说错了。吉老师，您认为还有没有别的原因？

吉老师：我想与这节是道德与法治与《读本》相融合的教学，学生在对课题质疑的环节还是可以的，学生通过寻访以后已经解开了不少疑点，在解决为什么要提出“改革开放”这一难点以后，用事实和实践证明这一模块的内容相对要简单点，学生比较容易理解，所以质疑的出现会少点。但是，以后我会更加关注这方面的问题。谢谢！

2. 教师引导组

杨老师：吉老师，我们观察的是“教师引导”，主要从引导时机、引导理由、引导方式和引导功效等方面进行观察，我们简要讲一下观察的情况：你今天的引导时间大概是4.5分钟，引导的次数主要有四次。引导的方式既有语言引导方式，也有非语言引导方式，如点头、微笑等方式。引导的作用主要有三方面，即引入、讨论中的指导、评价。引导的效果表现在以下三个方面：(1) 导课引导。你从旅游话题引出深圳城市的猜测，然后用四十年前的小渔村照片和现在的大都市图片做一对比，引导学生质疑，深圳为什么会发生这么翻天覆地的变化？适时播放邓小平同志关于“改革开放”的重要指示，激发了探究的兴趣。(2) 课中引导。我发现吉老师在每个小组汇报结束以后都进行了引导与升华，不仅有对同学们活动形式与内容的点拨，主要是情感、课堂氛围等方面的引导，还有对改革精神的提炼和深化，使学生对改革开放有了更全面深入的了解。老师是学生活动背后的引导者，辅导老师，甚至是助演。(3) 总结引导。从中国速度，中国高度到中国温度等角度吉老师声情并茂的总结，主要起到情感的交融与激励的作用。当教学时间不够的时候，吉老师及时总结，既节省了时间，又对情感激发进行了很好的总结。

吉老师：这是因为时间关系，我想刹车，又因为学生对于改革开放建设的问题只有具体的事例，不能概括总结。于是，我想这需要我出场发挥作用了。

董老师：在时间紧张的情况下，吉老师用这样的方法参与指导，将同学们的具体事例概括为创新精神的传递，对于同学们以后思考问题是有帮助的，这样做很好。总之：你的这节项目化课堂真正做到了把课堂还给学生，又引领学生自主探究和创新学习，体现了新课程的理念。大家可以看看智能评课系统的数据分析：

课堂教学策略

师生交互分析 —— ST课堂观察分析

本报告将利用S-T分析方法，分析您本次课的师生互动程度以及教学模式。

量化维度	量化数值	参数说明
教师行为时长	10分30秒	教师解说、示范、展示、提问与点名、评价与反馈等行为时长。[1][2]
学生行为时长	28分00秒	学生发言、思考与练习、记笔记、做实验与完成作业、沉默等行为时长。[2][3]
教师行为占比	27%	教师行为占课堂总时长的比例。
师生行为转化率	18%	教师行为与学生行为之间的转换次数与总行为采样数之比。
教学模式	练习型	依据教师与学生行为占比、师生行为转化率，可将课堂教学活动分为四种模式，即讲授型、对话型、混合型、练习型。

图8－3

在S–T分析方法来看，本节课是练习型的课。从教师行为占比可以看出本节课以学生为主体，教师为主导的教学形式。

3. 具身体验效度组

卞老师：德育活动强调从儿童自己的世界出发，用儿童自己的眼睛去观察世界，用儿童自己的心灵来感受生活，用儿童自己的方式去探究社会。我和赵敏老师对本节课的“具身体验”活动效度进行观察后，共同发现第一点：本课开展的具身体验活动形式非常丰富多样。有小采访、搜集布票、粮票和衣物展示，寻访活动、吃树叶体验、步行体验、小实验、情景剧、三句半表演等活动，都是在学生充分搜集资料，小组合作、整合、运用的基础上进行的。赵老师：我们发现第二点参与体验活动的时间充分。一堂课40分钟，学生的展示和体验活动为28分钟，占比70%，体现了这堂课第一大特征：以学生为主体的特色。老师把课堂上的主要话语权交给了学生。语言上，教师用“让我们……”“有请……小组展示……”这些尊重、客气的语言；表情上，始终是面带微笑，对学生给予充分的尊重、理解、信任和支持；行为上，教师走下讲台，把讲台和整堂课的控制权交给学生，让学生根据他们的知识和经验运作整堂课，落实本堂课的学习目标。在这个过程中，学生和老师都获得了平等对话的权利。卞老师：我们发现第三点教学目标的达成度和效度是非常不错的。由于是学生亲身经历的寻访活动，知道了鹰游集团的碳纤维技术从美、日技术“卡脖子”的情况下开始了技术创新，最后突破成功获得了国家科技进步奖一等奖。学生还寻访了“一带一路”中哈物流集团，了解了中国的影响力在逐步增强。从学生的小组汇报中，我们感受到了学生在“祖孙三代比童年”活动中感悟人民从温饱到了小康；学生利用寻访鹰游集团学到的碳纤维小实验中感受中国人民的智慧和不屈不挠的精神；在国防航天的探究中，感受到祖国从富有到了强大；在国际影响的探究中感受中国在世界舞台上的“大国担当”；而三句半《改革开放在哪里》则是学生创造性的体现，它是对改革开放精神的总结和提升。很显然，在学生理解本堂课知识的过程中，已经深深地打上了“寻访实践”的烙印，这也印证了一个教育的真理：生活发生的场所才是教育真正发生的场所。因此，我们得到了第二个结论：本堂课具有具身体验的特征。大家来看智能评课系统的师生互动报告图：

从图中，我们可以发现。师生互动曲线，多次交互，非常频繁，多达十几次，表明师生互动状况良好。从这一点来看，项目化具身体验活动有助于提升师生互动的数量和质量。

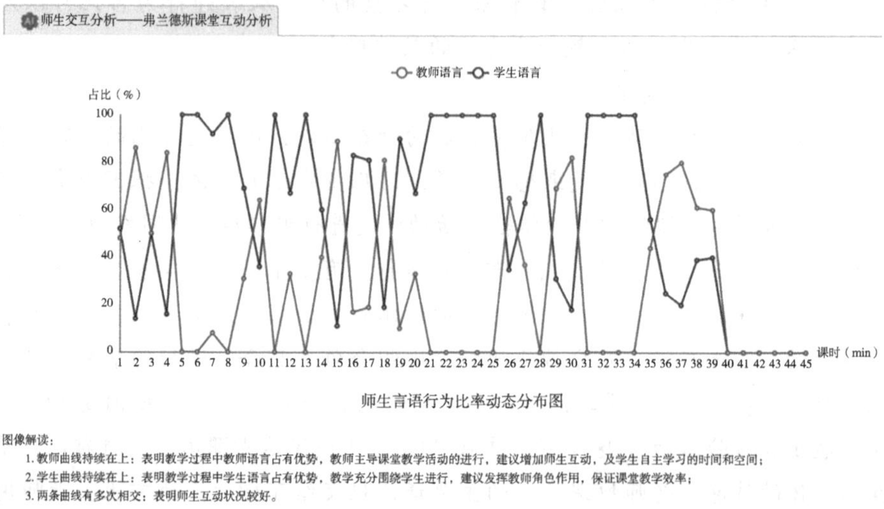

图 8－4

赵敏：我觉得这堂课学生的探究主要围绕着四个组提出的问题进行，在讨论不同的问题时，学生们在表情上都表现出对探讨内容的兴趣和一定程度的好奇心；在行为上各抒己见，并以自己的独特思维和方式参与其中。学生把整堂课的学习任务分解到四个组进行，虽然四个组的任务不同，但他们的目标指向是共同的：重视学生的过程体验，让改革开放思想扎根心田。在学习过程中，学生通过“买肉”情景剧的表演，让学生体验到吃肉难的情景；吉老师还让学生体验吃树叶，感受树叶的苦涩与难以下咽，真切地感受到改革开放前的物资匮乏，经济落后；碳纤维小实验，学生通过亲自试验，轻飘飘、拉不断、烧不破，亲身体验中国科技的强大。这些体验活动，让学生切实感受到改革开放带来的幸福，更加坚定地走改革开放之路。寻访实践的每个组在任务完成后都为下一个组的任务牵线搭桥，这种既有文化聚焦。分工又有合作的方式相互结合产生了很好的学习效果。因此，我们得到了第三个结论：本堂课学生在学习方式上表现了自主性、探究性、合作性和开放性等多元化的特征。

4. 融合策略组

董老师：我们课前会议确定的观察点是《读本》与《道德与法治》教学的融合，我和王老师认为体现在（1）首先教学目标的融合：德法课程《富起来到强起来》与《读本》中的《唯改革才有出路》的目标都是让学生感受到改革开放前后中国的巨大变化，从而感受到党的正确领导，激发学生热爱党，热爱祖国的美好情感，形成从小听党话，永远跟党走的政治认同。吉老师能够精准把握两套教材的目标，进行有效融合。（2）其次教材内容的融合：吉老师充分领会了两套教材编写者的意图，把德法课本“活动园”中的“中国改革开放第一村”与读本中的“实现家庭联产承包”活动的融合，把小岗村的故事进行整合，以故事的形式呈现；深圳特区变化的融合，改革开放40年的前后对比；中国经济发展、科技创新、国防航天、国际影响的板块融合。两套教材的融合，浑然一体。（3）学习方式的融合：学生自主和教师主导的融合。德法与读本教学都强调学生的自主学习，让学生真正成为学习的主人。学生自主讲述改革开放小故事，通过学生讲解农村的改革、城市的改革、政治的改革，明白改革带来的红利，学生自发地感悟改革的精神。教师主导的巧妙，让课本与读本精神融合。如：改革的精神在哪里？在“闯”，在“敢为人先”，在“解放思想，勇于创新”，这都成为本节课的点睛之笔，这都充分体现《读本》与《德法》课程融合的实效性。

5. 问题设计组

李老师：我们的观察点是学生问题设计。（1）观察情况及分析：四个小组的同学围绕四个典型素材，提出了19个问题，我们着重选取其中的三个具体观察点进行具体分析。①从问题提出方式看，预设性问题有13个，占72%。预设性问题可以避免课堂提问的随意性与盲目性，对问题设计的质量有了一定的保证，也为提高问题回答讨论或探究的有效性奠定了基础。生成性问题5个，占28%，而且有些地方比较出彩，这表现了学生主持人的灵活与机智，不仅使原设计的问题得到了深化与拓展，还对知识的迁移、巩固与整合，激发学生思维火花等起到了很好的作用，使课堂充满了生机与活力。②从问题设计层次看，我们选择的层次划分有三个维度，其中强化基础知识（记忆再现整合知识）的有13个问题，占72%；还有含综合运用、分析探讨等提升能力的问题有10个，占56%；另有5个激发情感的问题，占28%；这样的统计结果是超过了100%这是因为一些问题的目标是交叉的，同一个问题可能含有不同的目标，既有知识的又有能力的，也可能有情感的。体现出设计的问题难易有梯度，目标要求多层次。虽然是一堂复习课，但并不是单一地巩固基础知识。新课程对本学科的“知识、能力、情感”的三维目标在学生问题设计中基本上得到了体现。③从设计的问题与素材的关联度看，有17个问题与素材是紧密联系的，还有1个问题也是基于素材的。情境化教学是课改新方向，有专家指出“传递眼花缭乱的信息不等于教学”“情境化教学不是单纯让学生简单地回答问题，更重要的是让他们先发现问题，再学会解答”。这节课，如果从问题设计看，体现了这种探究和解决问题的理念，激发了学生的问题意识与探究意识。

(2) 一点思考与询问：从观察中，我们发现，有些问题提出后，感觉学生的思考与讨论交流的进程有点快，这是否会影响学生的课堂参与？

于老师：对，这可能是与问题的数量有关，我们在重视问题质量的时候，也要注重数量和质量的统一。一节课内，如果问题过多，即使问题设计得很好，也会因为留给学生思考和探讨的时间减少而影响思考与探究的深度与广度。

李老师：作为老师，我们十分清楚，问题设计对于学生来说难度是非常大的。但通过今天对“学生问题设计”的观察，也让我们看到了学生的能量与潜力。正如吉老师所言，学生真的非常棒。这么好的问题设计出来，对学生来讲是不容易的。想必与教师对学生的有效指导不无关系。我们想向吉老师了解的是：老师在学生的问题设计方面进行了怎样的有效的指导？

吉老师：设计问题对我自己也是一个挑战，学生比我聪明，领悟力很好。对于学生主要是方法的指导。平时在作业导学单的教学指导中，我特别强调学生的设问，我要求学生要以专业的态度来对待设问，要从主体、范围、角度等进行审题。在这次项目化课堂的前期准备中，各小组提出的设问，就已先在组内同学中试问，如：你明白这个问题吗？你能回答这个问题吗？依据同学的反应，再进行调整与“磨题”。

于老师：吉老师说学生的领悟力好，可还是离不开老师平时潜移默化地指导的。指导的结果，不仅使学生能够设计好问题，还能更好地解答问题。

三、概括总结

张老师：听了吉老师的陈述和各位的交流，结合自己的整体观察，我认为这堂课最大的亮点是：演绎了新课程的理念，体现了践礼养德“项目化”教学的追求。具体表现在：第一，这节课很好地演绎了小学道德与法治课堂践礼养德的“具身体验”理念。吉老师提出了“践礼养德”的教学主张，该主张提倡运用具身认知理念来开展德育活动，实现学生德育活动身体的转向，在具身体验和实践中达成德育认知的自主建构。本课重在培育儿童的政治认同，激发爱党爱国的情感，对改革开放的中国特色社会主义道路自信，通过实践礼义养德，“知—行—情”类在身临其境中合作探究践礼养德。小学道德与法治教学与“生活”两字密切相联，教学要求我们坚持“三贴近”的原则，即贴近学生、贴近实际、贴近生活。这节课以学生亲身经历的寻访实践活动中收集的生活素材为载体，通过整合、设问、思考、探究等学习活动，进一步理解“改革开放”的相关内容，真正让学生经历了一个“在生活中探寻，在探寻中体验，在体验中感悟，在感悟中成长”的过程。如果说课堂的生活性体现了对学生的现实关怀，那么课堂的生命性则体现了对学生的终极关怀。在这堂课中，正如刚才吉老师说的，有些学生在准备过程中自己收集了很多的资料，设计了比较好的活动，但由于课堂40分钟时间的限制不能全部得到展示，心痛得流下了眼泪。但是通过这一次的心痛，让他们知道了生活就是如此，有的时候必须学会选择和放弃。又如，有些学生平时很少说话，上课只会倾听，不愿发言，今天终于能够大胆地站起来，表达了自己的观点，可谓是挑战自我、战胜自我的结果，我们可以想象自信对于学生今后一生的发展会有怎样的意义。第二，这节课还体现了我们“项目化”教学对自由、民主、平等、开放、和谐的课堂文化的追求。课堂中学生的高参与度就是一个力证。课堂上以四个学生的主持为主，在应答中有24个同学主动展示应答，其中，有多次是几个学生同时起立要求发言。学生之间都是积极踊跃又相互谦让，教师积极引导又热情服务，师生之间相互信任又配合默契，这一切，我们都可以从师生的言谈举止和面部表情中感受到。

这堂课的另一个亮点就是：它从一个侧面体现了吉海荣老师的教学特色。其表现：

1. 有教学追求。她追求在教学过程中让学生最大限度地参与和让学生的潜能得到最大程度的发挥，所以，她把全部学生分成几个小组参与准备和主持的“项目化”学习。

2. 有教育情怀。她追求践礼养德的教学理念，不管是课前带领学生开展寻访实践活动，还是课中充分让学生具身体验，充满激情的引导，再到充满诗情画意的结束语，透露出吉老师的具身德育特有的教育情怀，真的与“改革开放”的课程非常融合。

3. 有教学机制。在学生的项目化学习过程中能够非常及时、合理、有效地利用学生提供和生成的教学资源进行教学引导。

张老师：我们今天研究的主题是践礼养德“项目化”教学策略的实施和完善。通过今天的课堂观察，我们可以达成哪些主要共识和建议呢？（大家议论以后概括总结）

几点共识：

1. 在“项目化”的教学中，教师主导作用的发挥是重要保证。包括课前的准备指导、课中的适时评价引导和课后的发展性评价。

2. 在“项目化”的教学中，学生利用素材资源设计好驱动性问题是关键。问题设计要指向教学目标、有层次、贴近材料，并注意质量和数量的统一。

3. 在“项目化”的教学中，有效利用贴近学生生活的课程资源是重要前提。因此，我们在选取素材时应该注意生活素材的趣味性、典型性、针对性和思想性等。

4. 在“项目化”的教学中，学生积极参与课堂教学活动是重要标志。而素材资源贴近学生生活、问题设计难易得当、教师引导及时到位、课堂类型适宜课程性质等都有利于提高学生的课堂参与程度。

5. 在平时的教学中注重学生学习习惯的培养和学习方法的指导是重要基础。如主动应答、积极参与的习惯，认真审题、规范设题的方法等。

几点建议：

1. 在“项目化”的教学中，教师要重视发挥评价的功能。在沙龙课即将结束的时候，教师应该对本次沙龙活动作出评价。教师的评价要以肯定和鼓励为主，也要实事求是地指出其中的不足，这有利于促进学生更好地参与和学习，也有利于提高“项目化”活动的实效性。

2. “项目化”的教学，强化了能力目标和情感目标，同时我们还必须注意知识目标的达成。尤其是对核心知识的正确复述、准确理解、详细阐释和灵活运用的重视和落实，这是新课程核心素养的内在要求。

以上五点共识和两点建议，不仅对吉老师，而且对我们每一位教师；不仅对“项目化”的教学，而且对新课程的实施，都具有积极的指导意义。

第九章　践礼养德：德育课程与课程思政融合建构与实践

第一节　“践礼养德”德育课程与课程思政融合建构

一、建设“践礼养德”具身德育课程群

在“践礼养德”具身德育教学中开展跨学科学习研讨是实现全面育人的关键，首先要建立“践礼养德”具身德育课程群，本课程以礼与家庭、学校、社会的诸种关系为出发点，探寻港城围绕礼而产生的各种社会历史现象背后的文化内涵、文化事象，在研学的过程中实现文化育人、立德树人的总目标以及提升学生核心素养，提升学校文化内涵的综合目标。建构校、家、社一体化育人机制，需要学校构建“践礼养德”具身德育课程体系，围绕三大课程群，力争在课堂、校园、家庭、社会多个领域同步推进，实现“践礼养德”课程育人目标（如图 9-1）。

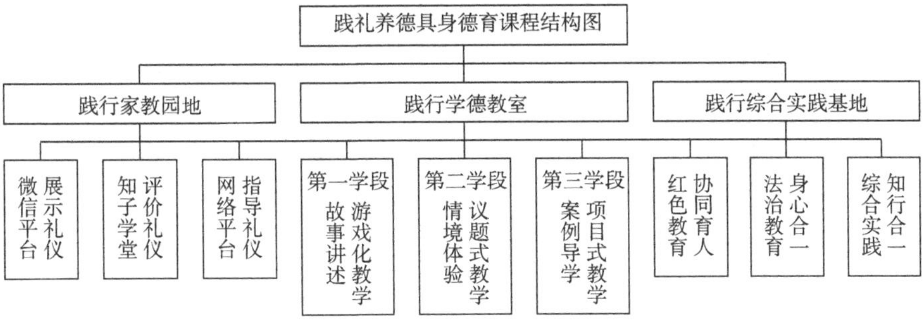

图 9-1

涵咏“礼”之质，实现文化育人。通过探寻、积淀、感悟古今中外与礼相关联的人文、科学、艺术等知识与成果，理解和掌握礼文化中所蕴含的认识方法和实践方法等，提升儿童核心素养发展，实现文化育人。

打造“礼”之境，实现环境育人。围绕“践礼养德具身生长”课程，对已有的课程环境进行升级建构，完成礼文化研究院、礼韵长廊等创建，实现耳濡目染、潜移默化的环境育人目标。

建构“礼”之学，实现课程育人。重点建构“践礼养德”课程体系，围绕三大课程群，力争在课堂、校园、家庭、社会多个领域同步推进，实现“践礼养德”课程育人目标。

搭建“礼”之台，实现实践育人。搭建“践礼养德”实践及互动课程平台，形成“校、家、社”共育目标，促进多方参与、多措并举，助力课程真正落地，实现实践育人的目标。

二、建构“践礼养德”校、家、社一体化育人机制。

践行学德教室，建构“礼”之学，知行合一实践育人。道德与法治课堂是“践礼养德”课堂教学育人的主阵地。我们根据不同学段学生特点，灵活采用不同的教学范式。针对第一学段学生喜爱听故事和爱玩游戏的 认知特点，第一学段的“践礼养德”德育课堂要让学生“动”起来，主要可以采用故事讲述和游戏化的教学方式进行教学，在游戏活动中践礼，在故事讲述中养德。针对第二学段学生情感体验相对不足但思维深度逐渐增强的特点，“践礼养德”德育课堂要让学生“活”起来。我们采用情境体验式和议题式教学，促进身体活动与思维活跃。通过创设情境，营造便于学生体验的课堂氛围，知识、观点和情境结合起来，引导学生身临其境去思考问题、发表见解、解决问题。第三学段的“践礼养德”课堂旨在让学生“做”起来。第三学段学生活动范围扩大，思维能力和实践能力不断增强，可以开展案例导学式和项目化教学，让学生“沉潜”下去。具体而言，我们围绕项目主题，创设真实的情境，引导学生以团队合作的方式，使用学习工具，将探究的范围覆盖到整个社会生活，时间延展到课前、课中、课后。在案例式教学中，我们注意选取紧扣教学主题、贴近学生思想实际的案例，设计富有启发性和思辨性的多层次的探究问题。此外，我们还采用了思维导图和角色扮演等教学方式，促进学生思维向纵深发展，实现实践育人。

践行家校园地，涵泳“礼”之质，身临其境文化育人。具身理念视域下课堂教学的有效开展的关键在于情境的创设，为了打造“践礼养德”校园文化，学校通过网络平台“盐娃生长课堂”指导学生学习礼仪；在知子学堂中，家庭和学校携手起来，通过礼仪评价活动促进学生文明礼仪的养成；通过微信平台，推动学生参加学校和社会多种多样的践礼活动，给学生展示礼仪的平台和机会，把礼仪精神、文明礼仪和礼法规范落实在活动中，深植于学生心中。通过探寻、积淀、感悟古今中外与礼相关联的人文、科学、艺术等知识与成果，完成礼文化研究院、礼韵长廊等创建，促进学生身心合一，在身临其境中实现耳濡目染，在潜移默化中理解和掌握礼文化中所蕴含的认知方法和实践方法等，培育学生的核心素养，真正实现文化育人。

社会实践基地，打造“礼”之境，具身体验课程育人。学校以“‘践礼养德’具身生长课程”建设为主线，开发社会实践基地，打造并完善“体悟礼”“美艺礼”“实践礼”三大课程群。“体悟礼”课程将礼文化与德育、语文、心理健康等课程相对接，创办盐娃秀、盐泮诗韵社等艺术社团，讲“礼”事，明“礼”仪，演“礼”剧，帮助学生实现乐学礼文化的学习目标。“美艺礼”课程将“践礼养德”文化与美术、音乐等课程相对接，通过音乐、美术与礼 文化的跨界融合，提升学生的审美素养，结合个性化的 五彩画礼社、生动塑礼社、趣味唱礼社、飘逸舞礼社等 艺术社团活动，深入推进系列课程落地。“实践礼”课程将礼文化与劳动、综合、体育等课程相对接，倡导学生在做中学，通过走出校园，走进社区，带领学生开展“寻访抗战老兵”“法治教育”“环保教育”等项目化学习，近距离接触社会，在实践中做到知行合一。三大课程群对接不同学科，多维度、多层面对接不同学段的学生，在螺旋创生中使“‘践礼养德’具身德育”课程的实施走向多元。

第二节　体悟礼——在语文、心理健康等学科课程思政融合实践

跨学科融合已成为教育领域的发展趋势。跨学科融合强调不同学科之间的交叉与融合，通过整合不同学科的知识、方法和技能，培养学生的综合素质和创新能力。学生礼仪素养的培育是一个全面而系统的工程，在一定程度上需要加强不同学科的协同，而语文与心理健康教育是很好地融入礼仪教育的重要课程，把礼仪素养的培育内容融合在语文与心理健康教学中，可以融洽师生、生生的关系，培育儿童良好的人际关系，健全人格培育，有着事半功倍的效果。

“体悟礼”系列课程将礼文化与德育、语文、心理健康等课程相对接，在研学中实践感悟去伪存真得“礼义”、乐学好知明“礼仪”、见贤思齐知“礼法”的道理，通过小盐豆创作室、盐泮诗韵社等学生艺术社团，在语文

课程的口语交际和心理健康教育中讲“礼”事，明“礼”仪、演“礼”剧等具体丰富的体验中，实现乐学、真学、深学礼文化的课程体验，多年来在市“八礼四仪”活动中，2014 年至今我校的入学礼、成长礼和毕业典礼都多次获得市十佳礼仪。在 2021 年我校结合《习近平新时代中国特色社会主义思想学生读本》与《道德与法治》课融合，开展了“我们都是红孩子”“‘习语金句’朗诵会”和“没有共产党就没有新中国”演讲比赛，邀请专家老师做评委，并参与点评，效果非常好。具体课程模型如下：

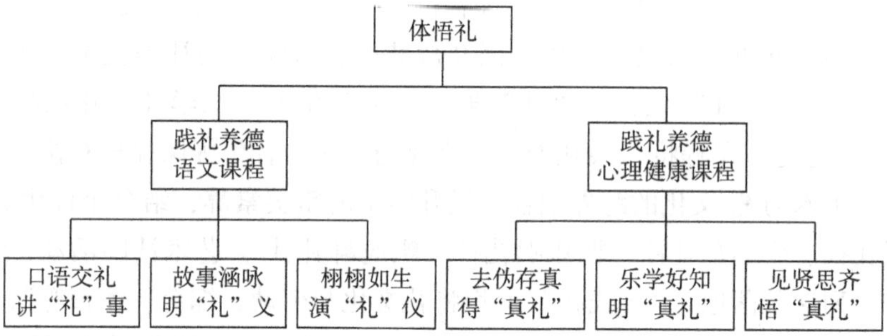

图 9–2

阅读教学中的“礼”。一年级教材的课文以 儿歌、故事为主，其中处处可挖掘礼仪教育素材，如（一）上《口耳目》中的小短文“站如松、坐如钟、行如风，卧如弓。”教师可引导学生结合图片和生活实际理解“坐、立、行、卧”的规范，并养成良好的习惯。《和大人一起读：小白兔和小灰兔》一文，教导学生使用“谢谢您”“请您”等礼貌用语；《秋天》一文通过讲述大雁排队飞行，教导学生守纪、守礼、有团队精神；《小书包》中的儿歌“课本作业本，铅笔刨笔刀。上课静悄悄，下课不乱跑”，告诉学生上 课时的规范和礼仪，非常符合一年级学生的学情。

一、情境体悟礼：口语交际讲“礼”事

统编小学语文教材中有许多口语交际的内容，这些口语交际既是引导学生如何与人相处，又是生活礼仪的导师。利用口语交际课巧妙创设情境指导学生在生活中运用礼仪为儿童创设美好有着非常好的作用。首先是识字教学中，统编语文教材中的许多字都有礼让的内涵，比如教学“礼”字，拆解字形：示字旁（祭祀）+“乚”（弯腰行礼），引导学生理解“礼”与尊重、仪式相关。教学“让”字结合“谦让”故事（如“孔融让梨”），让学生表演情景剧，体会“礼让”的含义，展现谦让美德，体现尊长爱幼的美

德。再次是口语交际教学中的“礼”。统编版语文教材 一年级上下两册的口语交际主题丰富，贴近学生生活，共 8 个主题中都包含礼仪教育的因素，且内容内涵螺旋上升，层层推进，是对学生进行礼仪教育的重要载体。例如，教材中的《口语交际：我说你做》《我们做朋友》《用多大的声音》《小兔运南瓜》《听故事讲故事》《请你帮个忙》《打电话》《一起做游戏》计 8 个主题，分别体现了日常交往中不同场景下的礼仪要求与内涵。

例如，小学《语文》一年级下册“请你帮个忙”这一口语交际内容，就是以请别人帮忙为主题而设计的。教材中先用“有时候我们需要别人的帮助”这句话引出本次口语交际的内容，然后用三幅插图营造出请别人帮忙的三个情境，分别是向人问路、借物品和麻烦他人拿东西。下面设计一个情境体验礼貌待人的案例。

1. 设计情景案例：为了增加可视化和趣味性，我们设计卡通式动物头饰，让学生在情景剧体验中感悟如何求助。小朋友自己选角色，表演时加上动作会更生动。

情景 1：小兔子问路（角色：小兔子、熊伯伯；场景：森林岔路口（可以用纸板画大树和路标）

小兔子：（蹦蹦跳跳，突然停下抓耳朵）“咦？妈妈说要直走才能到奶奶家……可是这里有两条路，该走哪边呢？”

（看到熊伯伯走过来）

小兔子：（礼貌举手）“熊伯伯好！请问去兔子奶奶家该走哪条路呀？”

熊伯伯：（笑眯眯指右边）“走右边那条开满小花的路，第三个蘑菇房子就是啦！”

小兔子：（鞠躬）“谢谢熊伯伯！”（蹦跳着离开，挥手）

情景 2：借彩色蜡笔（角色：小猫咪、小狗；场景：教室画画课（桌上摆着白纸和蜡笔盒）

小猫咪：（翻书包叹气）“哎呀，我的红色蜡笔不见了，太阳画不完了……”

（转头看小狗）

小猫咪：（双手合十）“小狗，可以借你的红色蜡笔用一下吗？我明天就还给你！”

小狗：（开心递蜡笔）“当然可以！不过要轻轻涂哦，这是新买的”

小猫咪：（认真点头）“我会像给小鱼描胡子一样小心的！”

（一起画完太阳，击掌）

旁白：借东西要爱护，用完记得归还！

情景3：请长颈鹿帮忙拿气球（角色：小松鼠、长颈鹿；场景：公园树下气球挂在树枝上）

小松鼠：（跳跳跳）“我的气球飞到树上去了！够不着……”

（看到长颈鹿在吃树叶）

小松鼠：（挥手喊）“长颈鹿阿姨！我的气球卡在高高的树枝上，能请您帮我拿下来吗？”

长颈鹿：（弯下脖子）“别着急，我看看……（轻轻叼住气球线）给你！”

小松鼠：（抱住气球）“太感谢啦！我分您一颗松子当谢礼吧！”

长颈鹿：（笑）“不用啦，下次玩的时候要抓紧绳子哦”

旁白：麻烦别人帮忙后，要记得说谢谢！

2. 总结情境体悟礼方法：演完后总结的求助方法可以简单分为“语言表达”和“行动步骤”两类，用孩子能理解的短句和具体动作引导他们，同时培养礼貌和独立性。这样既有趣又能学会礼貌用语啦。以下是具体方法：

第一步：语言表达（怎么说？）①礼貌开头 用简单礼貌用语：“请问你可以帮我吗？”“老师/同学，我需要一点点帮助”②直接说清需求。如“我不认识这个字，能教我读吗？”“我的铅笔断了，可以借一支吗？”③遇到紧急情况，大声说：“老师，我不舒服！”“有人摔倒啦，快来帮忙！”

第二步：行动步骤（怎么做？）① 找对人。学习时，举手叫老师；生活中，找穿制服的人（如保安、校医）②先试一次再求助。告诉孩子：先自己试试，如果还不会就大胆问。③用肢体语言辅助。指向需要帮助的东西（如书本、物品）。

第三步：友情提醒：①鼓励主动。告诉孩子：“求助是聪明的表现，老师和同学都愿意帮你！”②安全提醒。陌生人帮忙要拒绝：“我要等老师/家长来。”③制作“求助卡片”：画上常见问题和解法（如哭脸→找老师；书包拉链坏了→举手）。

通过以上系列的活动，学生学会用礼貌的形式去求助，把语言文字的训练与文明礼仪的培育结合起来，既学会了“践礼养德”，又很好地诠释了教书育人的真正含义。

二、故事体悟礼：故事涵咏明“礼”义

在统编小学语文教材中，有很多尊师礼仪，谦让互助礼仪、礼贤下士礼

仪等教学内容，抓住这些内容培养学生宽容大度之气，尊重他人的感受，尊老爱幼礼貌，待人接物的礼节是非常有助于儿童的社会化成长的。如教学《程门立雪》分析杨时等待老师醒来的行为，体会尊师礼仪，活动设计“如果拜访长辈，应该怎么做?”的讨论。在讲解《公仪休拒收礼物》一课时，语文教师可先让小学生自由选择扮演课文中管家、子明、公仪休等角色，组织学生扮演，进而将公仪休廉洁清正的风气在教学中全面渗透，使学生学习公仪休无私的品格。在学习《小松树和大松树》一课时，在扮演与讨论中，让学生明白人与人之间要看到各自的优点，取长补短，才能和谐相处，感受到他们互相谦让、和睦友好的气氛。在学习《三顾茅庐》一课时，课文讲解了刘备礼贤下士、尊重人才，在拜访诸葛亮时十分真诚。教师在教学过程中可组织学生进行小组讨论，由小组成员的交流互动，构建良好的学习情境，帮助学生理解文章中展现出的礼仪之道，从而达到完善学生思想素养的目的。

情景剧故事表演：《三顾茅庐》

角色：刘备、关羽、张飞、诸葛亮（由旁白或另一学生扮演）

场景一：第一次拜访（失败）

（刘备整理衣冠，关羽、张飞跟随，来到茅庐前。）

刘备（恭敬敲门）：“请问诸葛先生在家吗?”

童子（由旁白扮演）：“先生出门云游去了，不知何时归来。”

张飞（不耐烦）：“大哥，何必如此麻烦？直接让人把他绑来!”

刘备（严肃）：“三弟！贤士需以礼相待，不可鲁莽。我们改日再来。”

场景二：第二次拜访（风雪中等待）

（大雪纷飞，三人骑马再访茅庐。）

关羽（担忧）：“大哥，天寒地冻，不如先回去?”

刘备（坚定）：“为见大贤，受些风雪算什么?”

（童子开门。）

童子：“先生今日访友未归，请回吧。”

张飞（生气）：“这诸葛亮好大的架子！不如放把火，看他出不出来!”

刘备（呵斥）：“休得无礼！既是诚心求贤，岂能强求?”

场景三：第三次拜访（终见孔明）

（刘备轻叩柴门，诸葛亮正在午睡。）

刘备低声）：“嘘——先生正在休息，我们在此等候。”（三人静立许久，诸葛亮醒来。）

诸葛亮（感动）：“刘皇叔三次来访，亮深感惭愧。”

刘备（深深一揖）：“为天下苍生，请先生出山相助！”

旁白总结：

“刘备三顾茅庐，终得诸葛亮辅佐。这个故事告诉我们——真诚与尊重，才能赢得真正的贤才！”

以上表演建议，一是可加入简单道具（如折扇作羽扇纶巾，围巾作风雪背景）。二是重点表现刘备的“礼”与张飞的“急”形成对比，突出主题。通过以上的故事演练，对于礼义之举，礼仪之情有了真实的感悟和感受。

三、扮演体悟礼：栩栩如生演“礼”仪

小学语文《课程标准》在“总目标”中要求学生“学会倾听与表达，初步学会用口头语言文明地进行人际交流和社会交往”。在口语交际和阅读教学都是学生文明礼仪教育的练兵场。阅读教学中的“礼”。一年级教材的课文以儿歌、故事为主，其中处处可挖掘礼仪教育素材，如（一）上《口耳目》中的小短文“站如松、坐如钟。行如风，卧如弓。”教师可引导学生结合图片和生活实际理解“坐、立、行、卧”的规范，并养成良好的习惯。《和大人一起读：小白兔和小灰兔》一文，教导学生使用“谢谢您”“请您”等礼貌用语；《秋天》一文通过讲述大雁排队飞行，教导学生守纪、守礼、有团队精神；《小书包》中的儿歌“课本作业本，铅笔刨笔刀。上课静悄悄，下课不乱跑”，告诉学生上课时的规范和礼仪，非常符合一年级学生的学情。口语交际是在特定的环境中产生的语言活动，教师要创设适合的情景引导学生在情境中扮演体悟。例如学生常常会遇到的打电话礼仪角色扮演。

场景名称：《小小电话员——礼貌沟通我能行》

目标：练习打电话/接电话的基本礼仪，培养清晰表达和倾听能力。

情境1：给同学打电话（邀请参加生日会）

角色：小华（打电话者）、小明（接电话者）

步骤：

1. 礼貌问候：小华：“你好，请问是小明吗？我是你的同学小华。”

2. 说明来意：小华：“这周六是我的生日，想邀请你来我家参加生日会，请问你有时间吗？”

3. 回应与确认：小明：“谢谢你的邀请！我需要先问一下妈妈，稍晚一

点回复你可以吗？”

4. 结束通话：小华：“好的，等你消息！再见！”小明：“再见！”

礼仪要点：① 先说自己的名字；②用“请”“谢谢”等礼貌词；③等待对方说完再回应。

情境 2：接听陌生电话（家长不在家）

角色：小红（接电话者）、邻居阿姨（打电话者）

对话示例：

阿姨：“你好，请问是小红家吗？”

小红：“您好，我是小红。我妈妈现在不在家，请问您需要我转告她吗？”

阿姨：“请告诉你妈妈，家长会的通知单放在信箱里了。”

小红：“好的阿姨，我会转告妈妈。谢谢您！”

友情提醒：①不透露家庭地址/个人信息；②如果对方是陌生人，可以说“请稍后再打来”。③角色扮演：分组模拟不同场景，其他同学点评礼仪表现。④ 错误示范：老师故意演示不礼貌的通话（如打断对方、不说再见），让学生纠正。⑤制作提示卡：写下电话礼仪口诀（如先问好，说名字，事情讲清楚）。

通过这样的场景练习，小学生能轻松掌握电话礼仪的核心：尊重对方、表达清晰、注意安全。适合用于班会课、语文口语交际或道德与法治课程。

四、人际沟通体悟礼：去伪存真得“真礼”

在心理健康课中融入礼仪教学可以提高人际沟通技巧与礼仪表达。融合点为礼仪规范沟通方式，心理健康教育则关注沟通中的心理障碍，如社交焦虑。实践方式是老师教授“积极倾听”技巧：点头、复述对方观点（礼仪），同时培养共情能力（心理健康）。模拟学校或家庭场景，练习如何用礼貌语言拒绝他人。以下通过具体情境帮助孩子学会礼貌拒绝、积极倾听、培养共情能力，同时维护心理边界。

情境案例：（学会拒绝不合理的要求）课间休息时

小明的同桌小红说：“小明，把你新买的漫画书送给我吧！我昨天帮你值日了，你应该报答我。”

小明可以这样做：

1. 积极倾听与共情　先停下手中的事，看着对方说：“小红，我听到你

说想要我的漫画书，是因为昨天帮我值日了对吗？”（通过复述对方的话，表示理解她的需求）

2. 礼貌拒绝与解释原因温和但坚定地说：“谢谢你来和我商量，不过这本书是舅舅送我的生日礼物，我不能送给别人。”（用“谢谢”开头缓和语气，说明客观理由而非单纯拒绝）

3. 提出替代方案（可选）“如果你喜欢，明天我们可以一起在课间看，或者我告诉你书店在哪里好吗？”（展示善意，但坚持自己的边界）

4. 维护心理边界　如果对方继续纠缠，可以说：“我理解你很想要，但这件事我已经决定啦。我们聊点别的吧！”（用“决定”强调边界，转移话题结束压力）

技巧总结（可教给孩子的口诀）：①听：停下动作看对方，听懂意思再回应；②谢：先说“谢谢”或“我知道”，不直接否定对方；③拒：用“不过/但是”连接，简短说明原因；④替：想个双赢的好主意；⑤结：不纠结，说完可以做自己的事。

练习建议：① 角色扮演：让孩子分别扮演提要求者和拒绝者；②画“情绪温度计”：用不同颜色标注自己面对压力时的感受；③ 制作“拒绝魔法词”卡片：收集 10 句礼貌拒绝的常用语。

通过这样的训练，孩子既能学会保护自己的物品和感受，又能理解他人被拒绝时的失落感，发展健康的社交能力

五、情绪管理体悟礼：乐学好知明“真礼”

在心理健康教育中融入礼仪教育是很好的教学方式。学生、师生中的矛盾与冲突很多是因为情绪管理能力薄弱造成的，运用情绪管理法与礼仪教育的融合，可以培养儿童乐观的心态，提升学生情绪管理能力。比如礼仪中要求人在社交场合保持克制、友善，而心理健康教育强调情绪觉察与调节，引导学生在冲突或不满时用礼貌的语言表达情绪，如“我感到有些难过，因为……”而非攻击性语言。通过角色扮演练习“尴尬场景”（如被批评、被忽视），学习如何用礼仪化解矛盾，同时避免压抑情绪。

以下是专为小学生设计的“被批评后的礼仪应对”情景教学方案，兼顾情绪管理和礼仪修养，采用“情景演练 + 情感引导”模式：

《被批评时这样做》（用儿童化语言传递非暴力沟通理念）

1. 尴尬场景还原

小明当着全班说：“小乐，你的作业字迹像小蚯蚓跳舞，难看死了！”

同学哄笑时，小乐耳朵发烫，手指揪住衣角

2. 身体急救站（教孩子三个魔法动作）

“哪吒呼吸法”：双手叉腰深呼吸 3 次（伪装成哪吒变身动作）

“冰块脸魔法”：想象把红脸蛋冻成冰淇淋（防止哭出来）

“脚趾抓地游戏”：悄悄数地板裂缝（快速转移注意力）

3. 语言能量盾

提供可选择的回应句式：“谢谢你指出，我会像修正带一样改正的”“下次我会让字像解放军站队一样整齐”（通过比喻把批评转化为具体改进画面）

4. 情绪转化游戏。“批评快递盒”：想象把难听话装进快递箱，自己当快递员拆包检查。“错题宝石矿”：每个错误都是埋藏的宝石，改正就是挖宝藏

5. 后续行动指南。①当天主动展示修改成果：“小明你看这样像印刷体了吗？”②如果委屈，放学后可以：对树洞大喊三声“我会更棒”！③把批评画成搞笑漫画。④配套可制作“抗批评能量卡”，每张卡片印有不同应对策略，学生遇到批评时可以选择喜欢的卡片方法执行。

以上活动运用了具身认知理论，通过身体动作调节心理状态；运用游戏化思维，将负面事件转化为可操作的挑战任务，化消极被动为积极主动；利用社会情绪学习（SEL）：提供具体的替代行为而非单纯压抑情绪，可以培养学生如何消解消极情绪，健全儿童人格。

六、冲突解决体悟礼：见贤思齐悟“真礼”

小学生的生活中冲突、矛盾常常会发生，如何利用礼仪教育融合心理健康教育的手段化解学生冲突是对道德与法治老师是很好的挑战。教师需要设置冲突场景设计与礼仪方式解决，在解决过程中，学生见贤思齐，感悟人与人之间的相处之礼仪。以课间操场上玩具争夺矛盾冲突场景为例。

场景：课间操场的玩具争夺

冲突背景：

课间休息时，小明和小华在操场同时发现了一个被遗落的篮球，两人都声称是自己先看到的，争执不下，开始互相推搡，情绪激动。

运用礼仪的解决步骤：

1. 保持冷静，礼貌表达（运用心理深呼吸法和好注重个人礼仪）

老师或班干部介入后，引导双方。

老师：“争吵会伤害友谊，我们先深呼吸，轮流说说发生了什么好吗？”

礼仪要点：用“我”开头表达感受，而非指责对方。例如，小明：“我刚刚跑过来时看到篮球在地上，很想玩。”小华：“我也很期待玩这个篮球，但小明直接抢走了。”

2. 学会倾听（尊重他人）

老师：“现在请小明重复一遍小华的话，小华再重复小明的话，确认你们听懂了对方。”通过复述，双方理解彼此的立场，避免误解。

3. 道歉与宽容（礼仪核心）

老师：“刚刚推挤对方时，有什么更好的解决方式呢？”

引导双方主动道歉：小明：“对不起，我不该推你，我们可以一起玩吗？”

小华：“我也道歉，我们可以轮流投篮。”

4. 协商解决（互助礼仪）

老师：“篮球是公共物品，如何公平使用？”

学生提出方案：方案一：用“石头剪刀布”决定谁先玩，5 分钟后交换。

方案二：邀请其他同学一起分组比赛，共享篮球。

5. 致谢与总结（礼仪升华）

老师：“谢谢你们用礼貌的方式解决问题！冲突时，尊重和合作比输赢更重要。”

礼仪教育延伸：① 设计类似情景剧，让学生角色扮演，练习“道歉—倾听—协商”的礼仪流程 ② 家庭配合：鼓励家长在家引导孩子用“请、谢谢、对不起”解决兄妹或同伴矛盾。通过以上礼仪规范，将冲突转化为沟通机会，培养孩子的同理心与社交能力。

第三节 美艺礼——在音乐、美术、舞蹈等学科开展课程思政融合实践

“美艺礼”系列课程将践礼养德文化与美术、音乐等课程相对接，通过音乐、美术与礼文化的跨界融合，深化学生对“礼仪”的感知，提升学生对礼文化的高级审美，再结合个性化的五彩画礼社、生动塑礼社、趣味唱礼社团、飘逸舞礼社等学生艺术社团，深入推进系列课程落地。由省重点课题《课程思政视域下情智音乐的实践探索》在杨主席的带领下如火如荼地开展，她们用生动的艺术教育把礼仪和艺术课融合在一起。具体课程模型如下：

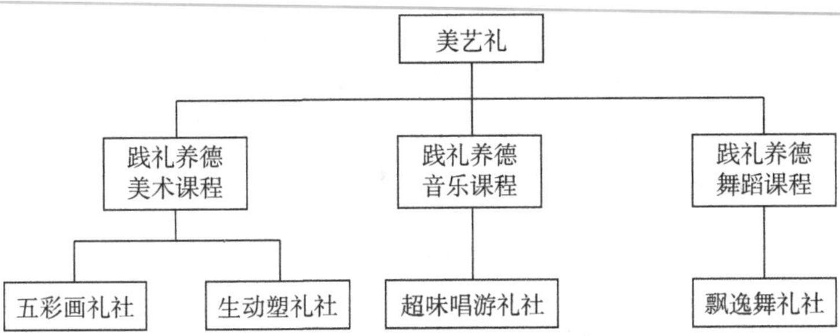

图 9-3

一、动手画美艺礼：五彩画礼社

在小学苏教版美术教材中，与礼仪教育相融合的教学内容通常通过传统文化、节日习俗、校园生活等主题体现，强调美术与德育的结合。从以下几个方面来说说绘画艺术与礼仪教育融合的实践的相关内容及教学方向：

1. 传统节日与礼仪文化

春节、中秋节等节日主题通过绘画或手工制作节日贺卡、灯笼、月饼等，引导学生了解节日中的礼仪（如尊老爱幼、团圆祝福）。端午节：通过设计龙舟或香包时，融入对传统文化的尊重和团队合作精神的培养。

2. 校园礼仪与行为规范

通过《校园里的标志》一课 设计文明标语或指示牌（如“轻声慢步”“礼貌问好”），用美术形式传递礼仪规范。在《我是小主人》一课通过绘画或场景设计，表现如何礼貌待客、维护班级环境。

3. 传统文化中的礼仪元素

传统服饰与礼仪绘制汉服、民族服饰时，讲解服饰文化中的礼仪内涵（如拱手礼、尊卑有序），在教学《青花瓷》《剪纸》时在工艺美术教学中，强调传统文化中的谦逊、和谐等价值观。

4. 家庭与社会礼仪

教学《我的家人》一课，绘画家庭场景时，引导学生表现孝敬父母、长辈互动的温馨画面。教学《公共场合》一课，带领学生用绘画或拼贴表现排队、让座等文明行为。

5. 跨学科融合案例

语文与美术结合，如绘制《孔融让梨》《程门立雪》等故事插图，传递谦让和尊师礼仪。综合实践活动，设计“文明礼仪海报”或“班级公约插画”，结合美术与德育实践。

以上教学通过角色扮演、手工制作等实践体验互动形式，加深对礼仪的理解。在美术技法教学中自然融入礼仪知识的讲解，文化渗透，避免说教化。作品评价时可加入评价维度“是否体现文明主题”“创意与礼仪的结合”等标准。是美术教学的教学评一体化落地。

二、动手做美艺礼：生动塑礼社

在小学苏教版美术教材中，泥塑教学常与传统文化、礼仪教育相结合，通过手工实践传递人文价值。以下是教材中可能涉及的泥塑与礼仪相结合的内容：

1. 传统节日礼仪主题

春节/中秋节泥塑：学生制作泥塑“福娃”“月饼”“生肖动物”等，结合节日礼仪（如拜年、祭月），学习传统礼节的意义。端午节泥塑龙舟：在制作龙舟或粽子时，讲解端午的礼仪习俗（如悬挂艾草、祭祀屈原）。

2. 古代礼仪器物仿制

青铜器泥塑（如鼎、爵）通过仿制商周青铜礼器，了解古代祭祀礼仪中的器皿用途。泥塑“拱手礼”小人：塑造古代人物行拱手礼的动态，学习传统见面礼仪的姿势与含义。

3. 生活礼仪场景创作

“待客之道”泥塑场景：用泥塑表现餐桌礼仪（如摆放茶具、餐具），强调谦让、尊老的礼节。“尊师重教”主题：制作泥塑“拜师帖”“课堂礼仪场景”，传递尊师礼仪文化。

4. 民俗礼仪符号

泥塑“门神”“寿桃”：结合民间礼仪符号，讲解门神驱邪、寿桃祝寿的习俗寓意、十二生肖泥塑：制作生肖动物时，延伸讲解生肖在传统礼仪中的象征（如本命年习俗）。

教师引导学生通过泥塑的立体创作活动让学生直观感受礼仪的具象化表达，进行礼仪文化渗透，结合语文、品德与社会等课程等跨学科融合，强化礼仪教育的综合性。

三、动情唱美艺礼：趣味唱游礼社

在苏教版小学音乐教材中，与礼仪相关的教学内容通常融入在歌曲、欣赏、活动等模块中，注重通过音乐培养学生的文明习惯和社交礼仪。可以以唱游的方式，带领儿童一边表演唱一边感悟歌中所蕴含的礼仪素养内涵。小学以下是可能涉及的相关内容（以小学阶段为例）：

1. 歌曲中的礼仪教育

开展国歌、校歌演唱：教导学生在演唱时保持肃立、脱帽、行注目礼等仪式礼仪。礼仪主题歌曲：如《礼貌歌》《你好歌》《谢谢您》等，通过歌词传递问候、感谢、道歉等礼仪知识。如《小鼓响咚咚》（一年级）：通过歌曲引导学生理解与他人相处时要关心他人（如“妹妹睡觉了，小鼓别响了”），培养体贴意识。《小蚂蚁搬米粒》（二年级）：通过集体合作的歌曲，渗透团结协作的礼仪。《出旗曲》少先队礼仪，具有庄重严肃性，体现了仪式之礼。《咱们从小讲礼貌》（三年级）：直接以礼仪为主题，歌词强调“你好”“谢谢”“对不起”等文明用语。

2. 传统音乐与文化礼仪

结合春节习俗，如《春节序曲》（欣赏课）讲解传统节日中的礼仪（如拜年、问候）。《京剧脸谱》（高年级）：通过戏曲文化学习，了解传统艺术中的礼仪规范（如角色行当的礼节动作）。

3. 活动与表演中的礼仪

音乐课堂常规：强调课堂礼仪，如认真倾听他人演唱、轮流使用乐器、鼓掌表示感谢等。合唱与合奏：通过集体表演培养学生合作意识，学会尊重指挥和同伴的演奏。注意音乐活动中的礼仪：欣赏音乐时保持安静、不打断他人。乐器演奏或合唱时的合作礼仪（如倾听他人、轮流表演）。鼓掌礼仪（适时、适度鼓掌）。

4. 民族与地域音乐中的礼仪

少数民族歌曲（如《彝家娃娃真幸福》）：结合民族风俗，介绍待客礼仪或节日礼仪。《茉莉花》（江苏民歌）：通过民歌欣赏，传递含蓄优雅的文化礼仪。

5. 综合实践与拓展

音乐剧或情景表演：设计“礼貌用语”“公共场合行为”等主题，让学生通过表演体会礼仪的重要性。音乐与生活：讨论如何用音乐表达情感（如生日歌、毕业歌中的祝福礼仪）。

通过以上活动将礼仪教育自然融入音乐审美体验，而非说教。教师通常会结合律动、角色扮演等活动，让学生在音乐实践中潜移默化地接受礼仪熏陶。

四、动情舞美艺礼：飘逸舞礼社

在小学阶段，将音乐、舞蹈与礼仪相结合的教学内容，既能培养学生的艺术素养，又能提升社交能力和文明习惯。以下是一些常见的结合形式和具体教学内容：

1. 舞蹈与礼仪的结合

传统舞蹈中的礼仪：民族舞蹈：如汉族《礼仪之邦》舞蹈、蒙古族献哈达动作、藏族敬酒舞等，融入鞠躬、拱手等传统礼仪动作。集体舞：如交谊舞或校园集体舞，学习邀请同伴时的礼貌用语（如“请”“谢谢”）、保持安全距离、尊重舞伴。舞蹈课堂礼仪：练习前后向老师行礼（如芭蕾课的鞠躬）；分组练习时的谦让与合作。

2. 音乐＋舞蹈＋礼仪的综合活动

情景表演：设计生活场景（如做客、餐厅、校园），学生用音乐和舞蹈演绎礼貌行为（如敲门、问好、排队）。节日主题演出：教师节：编排感恩主题歌舞，配合献花、鞠躬等礼仪。春节：结合拜年手势（作揖）和传统音乐（如《春节序曲》）。

3. 游戏化教学

音乐律动游戏：“礼貌传递”：学生随音乐传递物品，音乐停止时需用礼貌用语向同伴表达（如“请你先来”）。舞蹈模仿游戏：老师示范包含礼仪动作的舞蹈（如握手、微笑），学生模仿并讨论动作含义。

4. 文化渗透

中外对比学习：对比中西方的舞蹈与礼仪（如中国古琴的含蓄礼仪 vs 西方华尔兹的绅士礼节）。古典文化体验：学习《诗经》吟唱或汉服舞蹈，结合传统礼仪（如揖礼、万福礼）。

舞蹈与礼仪融合的教学要注意趣味性：用儿歌、故事、动画等吸引低年级学生。注意实践性：通过角色扮演、小组活动强化体验。注意在日常中延伸：鼓励学生在生活中应用课堂所学，如放学时用音乐舞蹈动作告别。通过多元化的结合方式，学生能在艺术熏陶中自然习得礼仪规范，实现“以美育人”的目标。

第四节　实践礼——在劳动、体育、综合实践等学科课程思政融合实践

“实践礼”系列课程将礼仪文化与劳动、综合、体育等课程相对接，倡导学生在做中学，在做中悟，在做中学，通过走出校园，走进社区，带领学生开展“寻访抗战老兵”“法治教育”“环保教育”“寻访家乡厂矿企业”

"交通安全云课堂""核心价值观展览""素质教育基地""参观革命博物馆""抗日山扫墓""东海水晶馆探究"等项目化学习，近距离接触社会，在实践中，培育家国情怀、抗战精神、责任意识、担当精神，树立礼义精神；提高法治意识，提升公民道德素养和健全人格，理论实践相结合，使礼文化在学生的语言、行为、做人、做事中落地生根。开展了"践礼养德项目化法治教育实践活动"具体课程模型如下：

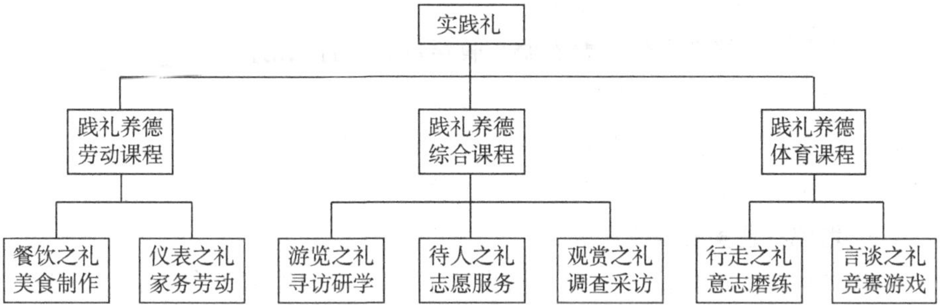

图 9-4

一、劳动实践礼：餐饮之礼美食制作与仪表之礼家务劳动

在小学劳动教材中，美食制作与礼仪相结合的内容通常旨在培养学生的动手能力、团队合作意识以及传统文化素养。以下是常见的一些结合点：

1. 传统节日美食与礼仪

春节包饺子/汤圆制作：学习揉面、调馅、包制等技能。礼仪：了解饺子的象征意义（团圆、吉祥），餐前摆放筷子的规矩，长辈先动筷的礼仪。中秋制作月饼制作：学习压模、包馅等步骤。礼仪：分享月饼的习俗（赠亲友、敬老），双手递接食物的礼节。

2. 餐饮之礼与劳动融合

水果拼盘制作：学习切水果、摆盘技巧。礼仪：分享成果时的礼貌用语（"请品尝"），如何为他人递水果（避免用手直接拿）。三明治/饭团制作：简单食材搭配与卫生操作。其他劳动内容：摆餐具、端菜、分餐、收拾碗筷、洗碗、清理餐桌。礼仪结合点：①摆餐具时教导筷子、碗碟的摆放位置和方向（如筷子纵向摆放，不指向他人）。②端菜时提醒双手端盘、轻拿轻放，避免发出声响。用餐时保持桌面整洁。③不浪费食物，饭后收拾餐具，并礼貌询问他人是否需要添饭或帮忙。④用餐时穿插"长辈先动筷""不翻拣菜肴"等传统礼仪。

3. 待客礼仪与茶点准备

简易茶点（如小饼干、水果茶）制作：学习烘焙基础或冲泡方法。其他劳动内容：打扫客厅、准备茶点、整理拖鞋、倒垃圾。礼仪结合点：①客人来访前，协助整理家居环境（如收好玩具、擦拭桌椅）。② 学习奉茶礼仪：双手递杯、七分满，招待客人的座次安排，礼貌用语（“请慢用”），不插话打扰大人交谈。③客人离开时协助送客，并礼貌道别。

4. 物品整理劳动与公共礼仪

劳动内容：整理书包、叠衣服、收拾玩具、打扫房间。礼仪结合点：①强调“物归原位”，避免影响他人使用公共空间（如鞋柜、客厅）。②叠衣服时学习分类收纳，体现对物品的珍惜（礼仪中的“惜物”观念）。③整理书包时提醒轻关拉链，避免在公共场所发出噪音。

5. 地域特色美食与文化

地方小吃（如春卷、青团）制作：了解食材的地域特色。礼仪：节日背后的文化故事（如清明吃青团的寓意），包饺子、贴春联、制作节日装饰、打扫庭院。尊重不同饮食习俗。礼仪结合点：①春节大扫除时讲解“除旧迎新”的寓意，劳动中尊重长辈的指导。②包饺子时学习谦让（如让长辈先尝试），或将第一锅分给老人。③节日拜访亲友时，带上自己参与制作的简单礼物（如手工贺卡）。

6. 情景模拟“我是小主人”

学生分组模拟接待客人，完成倒茶、整理沙发等任务，并互相评价礼仪表现。实践任务：“周末家庭劳动日”：记录劳动过程，并写下自己如何用礼貌用语与家人协作（如“妈妈，需要我帮忙晾衣服吗？”）。

以上劳动教育和礼仪教育跨学科整合：结合道德与法治中尊重劳动、感恩教育等礼仪素养要求。通过小组合作完成美食制作实践性活动，并模拟礼仪场景如“小小待客日”。强调制作过程中的卫生习惯，如洗手、生熟分开，延伸至公共卫生礼仪。这些内容不仅教授劳动技能，更通过饮食文化传递“食育”理念，帮助孩子理解“美食”不仅是味道，更是情感与文化的纽带。家务劳动与礼仪的结合旨在培养孩子的劳动技能和文明素养。

二、综合实践礼：游览之礼寻访研学、待人之礼志愿服务与观赏之礼调查采访

在综合实践活动中与礼仪教育相融合，通过真实场景实践礼仪规范，提升学生社交能力与文明素养。开展“文明小使者”综合实践系列活动，引

导学生设计活动方案，涵盖游览、研学、志愿服务、观赏、调查采访等场景，注重实践性与礼仪培养的结合。在研学、服务中培养团队合作与社会责任感，用调查采访等形式深化对礼仪文化的理解。这里展示几个礼仪综合实践活动案例。

主题1：游览之礼——“我是城市小导游”

活动形式：实地考察，分组游览本地公园/博物馆，用手机拍摄“文明与不文明游览行为”对比素材。

礼仪实践：①学习排队购票、轻声讲解、垃圾随身带等礼仪。②模拟为游客指路（使用“您好”“请”等礼貌用语）

成果展示：制作《文明游览倡议图鉴》（漫画＋照片）

礼仪重点：公共秩序、环境保护、礼貌用语

主题2：研学待人之礼——“寻访非遗传承人”

活动形式：前期准备：学习采访礼仪（敲门、自我介绍、双手接物），运用AI技术设计“非遗文化”调查问卷（含“您如何理解工匠精神?”等开放性问题）

实地寻访：拜访本地手艺人（如剪纸、陶艺师傅）。

分组完成：礼仪组：端茶、记录时保持安静；采访组：举手提问、致谢

延伸活动：撰写《寻访礼仪日记》，记录被尊重与被忽视的不同感受

礼仪重点：尊师重道、倾听礼仪、感恩表达

主题3：志愿服务之礼——“敬老院温暖行动”

活动形式：礼仪培训：社工示范如何搀扶老人、弯腰倾听（老人耳背时）讨论“哪些话题能让老人开心?”（避免问隐私）

实践任务：分组完成：陪聊天（带老照片引发回忆）、表演节目（先询问喜好）、打扫房间（轻拿轻放）反思会：分享“最触动我的一个微笑”瞬间

礼仪重点：尊老爱老、共情能力、服务意识

主题4：观赏之礼——剧场礼仪调查员

活动形式：

情境体验：

观看校园话剧表演，部分学生故意设计不文明行为（如大声喧哗、踢座椅）

其他学生记录并喊“暂停”，指出问题

社会调查：在电影院/音乐厅门口采访观众：“您最反感哪种不文明观赏行为?”（数据制成柱状图）

创意输出：设计“文明观赏表情包”在校园推送

礼仪重点：安静欣赏、适时鼓掌、尊重演职人员

主题5：采访之礼——校园礼仪微调查

活动形式：角色扮演：模拟采访校长/食堂阿姨/保安（练习不同对象的称呼礼仪）学习追问技巧（“能举个例子吗？”代替“我不懂”）

真实任务：用“您觉得同学们在________方面可以改进礼仪？”句式采访10位教职工

数据分析：发布《校园礼仪红黑榜》广播剧

礼仪重点：称谓得当、提问技巧、真诚致谢

评价方式：

1. 过程性评价：

①“礼仪积分卡”（同学互评+工作人员盖章）②录制“最美礼仪瞬间”短视频

2. 成果性评价：举办“文明礼仪博览会”（展板、情景剧、调查报告展示）

以上开展的综合实践与礼仪融合教育要注意安全第一，外出活动需配备家长志愿者，提前踩点。要发挥家校联动的作用，发放《家庭礼仪观察表》，鼓励家长参与。设计注意差异化，高年级可增加礼仪争议话题辩论（如“传统礼仪是否过时”。通过真实场景的沉浸式体验，将抽象礼仪转化为具体行动，帮助学生在服务与反思中成长为文明有礼的社会小公民。

三、体育实践礼：行走之礼意志磨炼与言谈之礼竞赛游戏

在小学体育教学中，体育与礼仪的结合主要体现在培养学生的团队精神、规则意识、尊重他人和社交能力等方面。通过长距离行走锻炼耐力与意志力，在竞赛中学习团队合作与体育礼仪，培养规则意识与公平竞争精神。以下是为小学体育活动设计的“行走之礼意志磨炼与游戏竞赛礼仪”主题活动方案，融合了体能锻炼、品格培养和礼仪教育，适合6—12岁学生参与。设计活动主题如下：

探险家闯关赛——意志与礼仪的挑战

活动流程：

第一阶段：开营仪式（15分钟）

礼仪课堂：通过情景剧模拟，设计冲突场景（如比赛中摔倒），引导学生讨论正确做法。

儿歌/口诀：如“排队快静齐，礼貌记心里”“比赛第二，友谊第一”。

故事案例：通过体育名人的故事（如郎平的团队精神）传递礼仪价值。

正确礼仪：赛前握手、遵守规则、给对手加油、

错误示范：嘲笑失误、抢跑、抱怨队友

宣誓环节：全体宣读《小小运动员誓言》

“我承诺：遵守规则、尊重对手、团结队友、坚持到底！”

第二阶段：意志磨练微马跑（30 分钟）

地形挑战：设置校园内环形路线（距离按年龄调整），开展微型马拉松跑步。

1—2 年级：400 米/圈（完成 2 圈）

3—6 年级：600 米/圈（完成 3 圈）

团队合作与社交礼仪

分组活动：主动包容他人，不排斥能力较弱的同学。

胜负态度：赢不骄、输不馁，祝贺对手或安慰队友。

沟通技巧：用礼貌用语（如“请”“谢谢”“对不起”），避免指责他人。

激励方式：

每圈领取不同颜色手环（可视化成就）

中途设置“能量加油站”（补充水分 + 励志标语）

第三阶段：团队竞赛（40 分钟）

游戏设计原则：必须合作才能获胜，个人能力≠团队胜利

表 9-1　游戏竞赛与礼仪

游戏名称	规则要点	礼仪培养重点	评价积分（1—5 分）
礼仪接力赛	每完成一棒须与队友击掌，向裁判鞠躬后方可出发	尊重裁判 团队衔接	
障碍同行	两人三足通过障碍，需帮助“受伤”队友（道具绷带）	关爱同伴 责任感	
密码护送	蒙眼队员由队友语言指引运输球类，禁止身体接触	信任与 沟通礼仪	
备注：三次活动积分 10—15 分优，积分 6—9 分为良，0—5 分为合格			

第四阶段：闭幕式（20 分钟）

1. 颁奖特别设置：

除常规奖项外增设：“最佳风度奖”（主动帮助对手的队伍）“坚韧励

章”（摔倒后坚持完成者）

2. 发放“礼仪星星贴纸”，学生互贴到表现好的同伴背后

3. 特殊场景的礼仪教育

运动会开幕式：升旗仪式肃立、认真听讲发言。

观赛礼仪：不干扰比赛、不乱扔垃圾、适时鼓掌。

颁奖仪式：双手接奖品、鞠躬致谢、尊重颁奖人。

在开展以上活动时，要注意安全与特殊设计，如分级挑战，设置不同难度关卡，允许体力不足者参与裁判辅助工作。应急方案：每 50 米配备 1 名教师观察员，携带急救包。为行动不便学生设计“裁判小助手”角色，设置“情绪安抚站”，由心理老师值守。注意教学资源包的设计，如自制《体育礼仪漫画手册》（可课前发放），赛道布置示意图（利用跳绳、锥形桶等常见器材），家长告知书模板（说明活动教育目标与着装要求）通过将传统跑步训练转化为情境式游戏，既达到锻炼目标，又潜移默化培养体育精神。活动后可延伸开展“我学到的赛场礼仪”绘画征文比赛，强化教育效果。

第十章　践礼养德：儿童具身德育多彩综合实践探索

在小学道德与法治“践礼养德”教学中融入综合实践课程元素，是落实核心素养培养、实现学科协同育人的有效途径。道德与法治课程与综合实践课都是实践性、综合性课程，两门课程均强调价值引领、实践能力与社会参与，责任担当、问题解决能力等核心素养培育高度契合。道德与法治提供了政治认同、道德修养与法治观念等价值导向，综合实践课提供了调查、采访、服务活动行动载体，二者具有互补性，有效结合对于“践礼养德”具身德育教学起到了重要的促进作用。“践礼养德”德育综合实践活动融合路径与实施策略有以下几种方式，结合课程特点和实践案例展开说明：

一、主题统整式融合

案例：主题：“社区文明建设”

路径：以同一“践礼养德”为主题贯穿两门课程，形成“认知—实践—反思”闭环。道德与法治：学习《我们的公共生活》（五年级下册），讨论公共秩序的意义；

综合实践：开展“社区不文明行为调查”，设计文明宣传海报并行动。

策略：联合教研确定主题，设计“课堂学习＋课外实践”任务单；成果展示可结合班会课进行汇报。

二、项目化学习（PBL）驱动

路径：以真实问题为项目，整合两门课程的知识与技能。

案例：项目：“校园垃圾分类小卫士”

道德与法治：学习《低碳生活每一天》（四年级下册），分析环保责任；

综合实践：统计校园垃圾种类、设计分类方案、制作回收箱并推行。

策略：按“发现问题—分析问题—行动—评价”流程推进；引入角色

扮演（如“环保局长”“环卫工人”），增强体验感。

三、情境体验联动

路径：通过模拟或真实情境，将法治观念转化为实践行为。

案例：情境：“小小消费者维权”

道德与法治：学习《做聪明的消费者》（三年级下册），了解维权途径；

综合实践：模拟购买文具遭遇质量问题，编写维权剧本并表演。

策略：利用校园“跳蚤市场”创设真实消费场景；结合 315 消费者权益日开展活动。

四、服务学习深化

路径：将道德认知转化为社会服务行动。

案例：活动：“关爱老人 · 传递温暖”

道德与法治：学习《家人的爱》（二年级下册），理解孝亲敬长；

综合实践：走访养老院、制作感恩卡、策划慰问演出。

策略：与社区、公益组织合作，确保活动可持续性；通过反思日记强化情感体验。

五、评价体系共建

路径：设计兼顾认知与实践的评价工具。

策略：采用“成长档案袋”：收集活动照片、调查报告、同伴互评表等；

设计多元评价表：

表 10-1

评价维度	道德与法治（占 60%）	综合实践（占 40%）	自评	互评
认知感悟理解				
实践参与度				
社会责任表现				
形式多样化				
内容丰富性				
目标达成度				
备注：				

小学道德与法治课程中的红色教育与综合实践寻访活动相融合，可以通过以下策略实现多维联动，既落实课程目标又增强实践育人效果。

第一节 “践礼养德”具身德育红色礼仪综合实践

在道德与法治教材中有许多红色文化主题的内容，梳理教材中含有爱国主义的课文与连云港红色文化相结合，开展德育综合实践活动。如五年级《百年追梦 复兴中华》单元与本地红色资源的关联点，设计“红色主题任务单”。在学习“革命精神”时，提前布置“寻访任务”，收集家乡烈士事迹与课本中长征精神、抗疫精神的共性，将综合实践的“考察探究”“社会服务”能力要求与红色教育结合，如“红色文物解说员”“老党员口述史采编”等角色任务，培养社会责任感和史料实证能力。深化礼仪教育，提升核心素养具有不可估量的作用。

一、融合路径与实施策略

1. 基础层：校园红色微寻访

“红色角探秘”：校园内设置英雄人物展板，学生扫码听党史故事后完成线上答题。

“时光胶囊”活动：模仿革命年代的地下工作，分组破译红色密码（如井冈山会师时间换算成数学题）。

2. 拓展层：社区红色研学

实施要点：绘制“社区红色地图”：标注老战士住所、革命遗址等，开展“行走的思政课”。

任务示例：采访社区“光荣在党 50 年”老党员，用思维导图整理“党员的一生奉献”。

3. 升华层：基地沉浸式体验

创新设计：“重走长征路”：在红色基地模拟运送物资，制作简易担架，模拟走过飞夺泸定桥，计算路程与粮食消耗（融入数学学科）。

“如果我是指导员”：通过虚拟现实（VR）设备还原战役场景，小组决策突围方案（培养集体主义）。

二、评价激励机制创新

1. 多元评价工具

“红色成长存折”：记录寻访足迹，兑换“精神财富币”（可兑换参观机会）。

数字化评价：通过“红色教育 App”生成个人学习画像，如“传承小先锋”“故事小喇叭”等称号。

2. 成果转化运用

(1) 优秀寻访报告汇编成《童眼观红色》校本教材；

(2) 学生策划“红领巾讲解员”直播活动，辐射家庭教育红色礼仪综合实践活动需要开发《红色实践安全指导手册》含访谈礼仪、应急处理。

(3) 建立“校—馆—家”协同机制，如博物馆开设“青少年红色研学专场”，利用“学习强国”地方平台建立线上红色资源库，这种融合策略既避免红色教育的形式化，又赋予综合实践活动精神内核，符合新课标“做中学”“用中学”的理念，值得根据本地特色调整实施。

典型案例

寻访抗战老兵　弘扬民族精神

——连云港师专三附小“红领巾寻访团”

辅导员：吉海荣

老兵，你用血肉阻挡着刀枪，你用生命赶走了豺狼，你的鲜血流在了家乡，你的精神屹立在东方，你是我们心中的英雄，你是这民族的荣光！抗战老兵，向您致敬！

——题记

一、寻访背景：

在港城的土地上，有这么一群人，他们已是耄耋之年。在他们的记忆深处，有着一段光辉的经历。1937 年卢沟桥事变之后，抗日战争全面爆发。正值青年的他们凭着一腔热血，背井离乡，踏上了艰苦的抗战之路。他们就是——抗战老兵。在抗战胜利 70 周年之际，为了弘扬民族精神，我们开展了红领巾寻访抗战足迹活动。作为抗战历史的“活化石”——抗战老兵，他们身上蕴藏着丰富的能量。带领孩子们寻访老兵的踪迹，聆听他们的故事，零距离接受他们的教诲，是对学生进行爱国主义教育的绝好契机。

二、寻访目标：

1. 通过明“抗战历史”，访“抗战老兵”，品“抗战精神”，学“爱国之举”让孩子明白“爱国，就在身边”。

2. 激发学生报国之志，树立远大理想，引导队员将“ 爱国”精神入脑、入心、入行。

三、寻访路线：

从2015年10月11日开始，连云港市师专三附小红领巾寻访小组举行了一系列的寻访活动：首先来到连云港市革命纪念馆，瞻仰先烈的丰功伟绩，重温红色记忆；接着寻访抗战老兵马入营爷爷，聆听抗战故事，寻根革命情怀；然后和老兵马爷爷参观抗日山烈士陵园，寻访他们的抗战足迹，感悟抗战精神；最后开展中队会引导爱国之举，立志为国学习。

四、寻访纪实：

1. 参观革命纪念馆，重温红色记忆

2015年10月11日，连云港市师专三附小举行了一系列的寻访活动。红领巾寻访小组首先来到连云港市革命纪念馆，瞻仰先烈的丰功伟绩，重温红色记忆。纪念馆的讲解员阿姨给我们讲解了连云港市抗战历史中最惨烈的记忆：小沙东海激战中英勇故事，还给我们介绍了连云港地区党的创建者李超时，了解了在抗战中牺牲的最高战将——符竹庭。队员们亲眼看到模拟的战斗场景，摸着革命时期推着的独轮车，了解那段历史，感受了抗战生活的艰苦。当队员们看到墙上密密麻麻写着的牺牲烈士的名字感慨万千：原来我们今天幸福生活是烈士们用鲜血换来的。

2. 寻访抗战老兵，聆听抗战故事

在抗日山南麓的一个苏北来去村落——赣榆区朱孟村，幸存着一位90岁高龄的抗战老兵马入营。今年已经90岁了。他13岁参加儿童团，1943年加入新四军，马入营这个名字就是参军时部队领导给起的。他曾担任三营八连一排一班班长，先后参加过青口、墩尚、沙河、临沂等战役。

孩子们听说要去寻访抗战老兵，一大早就高兴地来到学校，在马入营外孙子的带领下，经过弯弯曲曲的乡间小路，我们驱车来到了一户普普通通的人家，门前匾上写着——家和万事兴。这时马爷爷和老奶奶已经在门口等候我们的到来，乍一看，根本看不出是90岁的老人，最多是70多岁。我们紧紧握着老奶奶老爷爷的手，问候道："马爷爷好！奶奶好！"

马爷爷听说我们来采访他，回到屋里开始换衣服，那身他引以为荣的军装，那身曾带他出生入死的军装。那是抗战胜利70周年国家为他发放的新军装，新的勋章和绶带。穿上新军装，佩戴上勋章是多么的威武！孩子们在门外已经迫不及待。开心妍先进来献花，行队礼，热烈地拥抱。孩子们紧接着拥了进来，围在马爷爷的身边。

马爷爷是那么的慈祥，平易近人。马爷爷一见到我们就和队员们打招呼："小朋友们好！""马爷爷好！"孩子们齐问好。马爷爷用他特有的乡音对孩子们亲切地教导："我希望你们好好学习，长大好为人民服务！"紧接着就开始了他的抗战故事："鬼子真坏啊！那年鬼子进村扫荡时，我祖父马永坤刚出家门就被小鬼子一刀从额头劈下；73岁的老太太在自家院子内因阻止小鬼子抓鸡，被小鬼子用刺刀从脖子下挑起当场断气；堂哥马入段在官庄岭遇到小鬼子，一筐梨给如狼似虎的小鬼子抢光了还把人给杀了；当时他才二十几岁……"亲人和邻里们一个个惨死在日军屠刀下的场景在马入营的脑海里依稀可见。

马爷爷的军歌唱得真好听！提起当年的抗战打鬼子的事，马爷爷激动得像个小孩子，马爷爷的革命故事是说也说不完，革命歌曲是唱也唱不完。他从《儿童团团歌》唱到《八路军军歌》再唱《新四军军歌》，马爷爷越唱越高亢，越唱越兴奋。孩子们听得很认真，不停地点头，听到马爷爷唱军歌了，队员们就兴致勃勃地打起了拍子；听到精彩处，就热烈地鼓起掌来！

马爷爷真是勇敢顽强。提起当年抗战打鬼子的事，马爷爷三天三夜都讲不完。亲人们一个个惨死在日军屠刀下的场景历历在目；抗战的英勇故事讲得绘声绘色："当年打鬼子的时候，炮弹，飞机在头顶上整天飞，有时候连续几天几夜不下火线，供给跟不上只能喝凉水，啃豆饼充饥，嚼辣椒，吃大蒜提神。"马爷爷说，战争是残酷的。在一次战斗中，子弹射中马爷爷的肚子，当时医生说，子弹稍稍偏一点他就没命了。由于当时的医疗条件到现在也没有取出来，这颗子弹依然在他的身体里。队员不由得心中充满对马爷爷的一种敬意，他们说，马爷爷生命力太顽强了。

马爷爷生活勤劳俭朴。抗战结束后，马爷爷回到家乡一直在田里干活，已经是耄耋之年的马爷爷在家里仍然不停歇，每天还侍弄自己的小菜园。听说我们要看看他的小菜园，他马上说："我带你们去！"孩子们围在他身边，欢呼着就向菜园里奔去。这个菜园太丰富了，青菜、萝卜、白菜、蒜苗……真是应有尽有。看到萝卜长势喜人，马爷爷说："我把萝卜拔下来给孩子们尝尝。"看马爷爷拔萝卜的身手，你怎么能相信那是一个九十岁的老人！

3. 瞻仰抗日山烈士陵园，感悟抗战精神

在苏鲁交界处的沂蒙山脉，有一座"英雄山"——抗日山。这是地球上唯一以"抗日"命名的山脉，因山上建有1638座抗日烈士墓，安葬着1800多位抗日烈士的忠骨，铭刻着3576位抗日烈士的英名而得名。从马爷爷家出来，我们又和马爷爷一起来到抗日山烈士陵园。

参观抗日山烈士陵园的路上，队员们看到一座座坟墓，一个孩子问："马爷爷，这里边是真的人吗？"马爷爷点点头，"那里沉睡着牺牲的英烈，正是他们的抛头颅洒热血，才换来今天的幸福生活。"马爷爷的表情有些沉重，在抗战名将——符竹庭将军墓前，马爷爷敬了一个军礼，孩子们也情不自禁地行了一个队礼。那是他当年最敬重，最感恩的人，是符竹庭将军让他的警卫员给他当入党介绍人，才使他这个农村娃成了党的人。

在瞻仰抗日山烈士陵园的时候，马爷爷还给我们讲了他参加作战的一个小故事：有一次，马爷爷作为班长带领队伍急行军，半夜就来到在坑道里埋伏，埋伏到天明时分，马爷爷观察周围地形，发现这儿隐蔽性不好，要是鬼子一颗炮弹下来就坏了。后面一山头敌人更不容易发现，就带战士们隐蔽到那儿去。刚一隐蔽好，果然敌人的一颗炮弹砸来，其中一个士兵没有听从命令被炮弹击中，牺牲了。同学们说，马爷爷真是太机智了。

随后，我们还来到了抗日山的国防园，那里陈列着当年抗战打鬼子留下来的飞机、大炮和坦克，虽然已经损坏，队员们兴奋地感受当年的抗战中的激烈场面，但依然让我们仿佛看见革命时期的危险，也让我们知道今天生活的来之不易。

4. 引导爱国之举，立志为国学习

寻访回来以后，我们中队开展了"寻访抗战老兵弘扬民族精神"的中队会，队员们纷纷表达自己的心灵震撼，说出自己的梦想心愿。

在中队会队员们的自主讨论下，孩子们表达自己的心愿和梦想，觉得爱祖国要从以下方面做起——

爱国，从爱妈妈做起，每天晚饭过后给妈妈捶捶背，洗洗碗，倒杯水……

爱国，从爱学习做起：做好一次作业，听好一堂课，积极举手发言

爱国，从爱劳动做起：劳动不怕苦不怕累，我的岗位我负责。

爱国，从爱别人做起：爱护环境，随手捡起废纸，爱心捐书，爱心义卖

孩子们去敬老院，给他们表演节目，帮他们捶背，给老人带来了快乐和温暖；孩子们学习更认真了，孩子们打扫卫生更积极了，孩子们……

请听孩子们的心声——

5. 寻访心语：

张馨文：马爷爷给我们讲他小时候亲人被日本鬼子惨遭杀害的故事，我听着听着，心灵受到了震撼：我们从小就在父母的宠爱下成长的，而这些曾在战争中的孩子从小就失去亲人，从没有享受到父母的爱，我们是多么幸福啊！马爷爷说在抗战期间，饿了就喝凉水，吃些干粮就行了。但我们天天吃着丰盛的饭菜，还是不满意，我们真是太不懂得珍惜了呀！

高嘉镇：这次的活动我不会忘记，战士们热爱祖国的精神已经像刀片一样深深地刻在我的心中。放心吧英雄，我会好好传承你们的精神。

李博宇：我们过着花样年华，不受任何风吹雨打，而马爷爷他们则要经受战火的折磨却依然如此坚强，我不禁暗暗下定决心："要成为像马爷爷一样能吃苦的人。"

李星语：到了抗日山顶峰，我从高处眺望，景色多美啊！山顶的纪念塔上有一座塑像，他一手拿枪，一手举着红旗，仿佛在喊："中国万岁，中国必胜！战士们，站起来，我们一定会打败倭寇的！"下面也仿佛又有千万名战士回应着，在整个山谷回响……

董芮涵：抗战太过残酷了，它在人们心中深深地烙印着悲伤，但也正因为如此，我们才要永远铭记这抗战中牺牲的人们，是他们给了我们今天幸福的生活，没有他们就没有现在富强的中国。他们用自己的身躯铸成一道城墙，用自己的血肉筑城了新中国，用自己的灵魂树立了榜样！

刘睿博：听到马爷爷说："抗战时期八路军打仗，几乎几天不下火线，只能喝点凉水，啃几口豆饼充饥。"我的心颤抖起来，我们就像温室里的花一样，过着衣来伸手，饭来张口的生活，而八路军战士却过得如此艰苦！真的要好好珍惜啊！听着听着，我不由得向这位抗战老兵马爷爷表示由衷的敬意，我们一定会珍惜现在的幸福生活！我不希望发生战争，我希望这个世界永远不发生战争！

马若轩：马爷爷对我们说："我希望你们能好好学习，争取为国家出一份力。"马爷爷的这句话一直铭记在我的心里，它在我大脑里已经挥之不

去，铭刻在我的心里。真是“英雄不死，精神千秋。”

李姝越：我耳边仿佛还在回响着习近平总书记洪亮的声音：“正义必胜，和平必胜，人民必胜!”有了这样的老兵，这样的战士，还有什么战胜不了的呢？抗战老兵，向您致敬!

活动反思：

本次活动，围绕“爱国”主题，从寻访——感悟——践行，在知情意行转化的过程中，孩子们从马爷爷身上看到了一个“热爱祖国、勤劳朴实、英勇顽强”的英雄形象。事实上也证明了这一活动极大地震撼着孩子们的心灵，更重要的是：一颗爱国的种子，一颗热爱和平的种子，一颗感恩的种子，一颗热爱学习报效祖国的种子正在孩子们的心田落地生根。

思政大课堂《读本》培根铸魂入童心

——连云港师专一附小盐河校区“我们都是红孩子”系列主题活动

2021 年秋季是《习近平新时代中国特色社会主义思想学生读本》进课堂的第一个学期，为深入落实《读本》进教材、进课堂、进学生头脑“三进”精神，将教学教研活动落到实处，连云港师专一附小盐河校区开展了“我们都是红孩子”系列主题活动。

一、《读本》集体备课，共研共享。开学前全校道德与法治备课组集中进行培训。9 月 1 日，校长与教务处领导组织三、五年级开展教研活动，大家集思广益，集体备课，研究《读本》内容与教学方法，建立《读本》与道德与法治教学相融合的教研群，形成较成熟的教案和教学课件，并资源共享。

校长对暑假以来多次开展的《读本》研讨活动做出了高度评价，并建议老师们以课为抓手，通过开展丰富多彩、各具特色的活动，将《读本》教好、用好，让学生有所收获，真正落实立德树人这一根本任务。

二、《读本》教研活动，互学互长

2021 年 10 月 21 日，学校组织全体道德与法治老师开展了《读本》课例研讨活动。活动中，王小明老师执教五年级读本课《把人民放在心中最高位置》这一课。这节课通过“我是谁——我是人民的勤务兵”“依靠谁——我以人民为中心”“榜样的力量——红领巾在行动”等一系列活动，引领学生以小组合作的方式，通过查找资料、调查、录制视频、采访等形式理解了习近平主席把人民装在心里，为老百姓办实事，为人民奉献自己的理想信念；了解在中国共产党的领导下，中国在经济、科技、生态环境、民生等各方面翻天覆地的变化。最后通过“实现中国梦 我在行动”的小组汇报会，学生在沉浸式切身实践活动中培养社会责任感，了解如何为人民服务，将爱党爱国思想铭记于心，并实践于行。

谢林伯老师执教五年级《读本》第九课《“蛋糕”做大了还要分好》，谢老师采用小组合作，问题探究形式，获得较好的教学效果，潘磊校长亲自听课指导。

李影老师执教三年级《读本》的《扣好人生第一扣子》这一课，采用了小采访，小调查，小讨论的形式，在学生心中种下社会主义核心价值观的种子，把社会主义核心价值观的养成落到实处。

吉海荣老师于2021年12月26日在江苏省教学新时空名师课堂执教五年级道德与法治《富起来到强起来》一课并开展研讨，围绕“改革开放”这一主题，将《读本》与《道德与法治》在教学内容和教学方法相互融合，给大家上了一节示范课，起到了很好的示范与引领作用。

多次的《读本》研讨活动，不仅为老师们提供了相互交流学习的机会，同时给同学科的教师课堂教学起到了很好的引领作用，极大地推动了《读本》教学研究向深度迈进。

三、《读本》学生活动，入心入行。

扎实开展学生活动，《读本》思想入心入行。2021年12月29日，学校开展了“我们都是红孩子”学生主题展示活动，本次活动邀请了连云港市教研室周海青老师做评委。

三年级开展了“习语金句”朗诵会，孩子们结合自身的学习感受，自然流露自己爱国爱党的思想感情。一句句振聋发聩的习语金句，点亮思想的火花，照耀师生前进的步伐。朗诵会激情澎湃，令人动容。

五年级开展了“没有共产党就没有新中国”演讲比赛。同学们结合读本学习，把党的波澜壮阔成长史与今天祖国的强大紧密联系起来，抒发了一腔爱国爱党之情，报国强国之志，把《读本》学习推向了高潮。

学校深度开展《读本》研讨活动，连云港市教研室周海青老师对这一做法给予充分肯定与鼓励，并结合我们在《读本》教学中的疑难问题有针对性地提出了合理化建议。她提出我们要把道德与法治课和班会课紧密联系在一起，共同协作把《读本》与《道德与法治》相互融合，教学深入到家庭中，亲子共读《读本》，共同参与到活动中来，真正把《读本》思想入脑入心入行，共生共长。

活动过后，连云港市教研室周海青和潘磊校长一起给孩子们颁发获奖证书，鼓励他们在习近平新时代中国特色社会主义思想的指导下健康成长。

思政大课堂，《读本》培根铸魂入童心。有了各位专家和领导的指引，相信连云港师专一附小盐河校区《读本》的教育教学工作一定会扎扎实实越办越好，孩子们成长的脚步会越加坚实。

第二节 “践礼养德”具身德育金色法治综合实践

针对小学道德与法治课程中法治教育与综合实践相结合的教学设计，涵盖教学目标、路径策略、活动案例及评价方式，注重趣味性、实践性和学生主体性。了解与生活相关的法律常识（如《中华人民共和国未成年人保护法》《中华人民共和国交通安全法》）。能在实际情境中运用法律知识解决问题，培养团队合作与实践能力。树立法治信仰，增强社会责任感，形成遵纪守法的意识。

一、活动路径与策略

路径 1：课堂渗透 + 实践活动

策略：以教材内容为基点，延伸至实践任务，分学段活动建议。

低年级（1—2 年级）

活动主题：“交通信号灯大冒险”（1）学习交通法规儿歌。（2）在校内模拟十字路口，学生扮演交警、行人，实践“红灯停、绿灯行”。（3）评价：通过游戏中的行为观察是否遵守规则。

中高年级（3—6 年级）

活动主题：“我是法治小记者”环节（1）采访家长或社区工作者“生活中的法律故事”。（2）制作《法治生活报》并在班级展示。（3）评价：采访记录真实性、报纸内容的逻辑性。

路径 2：项目式学习（PBL）

策略：以真实问题驱动，完成法治主题项目。

活动主题：四年级《网络新世界》+法治实践环节（1）课堂环节：讨论“网络游戏充值是否合法”。（2）实践任务：分组设计《班级网络公约》，录制“防沉迷”短视频发到家长群。（3）评价：公约的合理性、视频的创意性（同学投票评选最佳作品）。

路径 3：角色体验与模拟

策略：通过角色扮演深化法治理解。

示例活动：模拟“小小法官”环节（1）教师提供简单案例（如“同

学偷拿他人物品”)。(2) 学生分组扮演法官、原告、被告，讨论处理方案，最后对比真实法律条文。

二、评价设计

采用“三维评价法”：包括知识掌握、实践参与、情感态度。

表 10-2

评价维度	具体方式	工具示例	生评
知识掌握	法律常识问答、案例分析题，如“遇到校园欺凌该怎么办?”	课堂小测验、思维导图作业	
实践参与	观察记录活动表现（如小组合作、任务完成度)、成果展示（海报、视频、调查报告)	rubric 评分表、活动照片集	
情感态度	自我反思日记（如“我学到的法律知识”)、同学互评（“谁在活动中最遵守规则?”)	问卷调查、成长档案袋	
备注:			

特色评价工具：

“法治小公民”勋章：根据综合表现颁发“守法小卫士”“公益小达人”等称号。

实践积分卡：完成一项任务（如采访警察叔叔）获得积分，兑换奖励。

以上活动融合活动在实施时要注意趣味优先，用绘本、动画形式的导入，避免说教化。活动中要注意安全第一：校外实践需家长或社区人员陪同，提前规划路线。要注意家校协同：布置亲子任务，如“和爸爸妈妈一起查找家庭中的法律（如《中华人民共和国义务教育法》)”。通过设计以上活动，小学生能在“做中学、玩中学”，将法治知识转化为实际行动，同时通过多元评价激发持续学习的动力

典型案例

践礼养德：关于“海州区小学校门口学生流连于地摊货周围现象”的调查报告

项目学校：江苏省连云港师专三附小

参加班级：四年级 5 班　六年级 1 班

参加人数：103 人

指导教师：吉海荣、张钺

连云港师专三附小四年级5班开展的关于“海州区小学校门口学生流连于地摊货周围现象”的调查始于2022年5月4日，并于2023年4月10日前结束。通过同学们开展的一系列活动，取得了较好的效果，从而增强了连云港市小学生不买地摊货，不在地摊上流连聚集，规范学生行为和增强学生身心健康起到了重要的作用。现将有关具体活动步骤汇报如下：

一、确定选题

在德法活动课上，我告诉学生，生活中有些事情并不都是尽如人意的，特别是人为引起的问题大多数是可以避免的。如交通堵塞问题，垃圾分类问题，学生提早骑自行车，生态环境恶化等问题，同学们可以像大人一样去关注、质疑并促成这些问题的解决。

我们身边究竟有哪些需要解决的问题呢？课后，同学们带着照相机深入社会进行调查，并与家长、邻居、社区成员一起讨论，很快找到了很多问题。

连云港师专三附小法治案例研究

问题票数	得票数	备注
生态环境恶化	㉗	
随处乱丢垃圾现象	㉓	
在校门口地摊上买东西	㊴	①
垃圾分类问题	㉜	②
随便乱贴广告	㉖	
物种减少	⑯	
噪声污染	⑮	
未满12周岁独自骑自行车上学	㉛	③

四（5）全体同学投票，确定研究问题

我和同学们开了个选题会。要求每一个同学针对自己选择的问题向全班阐述理由，包括资料介绍、采访、调查、统计数据等，从各方面说明研究此问题的严重性和解决问题的可能性。然后请全班同学进行投票，经过层层筛选，最后确定关于“海州区小学校门口学生流连于地摊货周围现象”作为本班道德与法治实践活动研究范围，以此加强连云港市城市管理，维护儿童身心健康安全意识的重视。

二、背景与理念

同学们提出，在上下学校门口的路上，经常看到许多摆地摊的现象，尤其是我们连云港市海州区一些家长把孩子送到校门口附近就直接回去了，一些孩子家离学校近是自己步行上学的，还有一些大孩子是自己骑车子上学的，他们每天早上、中午早来一些就会围在学校门口的小摊贩套圈、抽奖、围观买零食、玩具等，孩子缺乏食品安全和人身安全防护意识。同学们希望通过自己的调查研究来引起大家，特别是接送孩子的家长对这一问题的关注，从而加强城市管理部门的规范管理，引起学校老师和家长对学校附近摆地摊现象的重视。

1. 了解校门口摆地摊的危害

（1）校门口地摊会投学生所“好”，有的家长无法给孩子做早餐，70%以上的小摊上卖一些廉价的“三无食品”，满足有的孩子早上没有吃饭的问题；孩子不了解这些“三无产品”的来历和害处，长期食用不利于身体的健康和发展。有的地摊摆在大路两旁，严重干扰孩子上下学道路交通顺畅，造成拥堵，很不利于城市管理有损全国文明城市形象建设。

（2）校门口小地摊会卖些男孩子喜欢玩的刀具、剑类、针状等玩具，迎合了男孩子喜欢好斗挑衅的心理，有的孩子悄悄买些刀具带到学校，隐蔽性和危险很大，超过80%的伤害事故是和携带伤害性玩具有关。小摊上还卖些女孩子喜欢的所谓“水晶泥”，这些“水晶泥”美其名曰“减压泥”，学生为其颜色鲜艳所迷惑却不了解水晶泥的毒性，其不仅对身体不好，还有严重污染环境，掉在地上无法清除造成环境污染。

（3）校门口地摊小摊贩用套圈、抽奖等形式吸引孩子，利用孩子的侥幸心理，孩子们会围观参与套圈等活动。有的孩子身上没钱会偷偷拿家里的钱去套圈，有的孩子会伙同其他孩子一起趁着大家围观人多的机会，联合起来偷偷摸摸把摊上的物品“摸”走，这样不利于孩子的心理发展和良好行为的培育，从长远来说校门口摆地摊不利于孩子的品德成长。

2. 分析校门口摆地摊的现状及原因

（1）家长忙于生计，忽略孩子的健康和成长指导。

那些到地摊上购买食品的大多是因为家长忙于生计，无法及时满足孩子的早餐需求，给点钱孩子自己解决早餐问题。而且这些孩子要么是独自步行上学放学的，大多是未满12周岁就独自骑自行车上学放学属于无人管控状态，也有很大安全隐患。也有的人为了给孩子买些红领巾以及一些文具方便，常会光顾地摊货。

（2）大家习惯了门口小地摊，没有发现隐患。

抱着“不干不净，吃了没病”的观念，很多家长没有发现校门口摆地摊的食品安全和刀具制品会造成人身安全的隐患。很多家长也常常会吃辣条等一些“三无”食品，他们觉得吃点没啥。家长也不知道水晶泥有毒性，觉得孩子有东西玩就不惹事很安全。很多学生是家里老人接送，比较疼爱甚至是溺爱孩子，会给孩子的零花钱，满足孩子的一些不合理的要求，造成有钱逛地摊的现象。

(3) 城市管理部门没有引起重视，监管力度不够。

连云港市 2020 年 12 月在创建全国文明城市过程中对于路边摊贩的管理还是非常有力度的，也产生很好的效果。创文一阵风过后，对于城市路边摊有点睁一只眼闭一只眼的心态，没有积极跟进督促检查力度明显下降，所以造成路边摊死灰复燃。一旦创文复检又能暂时保持良好，复检过后又维持原样，其实这还是经济意识战胜生命意识在作怪，有关部门的短视行为，没有为孩子的未来身心健康考虑造成的。

3. 相关法律法规学习

(1) “三无食品”：《中华人民共和国食品安全法》第 68 条规定“食品经营者销售散装食品，应当在散装食品的容器、外包装上标明食品的名称、生产日期或者生产批号、保质期及生产经营者名称、地址和联系方式等内容”，如果不具备上述应标注的内容，即是“三无”食品。

(2) 法律责任：《中华人民共和国民法典》第 1203 条规定：因产品存在缺陷造成损害的，被侵权人可以向产品的生产者请求赔偿，也可以向产品的销售者请求赔偿。产品缺陷由生产者造成的，销售者赔偿后，有权向生产者追偿。因销售者的过错使产品存在缺陷的，生产者赔偿后，有权向销售者追偿。

(3) 违章罚款：《中华人民共和国食品安全法》第 123 条规定：“违法生产经营的食品货值金额不足一万元的，并处十万元以上十五万元以下罚款；货值金额一万元以上的，并处货值金额十五倍以上三十倍以下罚款；情节严重的，责令停产停业，直至吊销许可证。”

《中华人民共和国消费者权益保护法》第 55 条规定：经营者提供商品或者服务有欺诈行为的，应当按照消费者的要求增加赔偿其受到的损失，增加赔偿的金额为消费者购买商品的价款或者接受服务的费用的三倍；增加赔偿的金额不足五百元的，为五百元。

(4) 处罚力度：《江苏省城市市容和环境卫生管理条例》第 50 条规定：“擅自占用道路、人行过街桥、人行地下过街通道、地铁通道以及其他公共场地摆摊设点的，责令停止违法行为；继续违法经营的，可以暂扣其兜售的物品及其装盛器具，处以二十元以上二百元以下罚款。”

(5)《连云港市市容和环境卫生管理条例》第 24 条规定：任何单位和个人不得擅自占用城市道路、桥梁、地下通道以及其他公共场地摆摊设点、加工制作。违反前款规定的，责令停止违法行为；拒不停止的，可以扣押其兜售的物品以及实施违法行为的工具，处以五十元以上二百元以下罚款。

三、实践与创新

在多渠道收集到大量资料的基础上，课题组重新分成五个小组，每一小组负责编制方案的一个部分。

第一小组：问题组。通过对“海州区小学校门口学生流连于地摊货周围现象”一段时间的调查取证，确定了所要研究的问题，并就该问题展开更深一步的调查。

第二小组：政策组。通过在网络、报刊、图书等媒体上寻找关于国家、地方对校门口摆地摊这一问题的法律法规，为此有的同学还走访了市城市管理局和工商管理局，以及向市政协委员询问如何应对的方法，在采访城市管理局领导的过程中，我们也了解到连云港城区校门口摆地摊非常严重。

第三小组：探究组。通过小实验和查阅资料的方法，探究“三无食品”的危害，通过实验的方式探究“水晶泥”的毒副作用。俗话说“百闻不如一见，口说不如身行”，学生在实践实验中，深深地感受到“三无食品”和水晶泥的危害。

1. 搜集新闻，探究关于使用“三无”食品中毒的现象

2022 年 3 月 29 日，贵州织金县八步镇某校 86 名学生在食用早餐后集体出现疑似食物中毒症状。八步镇纪委书记王子铭称，该早餐属于农村义务教育学生营养改善计划，本周一开始实施，营养餐主要包括来源不明的“三无”产品，牛奶和面包。

2. 了解“三无”食品生产流程。同学们还搜集“三无”食品制作的环境视频，发现“三无”食品存在的危害，他们面对“三无”食品的生产环境视频中卫生环境的恶劣，有的人竟然用脚来压制这些食品，生产车间和厕所紧挨着。看了这些视频后，同学们纷纷表示不再吃这些“三无”食品了。

3. 探究水晶泥的危害。一位同学用水晶泥做了实验，他把水晶泥泡在水里，用水晶泥泡过的水给小草浇水，结果不久小草就蔫了，甚至是枯萎了。虽然水晶泥里放了芳香剂，但是里边的毒性依然不会减少，只会迷惑孩子们，没法去毒的。

第四小组：方案组。在第一、第二小组研究的基础上，本小组经过讨论，终于制定出了有效制止连云港市校门口不摆地摊和倡议同学们不买地摊货的行动方案。

1. 加大城市管理校园门口检查的频次和惩罚力度。建议像查处车辆违停一样，采取积分制度，增加校门口摆地摊现象的监控查处力度，达到一定的次数增加罚款金额。处罚不是目的，让人人都遵守城市管理法规，不摆地摊，才是我们所需要的结果。

2. 加大学校学生不买路边摊的宣传教育活动，呼吁学生不要过早到校，把大家探究“三无食品”、水晶泥和刀具等的危害通过班级班队会和校园大屏幕宣传到班级的每个学生。呼吁大家互相监督，形成班级发现买路边摊人人批之，发现有同学违规扣除红花表里积分等形式，促进孩子们形成良好的饮食、行为等习惯。

3. 地方政府部门应结合本地的实际情况，利用居委会等机构进行积极宣传，让人们认识到摆地摊给孩子的身心健康带来的危害，加强市民的市容管理能力和水平。

4. 发动全校学生的宣传力量，每位学生到家宣讲家长一封信，提醒家长做好孩子的金钱的管理意识，早上做好每一顿早餐，把孩子送进校门口。家长以身作则不买路边摊，给学生做一个好榜样，坚持下去就能打造良好的校内外环境和良好的市容市貌，真正为国家级的文明城市增光添彩。

第五小组：行动组。通过讨论制定了小组行动计划。

1. 利用每周国旗下讲话，师专三附小四5班和六1班面向全校同学发出倡议，遵守食品安全法规，遵守民法典要求，不在校门口设摊点，学生不够买地摊货物。利用道德与法治课时间到文昌社区街道向市民作广泛宣传。

2. 利用家长学校进行采访调查，利用家长委员会、借助各班微信群宣传城市市容与市貌管理条例等法律法规，和政府部门取得联系，进行访谈，对校门口摆地摊现象行为进行阻止的有效措施。

3. 师专三附小与市城市管理部门取得联系，每学期开学初城管办在我校定期举办文明城市管理的法规知识讲座，教育学生以及家长时刻牢记文明购物，不买地摊货。

4. 校内班主任利用班队会积极宣传交通安全常识，细心的“方案组”还在校园内公示栏里张贴食品安全法警示语，时刻提醒大家谨记文明城市创建法规；提醒每天上下学的同学督促家长和自己自觉抵制地摊货。

5. 五组同学轮流出动，和家长一起成立“市容文明与管理志愿者”。在城管办的引导下，利用每星期上放学期间轮流管理校门口摆地摊现象，对摆地摊和购买地摊货的学生进行温馨提醒；在校园内不定期对学生检查。

6. 同学们还亲自对开设地摊的摊贩们进行宣传和劝阻活动，向他们告知“三无”食品的危害，水晶泥、刀具对孩子们造成的危害，希望摊贩们不要再卖这些物品或者不摆地摊。虽孩子们没有执法权限，但是他们一声声“奶奶，假如是您的孙子孙女吃了这些“三无”食品会怎样呢？假如您的孙子孙女玩了这些危险性很强的玩具会怎样呢？”这些灵魂的拷问也许比冷冰冰的执法更有温情，更能触动这些地摊贩们的内心深处的柔软地带。

四、成效与范式

1. 举行听证会：

2022 年 9 月 8 日我们邀请了市政协委员和城市管理局领导和学校的部分领导参加了听证。每个小组都进行了精彩的汇报，大家畅所欲言，把看到的、想到的都大胆地与在场的每位听证人员进行项目交流。

当听证员问：(1) 你们为什么会选择这个主题？(2) 你们在研究过程中遇到哪些困难，是怎样克服的？(3) 你们向市城市管理局和工商管理局提出了什么意见？他们采纳了吗？(4) 你们为预防学校门口不摆地摊开展了哪些活动？同学们面对专家的提问，胸有成竹，说得头头是道，把自己在活动中的具体做法，具体行动，真实感受，深刻体会都一一如实道来，在场所到人员都露出了满意的微笑，台下的老师同学也被深深吸引了。

城市市容与管理听证会和模拟政协听证会

学生拟定采访政协委员的问题有：(1) 阿姨您好！您是我们连云港市的政协委员，请问政协委员是如何履职的？(2) 政协提案听起来非常高大上。您能介绍一下政协提案对我们的日常生活有什么影响吗？(3) 我们学校门口有小摊贩围堵状况，我们是否可以以政协提案的方式反映上去？

市政协委员樊女士非常开心地回答孩子们的问题，还鼓励我们说："你们能够关注到身边的不和谐现象，这是非常值得表扬的。政协提案是有特定主体要求的，要求反映人必须是政协委员、参加政协的各党派、各人民团体、政协各专门委员会等。你们还是小学生，不符合直接提交提案的条件。我作为政协委员，可以把你们的诉求融入我的提案当中，把你们的意见建议反映给相关部门。"

在市政协委员樊女士的指导下，同学们采用模拟政协听证会的方式，把自己的探究过程和发现向政协委员汇报，并在学校领导和政协委员的指导下，形成提案，向市政府有关部门反映上去。提高了同学们参与社会的能力，了解并提升了学生解决问题的能力。

2. 活动反馈：

将近一年的活动结束了，校园门口摆地摊现象有没有得到更好地控制，具体情况如何？

(1) 方案组的建议得到了城市管理领导的电话反馈：对这几位学生的做法，进行了鼓励和表扬，并明确表示，在政协提案反馈中，市里领导在颁布新的《连云港市容和市貌管理条例》中会慎重考虑同学们的建议。不得不说，城市管理部门的这种做法是非常积极的，也是特别温暖人心的。

(2) 针对本市市民在校门口摆地摊无视法规、罚款的情况，连云港城市管理局和工商管理部门联合开展行动，对校园门口摆地摊现象管理加大了执法力度，在市区很多校门口及监控上做了一定的努力，增派城管人员进行集中整治。

四、思考与展望

1. 利用听证会结束后的一周时间，指导学生对本次法治教育实践活动进行反思，主要根据以下问题进行思考总结：

(1) 我个人对《中华人民共和国食品安全法》《中华人民共和国民法典》《城市市容和环境卫生管理条例市容》有了什么了解？我们自己会主动更多地了解法律法规知识吗？

(2) 我提高了什么技能？你觉得小组合作的优缺点是什么？

(3) 我们该如何提高解决问题的技能？

2. 反思交流：让学生以日记和周记的形式将自己独特的感受和体验记录下来，在班级进行交流。

概括起来主要有以下几方面：

(1) 全面提升了学生的素养和必备品格

道德与法治综合实践活动强调学生自主学习，在活动中亲身体验，亲历知识探究的过程，学会合作，促进个性发展。让学生学会交流，学会思考，思考问题和解决问题的能力得到提升。

四5班49名同学，六1班52名同学参与的“连云港城区校门口摆地摊现象”调查，通过组织学生调查、访问活动，引导学生走向社会，接触社会，是对学生进行道德综合教育的重要途径。调查、访问能让学生与真人实物直接接触，更具有直观性。小学生社会生活范围狭小，对于课堂上所学的知识缺乏亲身体验，通过实地调查、访问可以帮助学生掌握课堂学习的知识，还能增加学生的见闻，开阔学生的眼界。

那一篇篇活动后的日记、采访记录、调查问卷、手抄报在活动中由于定期召开小组研讨会，交流成功的经验，分析失败的原因，寻求解决问题的办法，同学们写出了所见所闻，所思所想，有成功的经验，也有失败的教训，这样的成长经历是终身受用的。

(2) 促进家庭、学校、社会教育合力

在几个月的道德教育实践活动中，老师们都是当配角，在学生遇到困难和疑惑时给予必要的帮助，同时引导他们找出解决问题的办法，与学生共同经历，共同成长。由于实践活动研究涉及面广，教师也需要社会的帮助，家庭的配合，社会的支持。公民意识得到了加强，能力也得到了锻炼，活动得到了市城管局和环保局以及工商管理部门的帮助，还有市政协委员的鼓励和帮助，孩子们参与到社区宣传倡议书，和摆地摊的摊主进行劝说等等，充分体现了同学们不仅善于发现问题，还学会了提出解决问题的对策建议，见解独到、建议可行，要具有科学性、前瞻性和可操作性。促进了家庭、学校、社会的合力教育。

(3) 取得了一定的社会效应

同学们通过写倡议书、发放宣传单、制作展板等形式向人们介绍校门口购买地摊货的危害，通过开展小手拉大手活动呼吁人们为了自己和他人的身心健康，不要购买“三无”食品和危险玩具，取得了较好的社会效应。

通过我们的宣传，家长委员会也行动起来，在每班的微信群发出倡议，都认识到学生在地摊购买三无食品和危险玩具的危害。在公民道德教育实践活动中，同学们走出课堂，关注民生，关注社会，这就是公民意识的萌芽。他们会以此为起点，形成对社会和自我的新认识，培养起作为小公民的责任感和参与决策的能力。

附：采访政协委员纪实

问：樊阿姨，您是我们连云港市的政协委员，请问政协委员是如何履职的？

答：政协委员的履职主要有三种方式：第一种是提案，第二种是反映社情民意信息，第三种是大会发言。这三种履职方式，都要求政协委员要做好深入的调查研究工作，真正把问题找准，把情况摸透、把建议提实，向党委、政府建睿智之言、献务实之策，推动问题得到解决。

问：樊阿姨，政协提案听起来非常高大上。您能介绍一下政协提案对我们的日常生活有什么影响吗？

答：政协提案就在我们身边，直接影响着我们的工作生活。比如，同学们最熟悉的双休日制度，就得益于政协提案的推动。早在 1995 年前，我国实行的是单休制度，即每周工作 6 天休息 1 天。相应的，孩子们每周上课 6 天休息 1 天。1995 年初，四名全国政协委员提出《关于尽快实行每周五天工作制的提案》，建议积极稳妥地推出每周 5 天工作制。这个提案得到国务院的采纳，从当年 5 月 1 日起，我国开始实行双休日制度，一直沿用至今。再比如我们熟悉的《小学生字典》的编印、重要节假日高速公路免费通行、教师节的设置，包括连云港高铁建设、港城市民饮用水安全等，政协提案都发挥了至关重要的作用。

问：樊阿姨，我们学校门口有小摊贩围堵状况，我们是否可以以政协提案的方式反映上去？

答：你们能够关注到身边的不和谐现象，这是非常值得表扬的。政协提案是有特定主体要求的，要求反映人必须是政协委员、参加政协的各党派、各人民团体、政协各专门委员会等。你们还是小学生，不符合直接提交提案的条件。我作为政协委员，可以把你们的诉求融入我的提案当中，通过我来把你们的意见建议反映给相关部门。另外，撰写提案需要良好的知识储备，不仅要善于发现问题，更要提出解决问题的对策建议，见解要独到、建议要可行，要具有科学性、前瞻性和可操作性。少年强则国强，你们一定要好好学习，练就成长成才的过硬本领，长大以后成为建设国家的栋梁之材！

第三节 “践礼养德”具身德育绿色环保综合实践

在小学道德与法治教材中，将环保教育与综合实践活动相融合，既能培养学生的生态文明意识，又能通过实践深化知识应用。结合道德与法治教材，融入综合实践学习方式，学生在节水节电、垃圾分类等环保活动中开展了深入的实践活动，以下是具体的策略路径及评价设计建议。

一、活动融合策略与路径

1. 课程内容整合

教材渗透融合：结合道德与法治教材中关于“环境保护”“可持续发展”等主题（如四年级下册《我们的地球》等单元）。设计综合实践任务。（1）分析社区垃圾分类现状，提出改进方案；（2）模拟“生态法庭”辩论环境污染案例。（3）“跨学科联动”：与科学（生态系统）、语文（环保主题写作）、美术（废旧物改造）等学科合作，开展项目式学习。

2. 实践活动设计

分层活动：低年级：通过观察自然、种植绿植、制作环保标语等简单活动培养感性认知；高年级：开展实地调研（如水质检测）、设计环保倡议书、参与社区宣传等。

情境模拟：（1）通过角色扮演（如“地球医生”诊断环境问题）（2）游戏化任务（如“绿色积分挑战”）增强参与感。

3. 资源开发与利用

（1）本土化案例结合本地环境问题（如河流污染、空气治理）设计课题，增强现实关联性。（2）家校社协同：邀请环保工作者进课堂，组织参观污水处理厂；家长参与家庭节能打卡活动。

4. 技术赋能实践

利用数字化工具（如环保 App 记录碳足迹、无人机拍摄周边环境）提升探究深度。

二、评价设计

1. 多元评价主体学生自评（反思日记）、小组互评（合作贡献度）、教师评价（目标达成度）、家长/社区反馈（实践参与度）。

2. 过程性评价工具

（1）成长档案袋：收集活动照片、调研报告、改进建议等，体现阶段性进步。（2）量规表（Rubric）：从“知识理解”“实践能力”“社会责任感”等维度制定分级或星级评价标准。

3. 成果展示与反思

（1）举办“环保博览会”展示作品（如再生纸工艺品），通过演讲、情景剧汇报成果；（2）引导学生撰写“行动反思”，思考个人行为与环保的关系。

4. 增值性评价

（1）对比活动前后学生的环保意识变化（如问卷调查）（2）行为习惯改善（如家庭用电量减少数据）。

以上活动在实施时要注意体验而非说教，通过真实问题激发学生主动探究，避免空洞口号。要注意差异化指导，针对城乡学生不同生活环境调整实践内容，如农村可侧重农田生态，城市聚焦垃圾分类。要注意长效机制，将环保实践纳入校本课程或社团活动，确保可持续性。通过以上策略，既能落实道德与法治学科的核心素养（如法治观念、责任意识），又能培养解决问题的综合能力，实现“知行合一”的育人目标。

案例 1

践礼养德：连云港市海州区垃圾分类实施情况调查与实践探索

参加班级：四（5）班　六（1）班

参加人数：112 人

指导教师：吉海荣 张钺

活动实施时间：2023 年 2—6 月

实践活动过程：

《连云港市垃圾分类读本》实施以来，我校道德与法治教师和综合实践教师纷纷开展对学生的指导实践活动，指导学生如何做调查、如何采访、如何制定方案，孩子们的积极性非常高涨。他们开展了“连云港海州区垃圾分类处理情况调查与实践探索”活动。

一、制定连云港海州区垃圾处理现状调查与实践方案

2023 年 4 月，我们为了了解垃圾的“前世今生”之后，大家对垃圾处理的现状又知晓多少呢？让我们观察学校、调查家庭、考察社区、融入社会，开启一次有意义的调查之旅吧！

课堂探究并形成“关于连云港海州区垃圾处理情况”的调查方案指导。教师在课堂开展垃圾分类知识培训和综合实践活动指导，结合自己平时的观察，你觉得垃圾分类处理的现状如何呢？先小组内交流，形成方案，然后在班级分享自己的观点。

表 10-3　“关于连云港城区垃圾处理情况的调查”活动方案表

________小组　　组长________

<table>
<tr><td colspan="2">我们研究的课题</td><td></td><td>指导教师</td><td></td></tr>
<tr><td colspan="2">小组成员</td><td colspan="3"></td></tr>
<tr><td rowspan="5">研究过程</td><td>活动时间</td><td>研究内容（步骤）</td><td colspan="2">负责人（分工）</td></tr>
<tr><td>①</td><td>垃圾分类知识我们宣传</td><td colspan="2"></td></tr>
<tr><td>②</td><td>家庭垃圾分类处理情况</td><td colspan="2"></td></tr>
<tr><td>③</td><td>校园垃圾分类处理情况</td><td colspan="2"></td></tr>
<tr><td>④</td><td>社区垃圾分类处理情况</td><td colspan="2"></td></tr>
<tr><td rowspan="2">预期成果展示</td><td colspan="4">供参考研究方法①上网查找②图书馆查找③调查问卷④采访，访问⑤实地考察⑥小实验⑦其他⑧</td></tr>
<tr><td colspan="4">①PPT②手抄报③图片④表演⑤视频⑥儿歌⑦ 朗诵⑧其他</td></tr>
</table>

我们的评价★★★

①小组能运用三种以上方法开展活动，展示效果多样化，有实效，感受深。★★★

②小组能运用两种方法开展活动，展示效果多样化，较有实效，感受较深。★★

③小组能运用一种方法开展活动，展示效果多样化，有些实效，有感受。★

二、“连云港海州区垃圾分类情况调查与采访”实践

学生在老师的指导下分组开展垃圾分类调查表、采访表与考察表的制定，并分组开展活动。

1. 制定“学校垃圾分类情况实地考察表”

经过讨论和探究，同学们制定出关于“校园垃圾分类情况”的实地考察

（1）考察我们学校有多少个垃圾桶？

（2）学校有垃圾分类垃圾桶吗？

（3）学生每天是分类投放垃圾的吗？

（4）我们有垃圾分类的意识和行动吗？

调查与考察后我的感受是：____________________

2. 探究并形成关于“家庭与社区垃圾分类情况”的问卷调查

孩子们对垃圾分类的话题非常感兴趣，积极参与到垃圾分类的问卷调查设计中去，并且利用课余时间积极开展调查采访活动，收到不小的收获。

关于“家庭与社区垃圾分类情况”的问卷调查

亲爱的同学们，下面想调查了解一下你对垃圾分类的了解情况，请您如实作答，结果不作为任何考核所用。请把你的选择填在括号里。

1. 你知道什么是垃圾分类吗？(　　)

A. 知道　　B. 不知道

2. 垃圾可以分为哪几类？多选（　　）

A. 可回收垃圾　　B. 厨余垃圾　　C. 有害垃圾　　D. 其他垃圾

3. 你们家的垃圾会分类投递吗？(　　)

A. 常常会　　B. 有时会　　C. 不会

4. 你知道为什么要进行垃圾分类吗？多选（　　）

A. 减少土地侵蚀　　B. 变废为宝，有效利用资源

C. 减少环境污染　　D. 提高经济价值

5. 你们家会通过什么方式进行垃圾分类呢？(　　)

A. 小区的分类垃圾桶　　B. 小区智能垃圾分类装置

C. 其他________（写下来）　　D. 没有分类的垃圾桶

6. 你觉得你们社区垃圾分类有什么不足的地方呢？(　　)

A. 分类垃圾桶无人监管，很多大人没有垃圾分类知识会乱投垃圾，做不到正确垃圾分类

B. 小区智能垃圾分类装置可回收垃圾是存放在一起的，没有做到分类存放还需要二次分类

C. 其他不足________________（写下来）

D. 社区没有可以分类的垃圾桶。

6. 你对家庭和社区垃圾分类有什么建议或金点子吗？

我的建议是：(1)____________________

(2)____________________

谢谢您的配合！

2023 年 4 月 24 日

3. 制订家庭垃圾分类情况采访单

表 10-4 家庭垃圾分类情况采访单

除了用眼睛观察外，我们还可以采访一下家人，从他们口中了解家庭垃圾的处理方式、处理效果、处理中存在的不足，以及他们对家庭垃圾处理现状的看法等。

采访目的	了解家庭垃圾的处理方式、处理效果、处理中存在的不足，以及他们对家庭垃圾处理现状的看法
采访对象	家人爸爸或妈妈
采访方式	面对面采访
人员分工	
问题设计	
①	请问您觉得家庭垃圾什么样的处理方式好呢?
②	您觉得家庭垃圾在处理的效果如何呢?
③	您觉得家庭垃圾在处理中存在的不足是什么呢?
④	你们对家庭垃圾处理现状的看法是什么呢?
记录工具	
注意事项	采访过程中，注意过渡语的使用，适当追问。

4. 环卫工做环境调查采访，实地考察等活动

为了更进一步了解有害垃圾的处理，我们可以采用实地考察、采访等形式进行。找一找学校或者居住地附近有没有垃圾中转站或者垃圾处理厂等垃圾处理场所。活动前制订活动策划表是至关重要的，快快行动起来吧！

表 10-5 “走进垃圾处理站”考察活动策划表

考察内容			
时间			
地点		地点	
人员			
考察方式			
物品准备			
活动路线			
困难预设			
备注			

二、垃圾分类调查、采访后我们的发现与建议

通过前期垃圾分类在家庭、学校和社区的调查、采访和实地考察，大家统计汇总发现以下几点问题和情况：

1. 考察我们学校垃圾分类情况。发现每个班级最少一个垃圾桶，学校大的分类垃圾桶11个。学校虽然有垃圾分类垃圾桶，但是学生每天基本上不是分类投放垃圾的。我们学生有垃圾分类的这种意识，但行动力不足，很少是进行垃圾分类的。我们学校不重视垃圾分类的实践和行动。

我们的建议：我们每个班级应该重视垃圾分类，把一部分垃圾，尤其是纸类和塑料瓶作为可回收垃圾进行单独投放，积累到一定时间后，可以投放在小区的智能垃圾分类设置中，获得一定的资金，用来鼓励自己的变废为宝行为。而一部分不可回收垃圾按位置投放。

2. 家庭和社区垃圾分类情况调查问卷统计情况表

(1) 连云港海州区小区有垃圾分类智能回收站的只有（50）台，占比(18%)

通过调查大家发现，“小黄屋”智能垃圾回收站20台。智能垃圾分类设置分布的小区有：秀逸苏杭（8台）、东方瑞园、青岛花园、顺安馨城、东方领秀、文彦山庄、天景美地、名豪天台苑、祥源锦绣园等小区

其中爱拉智能垃圾回收站30台，调查班级学生家庭所在的小区有智能垃圾分类设施的有：班级学生家所在小区有智能垃圾分类回收站的有：兴业时代花园、香豪凯旋广场小区、香溢世纪花城、平高府邸小区、润城东方、同科小区、一品苑和三禾等小区

(2) 了解垃圾分类知识情况占比100%

大家知道垃圾分为可回收垃圾、厨余垃圾、有害垃圾和其他垃圾等四类，并知道垃圾分类的好处是减少土地侵蚀，变废为宝，有效利用资源，减少环境污染；提高经济价值等作用。

(3) 家庭垃圾能做到垃圾分类投递的情况为：

表10-6

调查项目与分类	常常会	有时会	不会
家庭垃圾能做到垃圾分类投递的情况	81%	18%	1%

(3) 你们家会通过什么方式进行垃圾分类？

通过小区的分类垃圾桶分类的占比88%。通过小区智能垃圾回收站的占比11%通过其他方式，保洁阿姨来进行分类的占比1%。

(4) 你觉得你们社区垃圾分类有什么不足的地方呢?

认为分类垃圾桶无人监管，很多大人没有垃圾分类知识会乱投垃圾，做不到正确垃圾分类，这种情况的占比98%；认为不足是因为小区里没有智能垃圾分类回收站的占比2%。

(5) 你对家庭和社区垃圾分类有什么建议或金点子吗?

建议大多为：①家庭也应该对垃圾有分类垃圾桶；②社区应该有人看管分类垃圾；③家庭和社区为了大家能够正确垃圾分类，需要开展垃圾分类培训，加强垃圾分类意识的教育；④多设置智能垃圾分类回收装置；⑤应加强垃圾分类的宣传，让大家把垃圾分类放在心上；⑥在家里放四个垃圾桶，分别是有害垃圾（放在门口)、可回收垃圾（放在客厅)、厨余垃圾（放在厨房)、其他垃圾（每个房间一个)；⑦当家长或其他人乱扔垃圾时，及时阻止；⑧准备不同颜色的垃圾袋分类：红色的有害垃圾，绿色的可回收垃圾，黑色的不可回收垃圾、黄色的其他垃圾。

三、垃圾分类创意新点子与实践

1. 通过调查、采访以后，学生们针对出现的问题，提出自己的创意新点子。

开展垃圾分类倡议书学校与社区宣传活动。

学生们针对调查后的结果，他们决定要对垃圾分类知识多加宣传，纷纷组织学生走上学校内和社区，开展垃圾分类宣传活动。

2. 模拟政协提案（法律）寄给市政府

同学们还积极把他们调查的情况向政协委员告知并向他们请教，如何把垃圾分类的行动落实在家庭、社区和学校之中。他们提出了一些建设性的意见和建议，比如开展一些垃圾分类知识讲座培训，增设一些法律条文，保证垃圾分类的有效实施等建议。政协委员对我们的建议非常重视，筹备并考虑把部分建议提交上去，以期获得支持。

3. 采访校长，希望得到校长的重视与支持

学生针对学校垃圾分类情况，采访了我校董自明校长，提出问题，并请董校长说一说关于我校垃圾分类有什么想法和行动指示等。董校长亲切地说："垃圾是放错地方的宝贝，垃圾分类就是变废为宝的好妙招啊！我们学校一定要在垃圾分类做出努力的。"

4. 高年级学生教低年级学生垃圾分类

为了把学校的垃圾分类工作做到位，六（1）班的大哥大姐主动到一二年级指导小朋友，告诉他们什么是垃圾分类，如何做到垃圾分类，学校的垃

圾分类主要是教室里要增加一个可回收垃圾箱，可以装些废纸和废塑料瓶等可回收物。这样可以废物利用，真正发挥垃圾的回收再利用。孩子们对待垃圾分类的积极性很高。

5. 采访垃圾中转站环卫工人

针对垃圾分类情况，学生主动到海州区东盐河垃圾中转站去采访了环卫工人一天的劳作情况。通过采访大家了解了环卫工人每天早上五点钟就要到达清扫地点，垃圾中转站的工作人员要每天三点钟就要到位，到达小区把垃圾托运到垃圾中转站进行处理。

四、活动成果与评价：

1. 活动锻炼了孩子们深入生活的勇气和智慧，学会了发现问题和思考问题。

从以上垃圾分类情况调查和实践中，孩子们发现垃圾分类的意义非常重大！

学生利用情景剧表演的方式表现了生活中在垃圾分类方面出现的不协调现象：一个非常执着认真的垃圾分类“专业户”他们天天都是认认真真地执行垃圾分类的实践，把家中所有的垃圾分门别类地装在不同的垃圾桶里。结果有一天他发现，他好好分好类的垃圾被处理垃圾的工作人员又一股脑地合在一起，装在了垃圾车。瞬间他蒙圈，为什么会这样？不是让我们分类放垃圾吗？为啥在收的时候违背初衷了呢？

大家提出建议：我们希望把这一现象向政协委员反映，通过他们提案表达，说明垃圾分类的真正实施，需要领导上层的重视和规划，不是简单地发一个文件就可以了事的，需要各部门如城管办、环卫所、环保局等联合执法，通过法律的形式形成条文，并有执法力度比较大的部门进行执法，才能把垃圾分类执行到位。就像骑电瓶车要戴头盔一样，如果发现不执行垃圾分类的，（可以参考日本垃圾分类的有关法律条文）可以罚款或者不准扔垃圾等方法，促进垃圾分类的进一步实施。

2. 学校开展班级垃圾分类活动有成果有成效

学生们思考，在班级里如何开展垃圾分类，他们经过商议后，自己动手制作班级可回收垃圾箱，搜集班级产生的废纸，买了一个可回收垃圾可以存储一些纸类和塑料瓶之类的垃圾，存满以后集中卖出去，作为班级班费，买一些有益的书来阅读，让垃圾变废为宝。

3. 开展家庭和社区垃圾分类行动有实施有收益

家庭垃圾分类，很多孩子在家用快递盒自制了垃圾分类箱。用来做垃圾分类装置，学生的积极性很高。还有的小区有智能垃圾分类设置的，就直接投放到垃圾箱内，采用手机联网的形式，参与社区智能垃圾分类回收站活动，垃圾分类所得收入以积分的形式反馈在手机里，很多孩子受益良多。

4. 走向社会“一日环卫工人”体验，感受垃圾分类的艰巨性。

“一日环卫工人”体验活动，小志愿者们来到东盐河路海州区垃圾中转站，在环卫工人的指导下，拿起扫把清扫垃圾的时候，鼻子里闻到的是难闻的腐烂恶臭味，手里拿着粗大的清扫工具，地上的垃圾有的沾上了水，很难清扫。他们体验到了垃圾工人的辛苦，感受垃圾分类的重要性和必要性。

一日环卫工人体验活动

5. 垃圾分类手抄报和宣传语标语大赛，星语心愿。

6. 多元评价促进垃圾分类活动的可持续性发展

表 10-7　我的活动评价表

评价内容	自我评价	同伴评价	老师评价	家长评价
	★★★	★★★	★★★	★★★
主题确定明确				
勤于资料搜集				
问卷调查实效				
积极参与考察				
乐于同伴合作				

活动结束了，你的表现如何呢？邀请同学和家长一起来评价一下吧。

表 10-8

方式	评价内容	评价结果（请把选择后答案在内涂黑或用语言描述出来）
自我评价	1. 你对这次的实践活动是否感兴趣？	☞感兴趣 ☞不感兴趣 原因：
	2. 你认为自己能积极主动地参与实践调查活动吗？	☞积极 ☞一般 ☞不积极
	3. 你能否与其他小组成员愉快合作？	☞有时 ☞可以 ☞不能
	4. 你在这次活动中具体做了哪些工作？	
	5. 通过这次活动，你最大的收获是什么？	
学生评价	1. 他（她）是否能积极主动参与这次活动？	☞能 ☞不能
	2. 他（她）能否与其他小组成员愉快合作？	☞能 ☞一般 ☞不
	3. 他（她）在活动中具体都做了哪些工作？	
	4. 遇到困难时，他（她）是怎么做的？	☞想办法解决 ☞不管不问
家长评价	1. 您认为您的孩子能否积极主动地进行实践调查？	☞能 ☞不能 ☞不知道
	2. 在活动前后，您认为您的孩子有哪些变化？	
	3. 对于今后的实践活动，您想对孩子说什么？	
	4. 您想向指导老师说什么？	

从以上活动可以看出：（1）孩子们和家长都在动脑筋思考垃圾分类这个话题了，亲自参与了方案的设计与问卷的制定，并且提出的建议非常有指导意义。（2）可以看出大家参与垃圾分类的意识非常强烈，希望从教育培训、制度建设等方面提出了合理化的建议，非常不错。（3）调查的真实性和参考性非常有效。真实地反映了连云港城区的垃圾分类状况。（4）孩子们的社会实践能力得到了提升，善于发现问题，提出问题并想办法及解决问题的意识和能力得到提升。

通过活动评价表和家长、老师、自我、同伴等多元评价，促进学生的垃圾分类实践活动在深入持续地开展和进行中发挥不可估量的作用。强化了垃圾分类的知识，增强了垃圾分类的意识和行为实践。

案例 2

践礼养德：节水文明我探究我践行

活动主题：践礼养德：节水文明我探究我践行

活动学校：连云港师范高等专科学校第三附属小学

参加班级：二（1）六（5）

参加人数：112 人

指导教师：吉海荣　张钺

一、节水活动过程介绍

大人们常说，水是生命之源，我们现在很缺水，我们要节约用水。可是，我们一打开水龙头就有源源不断的水流出来呢，怎么会缺水呢？我们真的缺水吗？如果缺水，我们又该怎样节水呢？带着这些问题，我们在老师的带领下，走进《连云港市小学生节水文明行》读本，开始了探究水、节约水的文明实践行动。

1. “我们缺水吗？”资料我搜集

2. 探究水的小实验：

看，今天老师带我们来认识小水滴家族啦！我们在把水和牛奶、饮料、酱油等液体进行区别，学生们看一看水和其他饮料的颜色不同，闻一闻水和其他饮料气味的不同。在小实验中，感悟原来水喝牛奶、饮料、酱油等液体是不同的，通过问一问、看一看、尝一尝就可以知道水是无色无味透明的液体

我们和老师一起提出了“节水文明我践行”活动主题。老师带我们学习了“节水读本”。老师说起我们地球是个缺水的星球，我们国家也极度缺水，我有点点不相信。老师说，不信的话自己回家查阅资料看一看吧。

3. “我家用水情况”我调查

原来我们是这么缺水，那我们每家的用水情况是怎样的呢？带着这个问题，我们在老师的带领下，开展了“我家用水”调查表统计。

表 10-9　小组内家庭用水调查表

第____组　　组长________

小组成员	家有几口人	本月用水量	人均用水量	家庭怎么用水的

4. “无水生活”我体验

我们在探究水的过程中，有人提议，既然水这么缺乏，我们能不能尝试

着不喝水，那是一种什么感觉呢？于是，我们就有了在家与在校的“半天无水生活”体验活动。

有的同学说，我在家里体验一下半天不喝水的感觉吧。有的同学说，我在学校里体验半天无水生活吧。

在家休息时，体验半天没有喝水的体验：(1) 半天没喝水我就感到非常难受；(2) 恨不得立刻抱着一桶水灌进肚子里。

在校体验活动过后没有水喝的感受：(1) 我们运动后无水的状态真难受；(2) 无水的半日运动是痛苦的。

实验感受：经过“半天无水生活”体验活动，嘴干舌燥，浑身难受。我们深深地感受到水的重要性，难怪人们说，水是生命之源呢，据说要是三天不喝水，人就会死亡呢！真是太可怕了！

5.“滴水试验”我探究

既然水是这么重要，要是我们无故浪费水，那又会出现怎样的浪费现象呢？于是我们又开始了“滴水试验”来探究无故浪费水的危害到底有多么大呢？

表 10-10 “滴水试验”方案

实验名称	
实验人员	
实验工具	
试验方法与步骤	
实验分工	
实验发现	

6.“节水装置”我制作

其实，在我们家庭中，马桶用水是最多的，我们要是能制作循环用水的装置就能达到节水的作用，是不是就可以节约用水了呢？还有雨水要是能回收再利用就更好了。我把这个想法和老师说了，老师很赞同我的想法，我和一些小伙伴开始了制作节约用水装置的活动。

7.“节水行动”我实践

有了以上的体验活动，我们深深地明白了节约用水的重要性，我和同学们一起商量节约用水的金点子，我们查阅资料，询问老师和家长，终于制定出了我们的节水行动计划单。

表 10-11　节水行动计划单

节水方法	负责人	节水效果

8. 我为“节水”做宣传代言

我们不仅要自己节约用水，还要宣传出去，让更多人节约用水，把节约的理念和实践方法告诉大家，大家人人都争做节约用水的小能手，做宣传节约用水的金牌王。

二、活动成果与评价

1. 我们发现：我们缺水很严重

有的同学提出，我们真的缺水吗？老师说，我们就要查一查全球、全国，甚至是我们连云港市是否真的缺水。

(1) 搜集资料了解缺水情况：

我们怎样才能查到呢？老师给了我们许多方法，老师说要想自己亲眼看到，要学会上网查阅资料。于是我回家后第一件事是让爸爸妈妈教我查阅资料的方法。

①爸爸妈妈指导孩子查阅资料；②孩子与家长一起查阅缺水的资料

爸爸教我在百度浏览器上，输入“全球缺水”，然后输入“中国缺水”，也可以直接输入“连云港市缺水”，马上出现了一大串资料和数据。

“从全球范围来看，根据联合国统计，全球淡水消耗量比 20 世纪初以来增加了约 6 –7 倍，比人口增长速度高 2 倍，全球目前有 14 亿人缺乏安全清洁的饮用水，即平均每 5 人中便有 1 人缺水。估计到 2025 年，全世界将有近 1/3 的人口（23 亿）缺水，波及的国家和地区达 40 多个，中国是其中之一。中国被联合国认定为世界上 13 个最缺淡水的国家之一。”

“我市人均水资源占有量 390 立方米，分别是全国和全省人均水平的 14% 和 80%，属严重缺水城市，远低于国际公认的人均 1760 立方米的用水紧张线，市区生活和生产唯一可利用水源蔷薇河主要依赖江淮水来补充，每年都要调入约 10 亿立方米江淮水来补充。”

(2) 查阅资料感受：听妈妈说了这么多关于缺水的语言和数据，我惊掉了下巴：原来我们是这么缺水啊！在数据面前，我们不得不承认，我们是真的缺水啊！

2. 我们用水情况很惊人

我原以为我们每家的用水量不是很多，一调查发现，比想象中要可怕和无奈的很多。请大家看我们在家长指导下的调查与探究。

(1)“我家用水”调查表，我和爸爸妈妈调查家庭用水情况。

(2) 家庭用水量很不均衡，有的家庭非常浪费水。

通过调查我们发现同学们的家庭用水量参差不齐，最少的一家一个月四口人用水8吨，人均用水量2吨，家长认为用水量是正常的。而用水最多一家三口人用水90吨，人均用水量是30吨，家长也认为是正常的。可是我们讨论发现，每月用水90吨的家庭绝对是不正常的，这也太浪费水了吧，怎么能正常呢？我们问这位同学，这位同学才意识到原来自己家里是这么浪费水啊！他要回家告诉爸爸妈妈，一定不能这样浪费水了。

(3) 家庭节约用水经验交流。

在交流中，我们发现那些用水比较少的家庭，他们善于运用循环用水，一水多用。比如洗脸水用盆接冲马桶，用淘米水洗碗浇花浇菜，用淘米水拖地等都是不错的节约用水的好方法，讨论过后我们受益匪浅。

3.“滴水试验”很震惊

既然水是这么重要，要是我们无故浪费水，那又会出现怎样的浪费现象呢？于是我们又开始了“滴水试验”来探究无故浪费水的危害到底有多么大呢？

(1) 滴水试验自己设计，如果水龙头被毁坏后，一分钟滴水多少，算一算一个月，一年会浪费多少，把填写试验方案的图片，在家做试验的每一个步骤图片。

①用手机计时，看看这是一分钟滴水的量；②用一分钟滴水的量算算一年滴水量

滴水试验的震惊感受：真是不做不知道，不算不知道一算吓一跳，如果是用净水瓶滴水的速度，一年也要漏水2826升，而如果是水龙头自然滴水的情况下，一年要浪费水7884升，这些数据都是惊人的，我们仿佛看见一座水库在慢慢干涸，我们要对浪费水的现象说“不”！

4.“节水装置”我制作

其实，在我们家庭中，马桶用水是最多的，我们要是能制作循环用水的装置就能达到节水的作用，是不是就可以节约用水了呢？我把这个想法和老师说了，老师很赞同我的想法，我和一些小伙伴开始了制作节约用水装置的

活动。

(1) 制作循环用水装置

有的制作不用电的水循环装置；有的制作水的自循环装置。

(2) 雨水收集净化器

我常常想，我们老是说要节水，其实雨水就是很好的水源，我们为什么不能把雨水好好再利用起来呢？在屋顶上放置一个雨水收集器，然后把雨水连接到净化装置里进行净化，经过净化的水不就可以再利用了吗？说干就干，我就开始找工具，打针塑料管、纸箱做屋顶，饮料瓶做雨水收集器，净化装置我在网上购买一部分，打孔，粘连，这样雨水收集净化器就做好啦！

5. “节水行动”我实践

有了以上的体验活动，我们深深地明白了节约用水的重要性，我和同学们一起商量节约用水的金点子，我们查阅资料，询问老师和家长，终于制定出了我们的节水行动计划单，节水行动我们马上开始啦！

表 10-12　节水行动计划单

节水方法	负责人	节水效果

(1) 节水行动进行时——我在家里这样实践节水行动。(循环用水，一水多用，家长在孩子的带领下改变用水习惯)

节水行动进行时：学生用淘米水浇花；用盆接水洗手节约用水；我用养鱼水浇花好；我用洗脚水冲马桶；我把水龙头开得小一点节约用水；我用养鱼水浇花好；我用洗脸水拖地呢

(2) 在学校里节约用水，学生看见水龙头没关紧及时关上，看见浪费水的现象及时劝阻。看见没关水的现象及时关上；看见浪费水的行为及时劝阻

6. 我为“节水代言”做宣传

(1) 学生们还开展了我为“节水”做代言活动。设计宣传标语“关爱地球，节约水资源”“节约用水，从我做起。”

（2）在学校，家里宣讲节水倡议书，举着节水宣传牌，向同学们介绍节水好处多，我们很开心，很自豪。

7. 探水节水宣传我评价

在这次节水活动中，我们涌现出一大批探水小达人、节水小标兵和宣传水的金牌大王，下面请看他们的行动。

表 10–13　探水评价表

评价行为描述	探水小达人	探水小标兵	探水小水手
积极认识水			
主动探究水			
科学饮用水			
合理保护水			
备注：	获得一颗星是探水小达人，获得两颗是探水小标兵，获得三颗星是探水小能手。		

（1）争做节水小能手

在这次活动中，根据评价表和大家的表现我们评出了一大批节水小能手，小标兵。

表 10–14　节水实践评价表

评价行为描述	积极参与节水行动	勤于思考节水妙招	大胆交流节水想法	创意设计节水神器
组员自评				
同学评				
老师评				
家长评				
备注：	每达到一个目标获得一个小水滴，比比谁获得的小水滴多。			

①节水能手评价表；②我的节水行动计划单；③“我是小小节水王”节水实践评价单

（2）宣传节水评价表与实践

为了激发小朋友们的节水积极性，我们开展了节水评价活动，同学们积极参加，大家积极参与到节水的宣传活动中，很多同学在学校和社区积极宣传，有的制作手抄报教给大家节约水的方法。在这次活动中，涌现出一大批节水宣传王。

表 10-15 宣传节水评价表

评价行为描述	积极回答问题	小组讨论会表达	认真整理收集资料	进行一次家庭宣讲	会讲故事编儿歌
自评					
生评					
家长评					
老师评					
备注：	获得一颗星是小小宣传员，获得两颗星是铜牌宣传员，获得三颗星是银牌宣传员，获得四颗星是金牌宣传员，获得五颗星是王牌宣传员。				

节水手抄报，我为节水做宣传；评出了“节水王牌宣传员”节水宣传王。

通过这次节水活动，同学们受益匪浅，不仅带动了同学们了解我们缺水的现状，还学会了节水的方法，带动爸爸妈妈和身边的同学们，唤醒他们的节水意识，跟着节水实践与宣传活动。节约用水，愿同学们和我们一起从身边做起，从小事做起！大家一起行动起来吧！

第四节 “践礼养德”具身德育蓝色安全综合实践

在小学道德与法治课程中，将安全教育与综合实践活动相融合，是提升学生安全意识和实践能力的有效途径。以下是具体的策略路径及评价建议，结合课程特点和学生认知发展规律设计：

一、融合策略与实施路径

1. 课程内容整合

主题式融合：将安全教育内容（如交通安全、防溺水、防欺凌、网络安全等）嵌入综合实践活动的主题中。

（1）开展“校园安全小卫士”项目，学生分组调查校园安全隐患，设计安全标识并张贴。

（2）开展“网络世界守规则”活动，通过模拟网络诈骗场景，引导学生讨论法治与自我保护。

（3）“学科联动”：与科学（如火灾逃生原理）、语文（安全主题写作）、体育（应急演练）等学科协作。

2. 实践活动设计

情境模拟与角色扮演：

（1）组织防震减灾演练、交通安全情景剧表演，让学生在体验中学习应对技巧。

（2）社会调查与问题解决：带领学生走访社区，发现安全隐患并提出改进建议（如小区消防通道堵塞问题）。

（3）技术赋能实践：利用 VR 设备模拟危险场景（如溺水体验），增强学生的直观认知。

3. 校家社协同推进

（1）家庭任务单：布置亲子安全作业，如家庭逃生路线图绘制、家用电器安全排查。

（2）社区资源利用：邀请消防员、警察进校园开展讲座，或参观安全教育基地。

（3）法治教育结合：通过案例分析（如校园欺凌事件的法律后果），引导学生理解安全行为与法律责任的关联。

二、评价体系构建

1. 多元评价主体

学生自评（安全行为反思日记）、小组互评（团队合作表现）、教师评价（实践成果）、家长反馈（家庭实践落实情况）。

2. 过程性评价与成果评价结合

过程性评价：（1）观察记录学生在活动中的参与度、应急反应能力（如演练中的表现）。

（2）使用“安全之星”积分卡，鼓励日常安全行为。

成果评价：（1）作品评价：安全手抄报、逃生模型设计等。

（2）实践报告：如社区安全隐患调研报告。

3. 量化与质性结合

（1）量化：安全知识测试正确率、演练完成时间。

（2）质性：学生反思语录（如“今天我学会了灭火器的使用方法”）。

（3）法治素养维度，评价学生对安全相关法律法规的认知（如《中华人民共和国未成年人保护法》中关于校园安全的规定）。

活动实施时要注意适龄性：低年级以游戏化活动为主，如安全儿歌等，高年级侧重问题解决能力。要注意活动常态化，将安全实践融入日常（如每周 5 分钟“安全快讯”分享）。要注意正向引导避免恐吓式教育，强调“保护自己”而非“危险可怕”。通过以上策略，安全教育不再是枯燥的说教，而是转化为学生主动探究的实践过程，同时强化了法治观念和社会责任感。

典型案例

践礼养德：生命安全教育之“用电安全”小记者综合实践活动

盼星星，盼月亮，2023年5月终于迎来了四年级小记者活动，我们开启了连云港市供电局安全用电沉浸式体验活动之旅，生命安全教育是道德与法治课程中的重要组成部分，小记者们对这次活动非常期待。

体验一：高下电线的危害。一到连云港市供电局活动中心，在曹老师的带领下小记者们就开始就来到了全息展示中心，体验了高压电线下的钓鱼者被电击致死的场景，顿时对用电安全产生了高度的重视心理。

体验二：安全用电活动。紧接着，小记者们来到悟空安全防护体验中心，孙悟空化身安全检查员，对沙师弟未用安全劳保用品用电操作实施“制裁”，又对八戒和沙师弟未能对高空维修电器作业的扶梯及时抓扶提出“警告”。总之，悟空检查对待用电安全非常认真负责，我们看完了笑眯眯地接受了用电的安全知识。

体验三：不安全用电操作的危害。大家来到用电不规范操作体验中心，曹老师一边按动不规范的操作按钮，一边解说，只听“砰”的一声剧烈的爆炸声，冒出一股白烟还有一股难闻的气味。这可是吓了我们一跳，原来不规范的用电操作会带来这样巨大的危害呢！

体验四：体验触电危险活动。我们还在曹老师的引导下，用带水的手触摸电器，“啊，好麻啊！”有的同学惊叫着，大家算是领教了“电老虎”的厉害了！原来带水的手就变成了导体，也更容易触电造成危险。我们还知道了一只手触摸漏电电器比两只手触摸伤害要轻一点，我们还学得不少安全用电的知识呢！

体验五：体验跨步电压防触电活动。在跨步电压体感处，曹老师告诉我们一根高压电线如果掉在地上，我们如何安全应对呢？体验感知屏幕上显示人体两脚在地面上距离越大，通过人体的电流就越大，最好的办法是单腿跳到距离高压电线落地八米以外的地区才能脱离危险。同学们纷纷在体验区单腿跳跃着离开危险区，果然显示屏幕上的电流频率就小多了。啊，我们又获得了一份用电安全小知识。

体验六：体验电灼伤危害实践活动。我们还体验了电灼伤对人体的危害小实验，只要轻轻按动屏幕相应的按钮，就会显示电灼伤时人体被灼伤部位的皮肤坏死。接触电伤更是可怕，不仅皮肤会损伤，就连骨骼都受到不同程度地碳化。不好好使用电真是好可怕啊！我们在“电”的面前感到非常敬畏！

体验七：触电心肺复苏救援活动：要是我们不幸被电源击倒了会怎样呢？叔叔还教给我们心肺复苏救援的技巧。叔叔一边演示，一边解说，小记者们纷纷上来体验实践，对于如何救援有了实际的经验。

体验八：用电 VR 体验机活动：最有意思的是 VR 体验机了，我们每个同学几乎都上去体验了一番，坐上体验椅子，戴上眼罩，随着体验的持续深入，椅子在抖动、晃动，眼前不断变换不安全用电出现的场景。有的同学不停地叫着妈妈，好像要寻求妈妈的保护，有的同学不停地“啊——啊——”地惊叫着，给大家带了够刺激的体验。

拓展实践：学校、家庭里安全用电我践行。通过这次小记者活动，我们用实实在在体验明白了安全用电的重要，班级开展了用电安全知识普及活动，倡议大家及时关电灯、电脑的电源，班级人人争做安全用电小能手，杜绝饮水机电源空烧现象发生，人走及时关电源，真正做到安全用电。

正如供电局安全用电中心所言：谨慎是安全的根本，侥幸是事故之根源。幸福是棵树，安全是沃土。学会一份安全用电知识，并谨慎对待用电，学做安全用电小能手。我们才能健健康康快快乐乐每一天！

第五节 “践礼养德”具身德育五彩礼仪综合实践

将小学入学礼、成长礼、毕业典礼与综合实践活动课程融合，是强化仪式教育育人功能、促进学生全面发展的创新路径。以下从策略、实施路径及评价体系三方面提出系统性方案：

一、五彩礼仪综合实践融合策略与路径

1. 以“践礼成长周期”为主线，设计递进式主题：

（1）入学礼：“探秘校园 · 我是小主人”（适应教育）

活动设计：通过“校园探宝定向越野”（融入规则教育）；通过“我的座位 GPS”空间测量活动（数学实践）；“班级树”种植与养护（长期观察任务）；成果输出：制作《新生成长护照》（持续记录六年实践足迹）。

（2）成长礼：“十岁挑战 · 责任与感恩”（品格教育）

项目化学习：开展“护蛋行动”（生命教育）、“社区公益 36 小时”（志愿者服务学习）、“时间管理局”自主规划挑战赛（生涯启蒙）、“仪式呈现”：穿越“时光隧道 · 我长大了”展览个人实践成果。

（3）毕业礼："未来启航·初中生活体验"（升学教育）

实践模块：将综合实践四大领域（考察探究、社会服务、设计制作、职业体验）嵌入仪式环节。开展"给二十年后的自己写信"（未来规划）；"毕业感恩包"设计（STEAM 项目：感恩校园老师采访包、校园模型等）；"典礼创新"：颁发"践礼养德实践能力证书"（量化六年实践学分）。

2. 课程嵌入策略与路径

开发"仪式+"综合实践微课程：（1）入学前《校园地图绘制》项目（空间认知）开展"学校是我家""老师爱我，我爱他"互动活动；

（2）成长礼《我的家庭贡献与责任》实地调研（文化传承）；

（3）毕业季《初中生活一日体验》生活体验（社会认知）

3. 多元主体协同策略

（1）构建"学校主导—家庭参与—社区支持"三维联动机制，如入学礼"知之学堂"，成长礼"助子学堂"，毕业典礼"成长学堂"

（2）开展社区服务助学系统，学生根据自己的特长，利用社区平台开展社区志愿者服务，领取志愿者服务积分卡。

二、评价体系

1. 三维评价模型

（1）过程性评价：使用"彩虹积点卡"记录实践参与度。

（2）表现性评价：通过礼仪剧、实践报告、实物作品等进行展示。

（3）增值性评价：对比入学/毕业时的《社会适应能力量表》数据。

2. 可视化工具

（1）"成长能量树"墙面：用不同颜色果实代表各类实践成果。

（2）电子档案袋：扫码查看实践过程影像与反思日记。

3. 多元主体评价

（1）学生自评：绘制"我的能力雷达图"。

（2）家长评价：填写《家庭观察记录表》。

（3）社区评价：发放《社会参与度反馈卡》。

以上活动实施要注意设计有梯度，低年级侧重体验式活动，高年级增加项目研究难度。要注意文化浸润，将校训精神物化为仪式中的实践任务，如宽和问学的礼仪阐释与展示等。还要注意资源的转化，将典礼产生的素材（视频、作品）转化为下届学生的学习资源。这种融合模式使仪式教育从"瞬时感动"走向"长效育人"，真正实现"做中学、思中悟、悟中行"的教育闭环。建议每学期开展 1 次融合活动诊断会，动态优化实施方案。

典型案例

学会服务　争做小主人

——二（4）中队服务文化建设系列活动

江苏省连云港师专三附小 二（4）中队辅导员 吉海荣

活动背景：

《少先队活动》一书中指出：中队文化是一个班级的灵魂，辅导员致力于中队文化的建设对于建设班集体具有重要的作用。学生进入二年级后，学生对于一年级做“小干部”很威风的感觉有所减弱，树立和培养学生的“服务”意识，形成一种责任感很有必要。教给他们服务方法，提升他们服务质量，形成一个“学会服务，争做小主人”的中队文化氛围，在实践服务的基础上，逐渐培养服务的能力，建设班级服务文化。

活动目的：

1. 引导学生认识到中队工作中有不同的岗位，职责是服务他人，服务集体。

2. 引导学生懂得做好中队服务工作，既要以身作则，又要团结合作，更要有责任心、公平心和助人心。

3. 在学会中队服务中不断提升能力，培养热爱班集体的情感。

活动中队：二（4）中队

活动准备：

1. PPT《中国少年先锋队队歌》老师制作课件

2. 情景剧《五指争功》《大家不听小明的》

3. 朗诵《我和我们》《红领巾的中国梦》

4. 拍手歌《我是中队小主人》

5. 校园剧《小红忘戴红领巾》《岗位都重要》

6. 小游戏《拿铅笔袋》

7. 中队辅导员宋警官讲话《忠诚与奉献》

8. 准备展板：中队岗位招聘要求及职责表的展板。

活动过程：

一、各小队汇报人数

1. 中队长致发言词：

敬爱的老师，亲爱的同学们大家上午好！二四中队主题队会就要开始了，请各小队汇报人数。

2. 各小队长向中队长汇报人数：

小队长：全体起立，稍息！（向后转，跑步到中队长两步远的距离，立正，敬礼。）

“报告中队长，阳光小队应到16人，实到16人，报告完毕！”（卧龙小队、彩虹小队、英雄小队依次报数）

中队长：“接受你的报告”！敬礼。

小队长：（回礼，向后转，跑步前进至座位，全体稍息！）

3. 中队长向辅导员老师汇报人数：

中队长：“全体起立”（跑步前进至中队辅导员两步的距离，立正，敬礼）

“报告中队辅导员，二四中队应到64人，实到64人。报告完毕，请指示。”

辅导员：（回礼）接受你的报告，主题队会现在可以开始，预祝你们的活动圆满成功。

二、出旗

1. 中队长：我宣布“学会服务　争做小主人”主题队会现在开始

2. 中队长：全体立正，出旗，敬礼！

3. 播放出旗曲（护旗手出旗）

4. 中队长：礼毕！

三、全体唱队歌

中队长：全体队员唱队歌，中队长指挥。

中队长讲话：请坐。让我们用热烈的掌声欢迎主持人。（鼓掌）

活动程序：

活动一：知识问答，明白“岗位服务”含义

1. 导入主题：

甲：习爷爷教导我们：“记住要求、心有榜样、从小做起、接受帮助”。

乙：习爷爷告诉我们：“从小学习做人、从小学习立志、从小学习创造”。

甲：十九大精神我知晓，习爷爷教诲记心间；

乙：做好自己的小岗位，争做新时代好队员。

甲：队员们，下面有请阳光小队给我们分享他的假日活动感受（小队长拿着队旗上来）

小队长：在周末活动中，我们阳光小队给大家拍下了一些图片，考考大家，他们是谁？他们在干什么呢？

甲：是啊，我们这个社会就像一个大家庭，大家庭里有许多岗位，他们都在自己的岗位上默默地奉献着，这就是“岗位服务”。

乙：请看阳光小队带来的小品《岗位都重要》

2. 小品表演：《岗位都重要》

3. 甲：看了表演你有什么感受呢？

4. 总结：说得多好！只要能为大家服务，都是重要的岗位！

乙：我们人人都是小干部，人人都有自己的岗位

甲：因为我们是中队的小主人。那么怎样为队员服务，为中队集体服务呢？这儿有很多法宝。

活动二：故事表演，明理“以身作则”

甲：中队集体里的所有岗位，都是为大家服务的。

乙：我们的 队集体需要大家来建设，人人都要尽责。

甲：在我们中队建设的背后，每一位队员都为中队的发展做出了贡献，需要各个岗位上定期轮岗、互相帮助健康成长。

乙：我们人人都是小干部，人人都有自己的岗位，我们是中队的小主人。

甲：那么怎样为队员服务，为中队集体服务呢？

乙：有请英雄小队给大家带来的故事《大家不听小明的》（英雄小队长上来）

1. 讲故事《大家不听小明的》

2. 讨论交流

甲：为什么大家不听小明的话？你们能不能给小明出出主意呢？（请队员发言）

乙：想要别人做到，就得自己先做到，这就是以身作则。

甲：班干部要以自己的行动做出榜样。身为队干部，想要更好地服务中队同学，就得学会第一件法宝：以身作则。）

乙：有请英雄小队的纪律委员说说，他是怎样做到以身作则的？

甲：在中队服务的岗位上，我们班以身作则的岗位服务明星也有很多，谁来夸一夸！

3. 夸夸中队岗位服务明星。

乙：说得真好！我们中队的岗位明星可真不少！请听英雄小队带来的诗朗诵《我们和我》。

大家欢迎！

4. 诗朗诵《我们和我》

活动三：明“团结合作”，学会服务本领

甲：做好中队服务工作，除了要以身作则以外，还要怎么做呢？有请彩虹小队带来的小品《五指争功》

1. 小品《五指争功》

2. 讨论交流

乙：这个小品里，每个指头都说自己最重要，你们的看法呢？（请队员发言）

甲：下面我们做一个小游戏：

3. 小游戏《拿铅笔袋》：

（1）请你用一个手指拿起桌子上的铅笔袋；

（2）请你用中指和食指拿起桌子上的铅笔袋；

（3）请你用一只手拿起桌上的铅笔袋。

乙：通过游戏，你发现了什么？你有什么感受？（请队员发言）

甲：队员们，要做好我们班级中的岗位服务，光靠一个人行不行？靠两个人呢？（大声问）

甲总结：只有班级一齐努力，才能把中队服务岗位做好，这就是干部做好服务的第二件法宝：团结合作。（出示板书乙：团结合作）

活动四：认识“助人为乐”，学会服务本领

乙：我们学会了服务集体的两个法宝：一个是以身作则，一个是团结合作。现在有请卧龙小队带来的情景剧表演：《小红没戴红领巾》

1. 情景剧表演《小红没戴红领巾》

（大意是：校门口，小红忘戴红领巾，礼仪小管家 A 埋怨小红让班级扣分，给班级抹黑，小红羞愧的哭了。另一位礼仪小管家 B 说：别哭了，我先借给你一条红领巾，我告诉你好办法，每次把红领巾拿下一定要放在书包里，这样上学就不会忘带了。）

2. 交流小结：

甲：两位礼仪小管家，你更喜欢谁的做法？为什么？（请队员发言）

（为他人着想，懂得考虑别人的感受，这才是真正的帮助别人，这样的小干部最可爱！）

甲：队员们，服务是一首歌，在动听的音符中收获快乐。

乙：服务是一首诗，在美丽的韵脚中体验幸福。

甲：作为一名光荣的少先队员，我们应该弘扬服务精神，做一名新时代的“小雷锋”！

乙：让我们一起唱拍手歌《我是中队小主人》

3. 拍手歌《我是中队小主人》

红领巾，胸前飘，主动服务热情高，

责任没有轻与重，能力不分大和小，

以身作则好榜样，团结合作力量大，

助人为乐人人爱，我是中队小主人，

哪里需要哪有我，动感中队齐创造！齐创造！

活动五：校外辅导员讲话，铸造服务精神

甲：队员们，在我们的身边就有这样的岗位明星，今天我们有幸邀请到了校外辅导员，宋芮可的爸爸宋警官，让我们以热烈的掌声欢迎他讲话！

1. 校外辅导员讲话：(宋警官《忠诚与奉献》)

乙：听了宋叔叔的分享，你有什么感受呢？

2. 交流感受

乙：队员们，我们中队就像一棵大树，树上开满了许多的花，这一朵朵花就是我们要申报的岗位。

甲：作为“红领巾小主人”，队员们，你打算申报什么岗位呢？打算如何做？(队员发言)

3. 中队岗位申领活动

甲：队员们，红领巾小主人就是服务他人，幸福自己。

乙：我们二四中队的少先队员们，沐浴着集体的阳光。请听朗诵《红领巾的中国梦》

4. 朗诵《红领巾的中国梦》

甲：爱学习，爱劳动，爱奉献，我们像花儿一样成长。

乙：队员们，不忘初心，牢记使命！

甲：在红领巾的岗位上，我们将学会服务，让红领巾的梦想飘得更高更远！

活动六：辅导员总结

甲：下面让我们用热烈的掌声欢迎辅导员吉老师做总结讲话。(鼓掌)

中队辅导员讲话：队员们，今天的活动开展得非常成功。通过活动，我们感受到服务的快乐，奉献的幸福，感受到爱的力量，希望队员们在红领巾的岗位上以身作则，团结合作，乐于助人，学会服务，争做小主人！谢谢大家！(鼓掌)

活动七：呼号

全体起立，(起立) 右手握拳。

中队辅导员领呼："准备着，为共产主义事业而奋斗"。

全体队员："时刻准备着！"中队长：礼毕。

中队长：全体立正，退旗，敬礼（奏退旗曲）。

中队长：礼毕。我宣布：二4中队" 学会服务 争做小主人"主题队会到此结束。

我想长大

连云港师专三附小举行十岁成长礼仪式

2019年4月15日下午，师专一附小教育集团盐河校区"我想长大"十岁成长典礼隆重举行，2016级全体师生及家长共同见证了这一幸福时刻。整个成长礼分为成长的模样、成长的期待、成长的祝福三个篇章。

第一篇章　成长的模样

歌曲《一起长大》，舞蹈《摇篮》拉开了本次成长礼的序幕，"爸爸、妈妈，亲爱的老师，我们一起长大，长大后一起变伟大，一起长大就很伟大……"激昂的旋律，舒展的舞姿，充分展现了孩子们热情洋溢、蓬勃向上的自信的风采。

第二篇章　成长的期待

三年级全体学生向父母、师长行"三拜之礼"，在虔诚的行礼中体会孝亲、敬师、友爱的道理。家长代表发言情真意切，寄托了家长对孩子们十岁生日的衷心祝福和殷切期盼。《成长的步伐》《我深深地爱着你》迸发浓浓的师生之情，寄托了师长对学生们向着更美好的未来，实现梦想的美好祝福。

第三篇章　成长的祝福

孩子与家长互读信件，千言万语，最终融入了甜蜜幸福而又充满力量的拥抱。

情景剧《光阴的记忆》中，家长代表和孩子们一起，将从孩子出生到10岁成长的点滴片段再现，动人的话语，感人的画面，感染了现场的所有人。

校长为孩子们送上一份诚挚的成长祝福，祝愿所有的孩子们都能心向阳光，幸福快乐地成长。

怀揣着大大的梦想，伴着歌声与微笑，大手牵着小手，共同迈向成长之门。经过十岁盛典的洗礼，孩子们必将对未来充满信心，对人生充满希望，他们一定会感恩父母，尊重师长，学会担当，努力成长为宽和善学，谦和有礼的好少年。

寻访新时代 爱我新港城

——连云港师专三附小“雏鹰假日小队寻访团”

寻访背景：贯彻落实全国少工委《关于深入开展“争做新时代好队员”主题活动的通知》精神，发挥少先队组织教育，自主教育和实践体验的功能，辅导少先队员深入了解党的十八大以来祖国和家乡经济社会发展的巨大成就，切身感受人民生活的显著改善，进一步激发爱党爱国爱社会主义的真挚情感，从小立志成长为担当民族复兴大任的时代新人。

寻访对象：通过寻访家乡连云港市具有代表性的五个厂矿企业，他们分别是：鹰游集团、康缘制药、田湾核电站、中哈物流和大浦污水处理厂，从而了解和认识家乡的新材料、新科技、新能源、新物流和新生态。激发队员热爱家乡新港城的热情，为未来建设连云港积蓄更好的能量，从小立志成长为担当民族复兴大任的时代新人。

寻访路线：

从2018年7月18日开始，连云港市师专一附小红领巾雏鹰假日小队举行了一系列的寻访活动，路线是：首先来到鹰游集团（新材料）——康缘制药（新科技）——田湾核电站（新能源）——中哈物流（新物流）——大浦污水处理厂（新生态）。

寻访纪实：

连云泱泱，新歌洋洋，党的十八大以来，我们家乡连云港发生了翻天覆地的变化。从2018年7月18日开始，今天我们师专一附小教育集团雏鹰假日中队将走出校园，走进家乡的厂矿企业，看看新时代下我们的家乡到底发展成了什么样子？连云港师专一附小红领巾雏鹰假日小队举行了一系列的寻访活动。

一、寻访鹰游集团，认识神奇新材料

你知道杨利伟叔叔乘坐的航天飞机外壳是什么材料做成的？你知道轻巧的快艇是什么材料做成的？猜不出来吧，它是我们连云港鹰游集团生产的碳纤维做成的。还获得国家科技进步奖一等奖呢！习近平爷爷给他们颁过奖，国家总理李克强曾给他们做过代言人！真是厉害了我的家乡连云港！

体验一：神奇的碳纤维小实验：我们首先鹰游集团档案馆的一楼，讲解员叔叔拿出一根黑色像塑料一样的粗线，让两三个男生在两头用力拉着，然后用打火机点燃几分钟后，我发现这根线竟然没烧着也没拉断，太神奇了！我们惊讶地张大了嘴巴。叔叔告诉我们这是碳纤维，它的特点是又轻便又坚硬又耐高温，所以用途非常广泛，可以用于火箭、汽车、赛车、网球拍……在大厅里，我们争先恐后地试了试这些产品，真的是又轻巧又结实。讲解员叔叔说这是一个运动员骑着碳纤维自行车他从中国骑到伦敦，这个自行车也没坏，太神奇了！我也好想拥有这样一辆自行车，这样我就可以骑着它环游世界了。鹰游人真了不起！

体验二：神奇的碳纤维用品：鹰游集团的叔叔给我们做了热情详细的介绍，带着我们来到了二楼，一进去我们被墙上的一幅幅画给吸引了，还以为是墙纸和壁画呢，走近一看原来是一张张毛毯，太逼真了！接着，我们又去了三楼，那里收藏着织布机、帆船和一些档案资料等等。这个集团主要生产纺织品，我看见了以前用的很古老的织布机，是用木头做的。还有各种各样的毛毯或挂在墙上或铺在地上，有红的、蓝的、黄的、绿的……五彩缤纷，上面织着不同的图案，有盛开的牡丹花，也有可爱的卡通动物。我们情不自禁地走上去摸一下，感觉软软的舒服极了！最后我们要走的时候，那位叔叔给我们剪了一些碳纤维线作为纪念品呢！

二、寻访康缘药业，感受中药新科技

连云港康缘药业，以“创新中药、健康人类”为宗旨，曾评为国家中药行业50强。这里的智能化中药生产线开创了中药生产的新纪元，实现了中药的精准化，改变了人们对中药的偏见。他们用科技振兴国药，体现我们民族文化的自信，让我们为他们点赞！

中药精准科技体验：接下来，我们又来到了康缘药厂。这里到处充满了浓浓的药品味，工人们把采集到的草药经过加工制成药片，我们还亲眼看到了显微镜下的叶子。真是个让人惊讶的世界！我们来到了康缘药厂车间，就是制造药的地方，一个工作人员叔叔带我们参观了制作药物的原材料，有人参、海马，还有很多我没有见过的神奇植物，这一站参观，一个个罐子静静地排列着，我觉得好神奇啊！原来药是这么多神奇的东西制造出来的！讲解员叔叔说，他们制作的中药每一批都达到了精准化的水平。多项产品获得技术专利奖呢，康缘药业为我们民族文化注入了自信。

三、寻访田湾核电，了解核电新能源

在拦海大桥上，孩子们远远地发现："看，这就是我们的田湾核电站!"这是我们连云港新能源建设的骄傲！连云港田湾核电站是中国和俄罗斯最大的技术合作项目，年发电量惊人，为江苏省乃至全国作出重大贡献！

我们一进核电站，有一位姐姐接待了我们，带领我们参观了核电站，给我们讲了核电站许多项目。我们连云港田湾核电站年发电量达 140 亿千瓦，真是我们连云港的骄傲！核电，一提起来我们都担心辐射，但是经过讲解员叔叔的介绍，我们知道全人类集体辐射剂量中，大部分来自自然界，核电的份额只 1/400。核电是非常清洁高效的能源，因为核电不会像火电一样产生二氧化硫、烟尘、氮氧化物和二氧化碳，而这些东西正会对我们的空气产生污染。我不禁想到，如果全都采用核电是不是冬天就不会产生雾霾了呢。

讲解员姐姐告诉我们，这里是用核力来发电的，这里发出来的电，力量特别大，可以供给我们千家万户用电。为我们的连云港核电站点赞！

四、寻访中哈物流，明白"一带一路"新物流

"一带一路"打开筑梦空间，连云港中哈物流作为"一带一路"东桥头堡起点，联通世界东西，承载了习近平爷爷殷切的嘱托。

解说员向我们介绍说 2014 年 5 月 19 日，中哈两国元首在上海共同推杆，这就标志着中哈物流合作基地项目一期工程正式建成启用了，这也是"一带一路"倡议后首个落地实体项目。我们雏鹰队员们顿时觉得非常的自豪和激动，看着墙上一幅幅生动的照片，也仿佛一下子回到了当时的启动仪式现场。

解说员接着说："中哈连云港物流合作基地将装有汽车配件、医疗器械、建材产品等各类货物的货运班列运往中亚地区，同时来自哈萨克斯坦的粮食、棉花、有色矿等特色产品，也通过货运班列由连云港向外出口到东南

亚和日韩、美国等地。”“太了不起了！”我们不禁欢呼起来！这一趟趟奔驰的跨境货运班列，把中哈、亚欧货物运得更远了，也把我们和世界人民的心连得更近了。

连云港鹰游集团碳纤维实验

寻访“一带一路”中哈物流

作为新亚欧大陆桥的中国连云港——他将是一条对亚欧大陆经贸活动发挥巨大作用的现代“丝绸之路”，这是和平之路、繁荣之路、开放之路、创新之路、文明之路。我们相信有了“一带一路”的开发，连云港的发展一定会蒸蒸日上，美好的未来就在不远的前方。

五、寻访大浦污水厂，感受港城新生态

队员们，你知道我们用过的污水都到哪里去了？污水又是怎么变成清水的呢？今天我们来到了大浦污水处理厂寻找答案。

叔叔一边讲解一边带领参观，我们先是到了一个有很多脏水的大水池子里，里边放着一些微生物把污水中的脏东西“吃掉”。再用化学药剂进一步清除，经过一遍又一遍不断地过滤，慢慢变得清澈的。叔叔很认真地给我们讲了污水的处理过程，最后我们来到的一个池子里边的水非常清澈。叔叔说这样的水可以进入河流了，但是还不能饮用。叔叔说：“这个大机器是处理那些污染水里面的那些大垃圾的”我们听了感觉好厉害呀！这时叔叔又带我们上了楼梯，我看到了那些被污染的水，闻起来非常臭。而且里面还有泥，这是什么泥我不知道，但是我听到旁边阿姨说：“这个水池有4.5米深噢！”最后我们下楼梯，来到了另一个地方，“哇！这个地方全都是清水啊！好厉害！”我惊讶地说道。果然把脏水变成清水了，最后我看到了清水，矿泉水……

经过参观这个处理厂，我学到了好多的知识，以后环保卫生一定要从自己做起，保护环境，人人有责！我还会告诉我的家人和朋友，让她们也都行动起来，不能乱扔垃圾，做一个文明人！爱护我们的家园！习爷爷说“绿水青山就是金山银山”。多年来，大浦污水处理厂的工人们每天都在辛勤地工作，为港城人民提供了新生态环境，让我们为他们点赞！

六、队员归来话感受，爱我家乡连云港

寻访回来后，队员们兴奋地在一起讨论交流，分享着自己的收获。新时代，家乡科技创新崭露头角，家乡“一带一路”建设欣欣向荣，家乡新能源红红火火，家乡人民勤勤恳恳，我们家乡连云港发生了日新月异的变化。作为新时代的少先队员，能为家乡的建设做些什么呢？我们队员们在学校积极开展丰富多彩的活动，丰富自己的头脑，锻炼自己的本领，为未来建设祖国积蓄更好的能量，为实现美丽梦的中国而努力学习！

寻访心语：

庄淑涵：在污水处理厂我看到工作中的叔叔汗流浃背，心里在想：昨天我还和弟弟因为没关水龙的事，浪费了很多的水，回家我一定要转告弟弟我们能用到这么干净的水，都是叔叔辛勤的汗水换来的。这次参观活动让我更加体会到一个道理：节约用水，人人有责！

魏欣羽：我们参观鹰游集团的新材料碳纤维，用火烧不断，用手也扯不断，杨利伟叔叔乘坐的航天飞机外壳也是用碳纤维做成的呢，真是好神奇呀！

姜浩然：参观了中哈物流我才知道什么叫“一带一路”，正是“一带一路”把我们和世界人民的心连得更近了，我的家乡真了不起！

宋芮可：叔叔告诉我们这是碳纤维，它的特点是又轻便又坚硬又耐高温，所以用途非常广泛，可以用于火箭、汽车、赛车、网球拍……在大厅里，我们争先恐后地试了试这些产品，真的是又轻巧又结实。鹰游人真了不起！

姜浩轩：核电，一提起来我们都担心辐射，但是经过讲解员叔叔的介绍，我们知道核电是非常清洁高效安全的能源，我们连云港田湾核电站年发电量达 140 亿千瓦，非常惊人！真是我们连云港的骄傲！

潘鹤临：用碳纤维做的游艇，非常轻，游得非常快。叔叔最后还送给我们一些黑线当纪念品呢！这黑线叫什么，你知道吗？它的名字就叫碳纤维！小朋友你如果来了，你也一定会和我一样感兴趣的！

朱雅萱：参观污水处理厂，我学到了好多的知识，我还会告诉我的家人和朋友，让她们也都行动起来，不能乱扔垃圾，做一个文明人！爱护我们的家园！

张轩语：这次活动让我学到了很多知识，长了很多见识，对家乡连云港有了不少的了解，让我觉得自己是个连云港人而骄傲。感谢老师组织了这样一个让我终生难忘的活动！

尾声：在天一方，在海一方，在这海天相接的地方，这就是我们的连云港！繁荣的港湾，文明的家乡，这就是我们的连云港！

参考文献

[1] 钱穆．中华文化丛谈［M］．长沙：岳麓书社，2023.

[2] 雅斯贝尔斯．什么是教育［M］上海：三联书店，2021.

[3] 陈鹤琴．家庭教育［M］上海：华东师范大学出版社，2013.

[4] 孟万金，张冲．具身德育：立德树人新视野［M］．济南：山东人民出版，2019.

[5] 檀传宝．德育原理［M］北京．北京师范大学出版社，2017.

[6] 刘次林．幸福教育论［M］北京．人民教育出版社，2015.

[7] 沈毅，崔允漷．课堂观察：走向专业的听评课［M］．上海：华东师范大学出版社，2008.

[8] 刘次林．以学定教——道德教育的另一种思路［M］．北京：教育科学出版社，2008.

[9] 莫里斯．梅洛-庞蒂．知觉现象学［M］北京：商务印书馆，2001.

[10] 苏霍姆林斯基．给教师的建议［M］．北京：教育科学出版社，1984.

[11] 夏雪梅．项目学习的实施［M］．北京：教育科学出版社，2020.

[12] 孔凡青．朱熹家礼制度伦理研究［M］北京：人民出版社，2019：35

[13] 中华人民共和国教育部．义务教育道德与法治课程标准［S］．北京：北京师范大学出版社，2022.

[14] 王锃，张盼，岳晓东．儿童认知发展与具身教育［M］北京：清华大学出版社，2022.

[15] 万代红．具身认知视野下小学德法教学的探索与实践［M］南京：河海大学出版社，2021.

[16] 孟万金．具身德育：机制、精髓、课程——三论新时代具身德育［J］．中国特殊教育，2018（04）.

[17] 孟万金．具身德育：原则、课堂、课外——四论新时代具身德育［J］．中国德育，2019（03）：08.

[18] 孟万金．具身德育：源泉、体系、模式——二论新时代具身德育［J］．中国特殊教育 2018（01）．
[19] 刘次林．自我扩展的德育［J］．华东师范大学学报（教育科学版）2000（08）15.
[20] 叶浩生；黎晓丹．礼与身体：中国礼文化的具身认知观及其启示［J］．华中师范大学学报（人文社会科学版），2016（05）27.
[21] 叶浩生．镜像神经元：认知具身性的神经生物学证据［J］．心理学探新，2012（02）01.
[22] 秦尚伟．《论语》中“礼”的道德意蕴探析［J］．湖北社会科学，2009（12）：10.
[23] 何浩然．孔子“礼”的思想及其当代教育意义［D］．天津师范大学，2022（05）：25.
[24] 张丽．论语之“礼”［J］．文史天地，2023（04）：05.
[25] 张自慧．论礼是中国文化的理性之光［J］．贵州社会科学，2007（09）：15.
[26] 郭江翠．初中道德与法治思维成长型课堂建设实践［J］．基础教育论坛，2023（06）：25.
[27] 杨国富．如何提高文化生活教学的德育功能［J］．新课程（中），2014（12）：18.
[28] 章乐．引导儿童生活的构建：小学《道德与法治》教材与对教学的引领［J］．中国教育学刊，2018（1）：11-13.
[29] 高德胜．以学习活动为核心建构小学《道德与法治》教材［J］．中国教育学刊，2018（1）：2-3.
[30] 张岳，张新颜．以“我”为主，将道德与法治融于生活——统编小学《道德与法治》教材分析［J］．中小学德育，2017（8）：13-14.
[31] 吴煜珊，高德胜．见真、见善、见美——谈统编小学《道德与法治》教材中所蕴含的教育思想［J］．中小学德育，2017（8）：5-6.
[32] 郑凤仪．部编版小学《道德与法治》教材的结构特色探究［J］．江苏教育研究，2018（6）：25-26.
[33] 唐燕．“摹仿生活”：小学《道德与法治》教材生活化的实现［J］．中国教育学刊，2018（1）：16-17.
[34] 胡校彬．体验式教学在初中道德与法治课中的运用研究［D］．四川师范大学，2024-05-09.

[35] 黄正平．文明礼仪教育：为学生成长奠基［J］．人民教育，2011（18）：24–27.
[36] 吉海荣．“践礼养德”教学主张的诠释与实践建构［J］．江苏教育，2024（04）：10.
[37] 沈光银，尹弘飚．从“离身”到“具身”：道德教育的应然转向［J］．全球教育展望，2022（02）：10.
[38] 张艳丽．中华礼文化对新时代社会公德建设的启示［J］．学校党建与思想教育，2021（10）.
[39] 吉海荣，董洪叶．统编小学《道德与法治》中礼仪素养教育的寻绎［J］．教学与管理，2020（04）.
[40] 杨静．从“离身”到“具身”：学校德育的困境与转向［J］．教育探索，2021（01）.
[41] 孙德玉，屈阳．陶行知的生活德育论及其当代启示［J］．江苏第二师范学院学报，2024（02）：25.
[42] 张维霖．致良知是立德树人的有效途径［J］．中国教师博览，2017（06）：15.
[43] 中华人民共和国教育部．普通高中思想政治课程标准（2017 年版 2020 年修订）［S］．北京：人民教育出版社，2020.
[44] 石雨晨，刘芷楠，曹曙．议题式教学在德育课堂中的应用［J］．课程·教材·教法，2023（5）：73，76.
[45] 金朝辉．自主辨析：议题式教学的新路径［J］．思想政治教学，2019（2）：40. 教育（中学教师），2022（06）：15.
[46] 王世光．义务教育道德与法治课程标准（2022 年版）第二学段内容解读（上）［J］．中小学教材教学，2022（08）：05.
[47] 吉海荣，王松．道德与法治教学中多元支架的搭建［J］．教学与管理，2021（10）：15.
[48] 吉海荣．基于学业质量标准的具身德育评价系统设计．［J］．中小学德育，2023（11）：49–53.
[49] 吉海荣．小学道德与法治可视化教学中微认知资源的开发．［J］．教学与管理，2023（23）：55–58.
[50] 丁一方．案例教学法在高中思政课教学中的应用探析［J］．甘肃教育研究，2024（06）：15.
[51] 段昭．案例教学法在高中思政课教学中的运用研究［D］．天水师范学

院，2017（06）：01.

［52］童方赟，高军玉．道德与法治单元教学目标叙写例探——以“我们在公共场所”为例［J］．中小学德育，2023（03）：15.

［53］张瑜．核心素养背景下小学道德与法治评价策略研究［J］．亚太教育，2023（02）：35.

［54］杨素霞．“教学评一致性”量表设计的偏失及优化思路［J］．江苏教育，2018（02）：34.

［55］骆明艳，任丰．基于档案袋评价的中小学劳动教育评价［J］．湖北科技学院学报，2021（12）：15.

后 记

两千年前先贤圣人孔子说："不学礼，无以立"，即说明学习礼仪就是学会做人。小学道德与法治学科就是教育儿童立德树人的重要学科。学礼仪的本质是通过规范行为，培养道德修养与处世智慧，从而提升做人做事的境界。我们提出"践礼养德"的教学主张也是在长期的教育教学中不断实践与探索的结果。

2016年我承担了江苏省"十三五"教育科学规划重点自筹课题《基于叶圣陶教育思想的小学生文明礼仪教育的实践研究》（课题编号：YZ-b/2016/11）的研究，2023年又承担了江苏省教学研究第十五期重点课题《具身向度下"践礼养德"德育实践范式研究》（课题编号：2023JY15-ZA121）的研究，2024年主持的江苏省"十四五"规划重点课题《"大思政课"视域下儿童具身德育实践模式研究》（课题编号：B-b/2024/03/304）的研究，本书是三个课题研究的重要成果，也是十年探索研究的总结。

本书的出版得益于多位教育工作者的支持和帮助。感谢所有参与实践研究的小学德法团队老师们，你们的实践与创意是这项研究得以开展的根本保障。感谢江苏省教育科学研究院德育与心理健康教育所所长顾润生教授的指导，感谢南京师范大学道德教育研究所专职研究员章乐教授的指导，感谢连云港市教研室周海青教授和顾长明教授的大力支持和指导，感谢我们团队穆利娟、祁明艳、陈怀凤、张丽娜、董彩霞、董洪叶等团队伙伴提供了大量的案例，感谢我校德法老师的积极参与，使我们的实践探索始终保持在科学的轨道上。

时光如流，转眼间在小学道德与法治教学一线已深耕三十余年。这本《践礼养德：儿童具身德育的实践探索》既是对过去教学实践的梳理，亦是对"德育如何真正走进儿童心灵"这一命题的持续叩问。路漫漫其修远兮，"践礼养德"具身德育的探索才刚刚开始。本书难免存在疏漏与不足，恳请读者批评指正。让我们共同携手，为儿童创造更多有温度、有深度的道德成长体验，培养既明理又笃行的新时代公民。